# Inhalt

# Literaturhinweise

Bimmel, Peter; Bernd Kast, Gerd Neuner: Deutschunterricht planen. Arbeit mit Lehrwerkslektionen (Fernstudieneinheit 18 des Fernstudienangebots Deutsch als Fremdsprache und Germanistik). München: Goethe-Institut, Langenscheidt 2003.

Brandi, Marie-Luise: Video im Deutschunterricht. Eine Übungstypologie zur Arbeit mit fiktionalen und dokumentarischen Filmsequenzen. (Fernstudieneinheit 13 des Fernstudienangebots Deutsch als Fremdsprache und Germanistik). München: Goethe Institut, Langenscheidt 1996.

Braun, Angelika: Hören im DaZ-Unterricht. In: Susan Kaufmann u.a. (Hrsg.), Fortbildung für Kursleitende Deutsch als Zweitsprache, Band 2. Ismaning: Hueber 2008, S. 69–109.

Buhlmann, Rosemarie; Karin Ende, Susan Kaufmann, Angela Kilimann und Helen Schmitz: Rahmencurriculum für Integrationskurse Deutsch als Zweitsprache. Erstellt im Auftrag des Bundesministeriums des Innern. Nürnberg: BAMF und München: Goethe-Institut 2008.

Deller, Sheelagh; Mario Rinvolucri: Using the Mother Tongue. Making the most of the learner's language. (Professional Perspectives). London: English Teaching Professional und Delta Publishing 2002.

DIHK – Deutscher Industrie- und Handelskammertag in Zusammenarbeit mit Henkel KG aA, VDP und WBT: Arbeitsplatz Europa: Sprachkompetenz wird messbar. A Common European Framework of Reference for Language Learning and Teaching (CEF). Berlin: DIHK 2003.

Dieling, Helga; Ursula Hirschfeld: Phonetik lehren und lernen. (Fernstudieneinheit 21 des Fernstudienangebots Deutsch als Fremdsprache und Germanistik.) München: Goethe-Institut, Langenscheidt 2000.

Glaboniat, Manuela; Martin Müller, Paul Rusch, Helen Schmitz, Lukas Wertenschlag: Profile Deutsch Gemeinsamer europäischer Referenzrahmen. Lernzielbestimmungen, Kannbeschreibungen, Kommunikative Mittel. Berlin, München: Langenscheidt 2005.

Goethe-Institut, Ständige Konferenz der Kultusminister der Länder in der Bundesrepublik Deutschland, Schweizerische Konferenz der Kantonalen Erziehungsdirektoren, Österreichisches Bundesministerium für Bildung, Wissenschaft und Kultus (Hrsg.): Gemeinsamer europäischer Referenzrahmen für Sprachen: lernen, lehren, beurteilen. Berlin, München: Langenscheidt 2001.

Goethe-Institut (Hrsg.): Goethe-Zertifikat B2, Prüfungsziele Testbeschreibung. München: Goethe-Institut 2007.

Grzega, Joachim: Die Methode „Lernen durch Lehren". 2008. www.ku-eichstaett.de/Forschung/forschungsprojekte/ldl/ldl_schule.

Hadfield, Jill: Classroom Dynamics (Ressource Books for Teachers). Oxford: Oxford University Press 1992.

Häussermann, Ulrich; Hans-Eberhard Piepho: Aufgaben-Handbuch Deutsch als Fremdsprache. Abriss einer Aufgaben- und Übungstypologie. München: iudicium 1996.

Hammoud, Antje; Anne Ratzki: Was ist Kooperatives Lernen? In: Fremdsprache Deutsch 41/2009, S. 5–13.

Kaufmann, Susan: Heterogenität und Binnendifferenzierung im DaZ-Unterricht. In: Susan Kaufmann u.a. (Hrsg.): Fortbildung für Kursleitende Deutsch als Zweitsprache, Band 1. Ismaning: Hueber 2007, S. 186–214.

Krumm, Hans-Jürgen (1991): Unterrichtsprojekte – Praktisches Lernen im Deutschunterricht. In: Fremdsprache Deutsch 4/1991, S. 6–7.

Maurer, Ernst: Deutsch für den Arbeitsmarkt, Rahmenkonzept für Projektverantwortliche und Lehrpersonen. Zug: Klett und Balmer Verlag 2010.

Mehrholz-Härle, Birgit: Wortschatzvermittlung im DaZ-Unterricht. In: Kaufmann, Susan u. a. (Hrsg.): Fortbildung für Kursleitende Deutsch als Zweitsprache, Bd. 2. Ismaning: Hueber 2008, S. 1–34.

Müller, Bernd-Dietrich: Wortschatzarbeit und Bedeutungsvermittlung. (Fernstudieneinheit 8 des Fernstudienangebots Deutsch als Fremdsprache und Germanistik.) München: Goethe-Institut, Langenscheidt 1994.

onlineuniversities.com, staff writers: 100 Inspiring Ways to Use Social Media In the Classroom, 04.05.2010, www.onlineuniversities.com/blog/2010/05/100-inspiring-ways-to-use-social-media-in-the-classroom/.

Padros, Alicia: Schreib mal wieder! Schreibaufgaben im Gemeinsamen europäischen Referenzrahmen. In: gfl-journal, No. 2/2004, S. 111–121.

Peyer, Ann: Language Awareness im Deutschunterricht. Sprache als Thema und als Werkzeug kennenlernen. In: ph I akzente 02/2004. www.phzh.ch/webautor-data/208/ape_phakzente04–2.pdf.

Piel, Alexandra: Sprache(n) lernen mit Methode. 170 Sprachspiele für den Deutsch- und Fremdsprachenunterricht. Mülheim an der Ruhr: Verlag an der Ruhr 2002.

Portmann-Tselikas, Paul; Sabine Schmölzer-Eibinger: Textkompetenz. In: Fremdsprache Deutsch, Heft 39/2008, S. 5–16.

Prodomou, Luke; Lindsay Clandfield: Dealing with Difficulties. Solutions, strategies and suggestions for successful teaching (Professional Perspectives). Peaslake, Surrey: Delta Publishing 2007.

Schiemann, Endrik; Martina Bölck: Der Sie-Tag. Duzen oder Siezen im Berufsorientierten Deutschunterricht? In: Bildungsarbeit in der Zweitsprache Deutsch 1/1999, S. 39–42.

Schwerdtfeger, Inge C.: Gruppenarbeit und innere Differenzierung. (Fernstudieneinheit 29 des Fernstudienangebots Deutsch als Fremdsprache und Germanistik). München: Goethe Institut, Langenscheidt 2001.

Scrivener, Jim: Learning Teaching. (The Teacher Development Series.) Oxford: Macmillan Education 1994.

Spier, Anne: Mit Spielen Deutsch lernen. Berlin: Cornelsen Scriptor 1999.

telc GmbH (Hrsg.): Deutsch Lernziele und Testformat B2. Frankfurt am Main: telc 2000.

telc GmbH (Hrsg.): Deutsch Beruf Lernziele und Testspezifikationen B1+. Frankfurt am Main: telc 2011.

Weissenberg, Jens: Sprachlich-kommunikative Handlungsfelder am Arbeitsplatz – Konzeptioneller Ansatz zur Entwicklung, Durchführung und Evaluation berufsbezogener Zweitsprachförderangebote. In: Deutsch als Zweitsprache 2/2010, S. 13–24.

Wessels, Charlyn: Drama. (Resource Books for Teachers). Oxford: Oxford University Press 1987.

# Berliner Platz 4 NEU – Wissenswertes

## Ziele und Eigenschaften von *Berliner Platz NEU*

### Zielgruppe

*Berliner Platz NEU* ist ein Lehrwerk für Erwachsene (ab 16 Jahren) ohne Deutschkenntnisse oder mit nur geringen Kenntnissen aus ungesteuertem Erwerb, die in einem deutschsprachigen Land oder im Ausland Deutsch lernen, u.a., um in Deutschland (in Österreich oder der Schweiz) längere Zeit zu leben.

### Zielsetzung des Lehrwerks

*Berliner Platz NEU* orientiert sich am „Gemeinsamen Europäischen Referenzrahmen für Sprachen" (GER):

- Band 1 führt zum Niveau A1,
- Band 2 zum Niveau A2,
- Band 3 zum Niveau B1 und
- Band 4 zum Niveau B2.

Je nach Niveaustufe bereitet *Berliner Platz NEU* auf die Prüfungen „Start Deutsch 1" und „Start Deutsch 2", auf den „Deutsch-Test für Zuwanderer" und das „Zertifikat Deutsch" und schließlich auf die Prüfungen „telc Deutsch B1+ Beruf", „telc Deutsch B2" sowie das „Goethe-Zertifikat B2" vor.

Band 4 bietet Material für ca. 160–200 Unterrichtsstunden (12–16 Unterrichtsstunden pro Kapitel plus ca. 4 Unterrichtsstunden pro Raststätte), je nachdem, welche Voraussetzungen die Lernenden mitbringen und ob der Kurs mit hoher oder geringer wöchentlicher Stundenzahl angeboten wird.

### Einsatzbereich

*Berliner Platz NEU* wurde speziell für den Unterricht mit heterogenen Lerngruppen entwickelt. Die Herausforderung, Lernende aus vielen Kulturen mit unterschiedlichen Herkunftssprachen, Lernerfahrungen, Erwartungen und Zielen in einem Kurs zu unterrichten, stand im Mittelpunkt bei der Konzeption dieses Lehrwerks.

### Eigenschaften

*Berliner Platz NEU* ist deshalb ein Lehrwerk, das

- lernungewohnten Lernenden durch Übersichtlichkeit, Transparenz und einen klaren Lernweg den Einstieg in die deutsche Sprache erleichtert,
- auch schneller Lernenden die Herausforderungen bietet, die sie sich wünschen,
- Alltagsthemen in den Vordergrund stellt und durch eine pragmatische Landeskunde und kommunikativ wichtige Phrasen und Sätze den Lernenden hilft, sich schnell im Alltag zurechtzufinden,
- in kurzen Kapiteln viele Themen anspricht, die die Lernenden zur Alltagsbewältigung brauchen,
- eine sanfte Grammatikprogression bietet,
- von Anfang an eine systematische Ausspracheschulung enthält,
- mit seinen „Raststätten", jeweils nach drei Kapiteln, ein spielerisches Wiederholungsangebot macht,
- modular aufgebaut ist und viele zusätzliche Materialien zum Vertiefen, Wiederholen und Differenzieren anbietet, die entsprechend der Leistungsfähigkeit und den Interessen der Lernenden ausgewählt werden können,
- mit seinen Audio-, Video- und Online-Materialien multimedial angelegt ist.

# Wissenswertes

## Der Aufbau von *Berliner Platz 4 NEU*

### Die Komponenten des Lehrwerks

## Das Lehr- und Arbeitsbuch

### Lehrbuchteil

Der **Lehrbuchteil** besteht aus zwölf Kapiteln von je zehn Seiten, die nach dem Doppelseitenprinzip aufgebaut sind. Nach jeweils drei Kapiteln gibt es eine **Raststätte** mit Angeboten zum spielerischen Wiederholen, zur Landeskunde und zur Prüfungsvorbereitung.

- **1. Doppelseite**
  Die 1. Doppelseite führt jeweils in das Thema des Kapitels ein und präsentiert einen wesentlichen Teil des Kapitelwortschatzes sowie wichtige Redemittel. Die Lernenden werden durch Fotos und/oder Zeichnungen an das Thema herangeführt und finden hier eine Fülle von Anknüpfungspunkten für Vorwissen und persönliche Erfahrungen, die sie für die Weiterarbeit mit den folgenden Aufgaben und zum aktiven Umgang mit dem präsentierten Wortschatz und den neuen Redemitteln motivieren.

- **2., 3. und 4. Doppelseite**
  Auf diesen Doppelseiten werden die lexikalischen und grammatischen Schwerpunkte des Kapitels erarbeitet und gefestigt. Dabei werden alle vier Fertigkeiten (Hören, Sprechen, Lesen und Schreiben) geübt. Hier gibt es:
  - Hör- und Lesetexte mit Aufgaben zum globalen, selektiven und detaillierten Verstehen,
  - Übungen zur Dialogarbeit,
  - Anregungen zur kommunikativen Umsetzung des Gelernten im Unterricht,
  - Aufgaben zum Entdecken und Systematisieren der Grammatikphänomene,
  - reproduktive und kreative Schreibaufgaben sowie Projekte.

  Die Hör- und Lesetexte in *Berliner Platz 3 und 4 NEU* sind länger und komplexer als die der vorhergehenden Bände und teilweise authentisch. Die Lernenden sollen schrittweise an die Rezeption authentischer Texte herangeführt werden und lernen, den Alltagstexten, denen sie außerhalb des Unterrichtsraums begegnen, für sie relevante Informationen zu entnehmen.

  In *Berliner Platz 4 NEU* ist der Berufsorientierung ein breiterer Raum gegeben als in Bänden auf niedrigerem Niveau. Jeweils zwei Doppelseiten eines jeden Kapitels widmen sich Themen des beruflichen Alltags und bieten berufssprachliche Übungen.

- **5. Doppelseite**
  In **Auf einen Blick** werden die jeweiligen Kapitelinhalte noch einmal in komprimierter und übersichtlicher Form dargestellt: In den Rubriken *Im Alltag* und *Im Beruf* finden die Lernenden eine zum Teil noch weiter ergänzte Aufstellung der im Kapitel eingeführten Redemittel und in *Im Beruf* zusätzlich Formulierungshilfen für Geschäftsbriefe. Formulierungen, die in der schriftlichen Kommunikation frequent sind, werden darüber hinaus in der Rubrik *Nützliche Ausdrücke aus Texten* aufgegriffen. In der Rubrik *Grammatik* werden die im Kapitel gelernten Regeln übersichtlich zusammengefasst und durch Lerntipps ergänzt. So erfüllt diese Doppelseite mehrere Funktionen: Sie ist eine Fundgrube für die Dialogarbeit, bietet sich als Referenzmaterial für das alltägliche und berufsbezogene Sprechen und Schreiben an und kann sowohl von den Lernenden als auch den Lehrenden bei Fragen zur Grammatik hinzugezogen werden.

### Raststätten

In den **Raststätten** nach jeweils drei Kapiteln wird das bereits Gelernte in bekannten und neuen Kontexten wiederholt. Auf der ersten Doppelseite finden sich spielerische und kommunikative Aktivitäten, auf der zweiten Doppelseite landeskundliche Informationen zu besonderen Regionen oder Aspekten Deutschlands und auf der dritten Doppelseite an den Prüfungsformaten orientierte Übungsangebote.
Alle Raststättenaufgaben und -spiele eignen sich auch gut für die Wiederholung am Anfang einer Unterrichtsstunde oder zur Auflockerung zwischendurch.

### Arbeitsbuchteil

Der **Arbeitsbuchteil** zu *Berliner Platz 4 NEU* umfasst pro Kapitel sechs Seiten mit Übungen, die sich auf die ersten drei Doppelseiten des jeweiligen Lehrbuchkapitels beziehen. Hier wird kein neuer Wortschatz eingeführt. Die Übungen sind abwechslungsreich und umfassen die Vertiefung und Festigung von Wortschatz und Grammatik sowie das Training der Kommunikationsfähigkeit und des Hörverstehens. Das Schreiben im Arbeitsbuchteil dient in erster Linie der schriftlichen Fixierung des Lernstoffs und hat so zunächst weitgehend eine lernunterstützende Funktion. In Band 3 und 4 von *Berliner Platz NEU* nimmt aber auch das freie Schreiben eine wichtige Rolle ein.

### Navigation zwischen Lehr- und Arbeitsbuchteil

Zu jeder Aufgabe im Lehrbuchteil gibt es eine entsprechende Übung im Arbeitsbuchteil. Z. B. finden Sie zur Aufgabe 2b im Lehrbuchteil von Kapitel 5 eine passende Übung 2 im Arbeitsbuchteil zu Kapitel 5. Das bedeutet aber nicht, dass im Anschluss an jede Aufgabe im Lehrbuch nach hinten geblättert und die passende Übung im Arbeitsbuch durchgeführt werden soll. Das Übungsangebot im Arbeitsbuch ist vielmehr für die selbstständige Nacharbeit und Vertiefung gedacht.

### Testtraining

Nach jeweils drei Arbeitsbuchkapiteln finden die Lernenden ein **Testtraining**, das sie auf die Prüfungen nach dem „Gemeinsamen Europäischen Referenzrahmen für Sprachen" vorbereitet. *Berliner Platz 4 NEU* bereitet auf die Prüfungen „telc Deutsch B1+ Beruf", „telc Deutsch B2" sowie das „Goethe-Zertifikat B2" vor (▶ **Prüfungsvorbereitung**, S. 134).

### Der Anhang

Der Anhang von *Berliner Platz 4 NEU* enthält
- eine Liste ausgewählter Nomen-Verb-Verbindungen,
- eine Liste ausgewählter Verben, Nomen und Adjektive mit Präpositionen,
- eine Liste ausgewählter unregelmäßiger Verben.

## Zusätzliche Komponenten

### Die Hörmaterialien

Die zwei **Lehrbuch-CDs** enthalten alle Hörtexte des Lehrbuchteils. Sie sind in erster Linie zur Nutzung im Unterricht gedacht. Die **Arbeitsbuch-CDs** enthält zusätzliche Hörtexte, die sich sowohl für die Vertiefung im Unterricht als auch für das selbstständige Lernen zu Hause eignen.

### Der Intensivtrainer

Der **Intensivtrainer** bietet auf jeweils sechs Seiten pro Kapitel zusätzliche Übungen zu Lexik und Strukturen, die in Ergänzung zu den Arbeitsbuchübungen eingesetzt werden können. Mit einer *Hitliste* des wichtigsten Lektionswortschatzes zu Alltag und Beruf und einer Grammatikübersicht im Anhang unterstützt der Intensivtrainer besonders Lernende, die mehr Training benötigen, um die Lernziele zu erreichen.

### Die DVD

Die für *Berliner Platz 3 und 4 NEU* hergestellte DVD enthält zehn authentische Videoclips vom ZDF mit landeskundlichen Dokumentationen zu Alltag und Beruf sowie einen Videotrainer, der zu jedem Film ein Arbeitsblatt enthält. Dazu gibt es unter www.klett-langenscheidt.de die Transkripte.

### Das Online-Begleitangebot

**Lernende** finden online unter **www.klett-langenscheidt.de** die folgenden Zusatzmaterialien zu *Berliner Platz 4 NEU*:

- Transkripte der Hörtexte zum Lehrbuch- und Arbeitsbuchteil,
- die Lösungen zum Lehrbuch- und Arbeitsbuchteil,
- den kompletten Kapitelwortschatz (in chronologischer Abfolge),
- Modelltests.

**Lehrende** finden online

- Transkripte der Hörtexte zum Lehrbuch- und Arbeitsbuchteil,
- die Lösungen zum Lehrbuch- und Arbeitsbuchteil,
- den kompletten Kapitelwortschatz (in chronologischer Abfolge),
- einen Videotrainer zur DVD,
- Wortlisten
- Berufswortschatz
- Arbeitsblätter und Kopiervorlagen,
- Linklisten,
- die Modelltests Goethe-Zertifikat B2, telc Deutsch B2, telc Deutsch B1+ Beruf, ÖSD-Test Österreichisches Sprachdiplom B2,
- ein Forum.

**Die Lehrerhandreichungen** geben in drei Abschnitten Informationen zur Arbeit mit dem Lehrwerk:

A Wissenswertes
B Unterrichtsvorschläge
C Didaktisches Glossar

## Methodische Schwerpunkte

### Flache Grammatik- und Wortschatzprogression

Die Fülle an Wörtern und sprachlichen Regeln, die im direkten, außerunterrichtlichen Sprachkontakt auf den Lernenden einstürmen, sind im Fremd- bzw. Zweitsprachenunterricht und entsprechend im Lehrwerk aufgeteilt, geordnet und in eine sinnvolle Reihenfolge, eine Progression gebracht. Welche Kriterien hier ausschlaggebend sind, wird durch die jeweils vorherrschende Unterrichtsmethode bestimmt. *Berliner Platz NEU* folgt dem **kommunikativen, handlungsorientierten Ansatz**, der das sprachliche Handeln in Alltagssituationen als wichtigstes Ziel sieht. Dieser Ansatz wird noch ergänzt um Aspekte des interkulturellen Lernens und der Förderung der Lerner-Autonomie.

Eckpunkte, globale und detaillierte Lernziele sind im „Gemeinsamen Europäischen Referenzrahmen für Sprachen" und im „Rahmencurriculum für Integrationskurse Deutsch als Zweitsprache", an denen sich *Berliner Platz NEU* orientiert, erläutert und aufgelistet. Beide Texte definieren auch die für Zwischen- und Abschlusstests relevanten Prüfungsziele.

*Berliner Platz NEU* eignet sich speziell für den Unterricht mit sehr verschiedenen und heterogenen Lerngruppen. Entsprechend war eine flache Progression erforderlich, die den unterschiedlichen Lernbedürfnissen entgegenkommt. Das Lehrwerk setzt dabei auf:

- **Lernerorientierung**
  *Berliner Platz NEU* spricht Themen an, die die Lernenden direkt betreffen. Vielfach sind sie aufgefordert, über ihre Erfahrungen, Kenntnisse und Vorlieben zu berichten. Ziel dieses Ansatzes ist es, dass sich die Lernenden besser mit den Lerninhalten identifizieren und angeregt sind, nicht nur die eigene Lebenswelt in den Lernprozess einzubringen, sondern auch die im Unterricht präsentierten Redemittel und Strukturen sowie den Wortschatz außerhalb des Unterrichts – in ihrem jeweiligen Lebenszusammenhang – anzuwenden.

- **Verteilung**
  Große Grammatikthemen, die erfahrungsgemäß Lernschwierigkeiten bereiten, sind auf mehrere Kapitel verteilt. So beginnt z. B. die Auseinandersetzung mit den Formen der Vergangenheit auf rezeptiver Ebene in Band 1, Kapitel 4. Hier geht es jedoch lediglich um die Wahrnehmung des Phänomens und noch nicht um die Anwendung, was allerdings nicht ausschließt, dass sich lernstarke Teilnehmer/innen intensiver mit den Strukturen befassen. In Kapitel 6 werden dann das Präteritum von *sein* und *haben* und in Kapitel 8 das Perfekt eingeführt. In Band 2 wird mit der Einführung des Präteritums der Modalverben (Kap. 14) und des Verbs *werden* im Präteritum (Kap. 18) die Präsentation der für den aktiven Sprachgebrauch im Alltag relevanten Formen fortgesetzt. In Band 3 wird noch einmal die Verwendung von Perfekt und Präteritum thematisiert und das Plusquamperfekt eingeführt (Kap. 28). Im vierten, dem vorliegenden Band, schließlich wird in Kapitel 3 der Konjunktiv II der Vergangenheit thematisiert.

- **Wiederholung**
  Durch die hohe Frequenz von Wiederholungseinheiten wird die Progression verlangsamt. Der Lernstoff kann so besser verarbeitet und verknüpft werden.

- **Binnendifferenzierung**
  Das differenzierende Lernangebot im Lehr- und Arbeitsbuch und im Intensivtrainer hilft, die Bedürfnisse unterschiedlicher Lerntypen zu berücksichtigen (▶ **Binnendifferenzierung**, und S. 117.

## Schulung rezeptiver Fähigkeiten

Die Schulung der rezeptiven Fertigkeiten trägt der Erkenntnis Rechnung, dass Menschen große Informationsmengen so speichern, dass sie diese Informationen jederzeit wiedererkennen können. Das Training des Lese- und Hörverstehens unterstützt daher die Lernenden dabei, sich relativ schnell in der deutschen Umgebung zu orientieren, auch dann, wenn sie die neue Sprache noch kaum aktiv verwenden können.
In der bisherigen Fertigkeitsdidaktik hat man sich auf die Vermittlung sogenannter „Verstehenstechniken" konzentriert. Die Lernenden sollen lernen, ihr Weltwissen zu aktivieren, außersprachliche Hilfen beim Textverstehen einzubeziehen, bereits vorhandene Kenntnisse in anderen Fremdsprachen zu nutzen, ihr Leseinteresse zu überprüfen etc. Alle diese Ansätze führt *Berliner Platz NEU* weiter.

## Systematische Ausspracheschulung

In *Berliner Platz 1 NEU* wurden die zentralen Aussprachethemen von Artikulation und Intonation behandelt. Die Abschnitte *Aussprache spezial* in den ersten fünf Kapiteln des Arbeitsbuchteils bieten dort zusätzliches Material zur Lautartikulation an. Dies entspricht dem Ziel, die Aussprache schon am Anfang intensiv zu trainieren, um fehlerhaften Einschleifungen vorzubeugen. Markierungen zu Satzakzent und Satzmelodie in den Dialogen von *Berliner Platz 1 NEU* und die Laut-Buchstaben-Korrelation unterstützen die selbstständige Erarbeitung der korrekten Aussprache.
Die Arbeit an der Aussprache muss selbstverständlich auch bei fortgeschrittenem Lernniveau kontinuierlich weitergeführt, vertieft sowie immer wieder durch Wiederholung und Bewusstmachung gefestigt werden. Während in *Berliner Platz 2 NEU* die Aufmerksamkeit größeren Einheiten, nämlich denen von Sätzen und Texten und situationsbedingten Aussprachevarianten (schnelles/langsames Reden, emotionale Redeweise) galt, gibt es im 3. Band wieder in jedem Kapitel des Arbeitsbuchteils Wiederholungssequenzen zu zentralen Themen der Lautartikulation und Intonation. In *Berliner Platz 4 NEU* wird dieses intensive Training vorausgesetzt und auf eine explizite Ausspracheschulung verzichtet. Hinweise auf Möglichkeiten des Aussprachetrainings, z. B.der Intonation und des Akzents, finden sich in den Unterrichtsvorschlägen in den Lehrerhandreichungen.

## Binnendifferenzierung

*Berliner Platz NEU* bietet diverse Möglichkeiten, innerhalb einer Lerngruppe den unterschiedlichen Lernvoraussetzungen und -interessen Rechnung zu tragen und den Lernprozess für verschiedene Lernende zur selben Zeit unterschiedlich zu gestalten. Viele Möglichkeiten werden in den **Unterrichtsvorschlägen** vorgestellt; diese sollten allerdings nicht die eigene Findigkeit der Lehrenden im Umgang mit der Heterogenität in ihrem Kurs bremsen (▶ **Binnendifferenzierung**, S. 117).

- **Quantitative Differenzierung**
  Ein Mehr für leistungsstärkere Lernende und entsprechend eine Reduzierung für leistungsschwächere Lernende (sowie der goldene Mittelweg) sind an vielen Stellen in *Berliner Platz NEU* möglich und zu empfehlen:
  - Die Menge an Sprache, die Lernende sprechend/schreibend produzieren sollen, kann sich unterscheiden. Auf der 1. Doppelseite zu jedem Kapitel z. B. erlauben die offenen Sprechanlässe jedem/jeder Lernenden, sich nach eigenem Vermögen und Vorwissen einzubringen und sich unterschiedlich ausführlich zu äußern.
  - Die Anzahl der Redemittel, die Lernende bereits nutzen können und wollen, kann variieren: Die Rubrik *Im Alltag* auf der 5. Doppelseite z. B. bietet eine Auswahl thematisch relevanter Redemittel für die Dialogarbeit und die Anwendung im Alltag, die von Lernenden, die hier einen erweiterten Bedarf haben, genutzt werden kann.
  - Die Länge der Texte, die Lernende lesen, kann sich unterscheiden. So wählen unsichere Lernende auf der 4. Doppelseite evtl. nur einen kurzen Textabschnitt, während fortgeschrittenere längere Texte oder mehrere Abschnitte lesen.
  - Die Anzahl an Aufgaben, die Lernende erledigen müssen, kann unterschiedlich sein. Lernende, die mit einer Übung oder Aufgabe schon fertig sind, während andere noch daran arbeiten, erhalten zusätzliche Aufgaben.

- **Qualitative Differenzierung**
  Ebenso wichtig wie die quantitative Differenzierung ist ein im Hinblick auf die sprachliche Herausforderung lernerorientiertes Angebot:
  - Der Grad an Komplexität bei der Produktion sprachlicher Äußerungen ist von Lerner zu Lerner unterschiedlich, was nicht nur dem individuellen Lernvermögen, sondern auch dem Interesse an Thema, Text oder Aufgabe sowie der Tagesform geschuldet sein kann. Hier bieten u. a. die Dialogübungen den nötigen Freiraum, um sich auf unterschiedliche Weise einzubringen.
  - Die Auseinandersetzung mit Sprache kann mehr oder weniger intensiv geschehen: Bei den Texten in jedem Kapitel können sich manche Teilnehmer/innen weitgehend auf das globale Textverstehen beschränken, während andere sich intensiver mit den Texten beschäftigen.
  - Der Grad an Korrektheit, der von den Lernenden erwartet wird, kann variieren. Von guten Lernenden kann erheblich mehr erwartet werden als von solchen, die sich mit einfachen Strukturen im Deutschen noch schwertun, weil sie z. B. Strukturen aus der Muttersprache zu übertragen versuchen.
  - Hier spielt auch eine Rolle, ob Lernende mehr oder weniger Hilfestellung brauchen. Schulungewohnte Teilnehmer/innen erhalten Hilfestellungen durch weitere Vorgaben und mehr Lösungsbeispiele. Lernende, die Schwierigkeiten mit dem Hörverstehen haben, können z. B. die **Transkripte** der

Hörtexte zu Hilfe nehmen (unter: www.klett-langenscheidt.de).

- **Differenzierung im Hinblick auf Fertigkeiten**
  Bei Großaufgaben wie den **Projekten** sind immer mehrere Fertigkeiten gefragt: Sprechen und Zuhören bei der Planung, Schreiben beim Notizenmachen oder beim Erstellen einer Präsentation, Lesen bei der Überprüfung der Ergebnisse und Selbstkorrektur. Hier können die Lernenden ihren Stärken entsprechend wählen und sich einbringen.

- **Differenzierung im Hinblick auf Interessen und Fähigkeiten**
  Die Projekte in *Berliner Platz NEU* sind wie geschaffen für eine innere Differenzierung: Bei fast jedem Projekt werden mehrere Fertigkeiten trainiert und es fallen sprachlich unterschiedlich schwierige Aufgaben an, die dementsprechend verteilt werden können. Hier bringen die Lernenden jedoch auch Interessen und Stärken ein, die nicht unbedingt sprachlicher Art sind, wie Kreativität, Engagement, Kombinationsvermögen, landeskundliches Vorwissen etc. So können auch Lernende, die sonst zu den Leistungsschwächeren zählen, Erfolge erzielen.

- **Differenzierung der Lernwege**
  Unterschiedliche Wege führen zum Lernerfolg. Menschen lernen Deutsch, indem sie im Unterricht mitschreiben, Vokabeln auswendig lernen, mit anderen sprechen, Strukturen farbig markieren, Sätze mit bekannten Melodien versehen, indem sie Gedichte schreiben, indem sie viel nachfragen. Sie lernen in Gruppen, mithilfe deutscher Fernsehsendungen, über das Radio oder weil sie sich selbstständig an die Arbeit machen. *Berliner Platz NEU* unterstützt hier mit einer Palette von Materialien für vielfältige Lernvorlieben und unterschiedlichen Lernbedarf. Das Angebot an Arbeitsblättern im Internet dient als Fundus, wenn z. B. an Stationen gearbeitet werden soll.

## Handlungsorientierung

Ein Deutschkurs ist mehr als die reine Vermittlung von Strukturen und Wortschatz; er legt vielmehr die Basis für die Handlungsfähigkeit der Lernenden in der neuen Sprache und schafft so die Voraussetzung für ein selbstständiges, selbstbestimmtes Leben und Handeln im Zielsprachenland. Das „Rahmencurriculum Deutsch für Integrationskurse", das u. a. *Berliner Platz NEU* zugrunde liegt, definiert daher den Sprachbedarf in spezifischen Handlungsfeldern (Arbeit, Gesundheit, Unterricht usw.). Für die tägliche Arbeit im Unterricht ergibt sich daraus die Öffnung des Unterrichts in beide Richtungen: Einerseits soll der Unterricht, nach außen weisend, den Kontakt mit der Zielsprache fördern und Chancen für die Kommunikation auf Deutsch eröffnen, andererseits müssen vorhandene außerunterrichtliche (Sprach-) Erfahrungen in den Unterricht hereingeholt und genutzt werden.

- **Echte Themen**
  Die Themen in *Berliner Platz NEU* sind ganz auf die Bedürfnisse der Lernenden und auf die Vorbereitung der sprachlichen Bewältigung des Alltagslebens ausgerichtet. Mit dem eingeführten Wortschatz, den präsentierten Redemitteln und grammatischen Strukturen können die Lernenden das Gelernte in realen Sprachhandlungen anwenden. Die authentischen Themen werden auch Lernende im Ausland, die die Sprache möglicherweise nicht unmittelbar anwenden können, interessieren.

- **Projektvorschläge**
  Die **Projekte** geben Anregungen, die zuvor erworbenen Redemittel und Strukturen in kommunikativen Zusammenhängen und mit einer ganz praktischen, handlungsorientierten Zielsetzung in der Alltagswirklichkeit anzuwenden. Vor Ort können die Lernenden sich in ihrer Umgebung orientieren oder sich z. B. wertvolle Informationen beschaffen (▶ **Projekte**, S. 133).

- **Im Alltag EXTRA**
  In den Ausgaben der Bände 1–3 mit dem Zusatzteil **Im Alltag EXTRA** gibt es eine Fülle von handlungsorientierten Aufgaben, Redemitteln und Tipps für den Alltag, z. B. zum Umgang mit Behörden oder zur Vorbereitung auf die Aufnahme einer beruflichen Tätigkeit. **Im Alltag EXTRA** ist so ein praktischer Wegweiser für die sprachliche Bewältigung des Alltags in Deutschland und für eine erfolgreiche Integration.

- **Hilfen zum selbstständigen Lernen**
  Die Selbstständigkeit der Lernenden wird durch eine Reihe von Elementen unterstützt:
  - die handlungsorientierten Lernzielangaben auf der 1. Doppelseite jedes Kapitels,
  - die Anregungen zum selbstentdeckenden Lernen,
  - die Zusammenfassungen *Im Alltag*, *Im Beruf* und *Nützliche Ausdrücke aus Texten* am Ende jedes Kapitels,
  - die Abschnitte *Schwierige Wörter* (im Arbeitsbuchteil der Bände 1–3) zum selbstständigen Üben und Wiederholen,
  - die Listen im Anhang, in denen die Lernenden selbstständig nachschlagen können (▶ **Effektiv lernen**, S. 119).

## Interkulturelles Lernen

Der Begriff „interkulturelles Lernen" kann sich beziehen auf
- Handlungskompetenz (z. B. die Fähigkeit, das eigene Verhalten im Umgang mit Menschen anderer Kulturen zu reflektieren und ggf. zu modifizieren),
- die Ebene der eigenkulturellen Bewusstheit und inneren Auseinandersetzung mit dem Fremden (z. B. die Bereitschaft, sich eigene Vorurteile bewusst zu machen und sie so abzubauen) oder auf
- Konfliktvermeidung und -abwehr (z. B. Empathie und das Interesse, sich auf ungewohnte Deutungsmuster einzulassen).

Alle diese Faktoren spielen im interkulturell orientierten Fremdsprachenunterricht sicherlich eine Rolle, der Schwerpunkt liegt hier allerdings auf der interkulturellen Kompetenz als Verständigungskompetenz. Ziel ist es, bereits im Unterricht einen interkulturellen Dialog zu ermöglichen und so den Lernenden Instrumente zur Verfügung zu stellen, die Begegnungen mit Menschen in der Zielkultur und aus anderen Kulturen gelingen lassen helfen (▶ **Interkulturelle Perspektive**, S. 125).

- **Personen**
  *Berliner Platz NEU* ist schon vom „Personal“ her multikulturell ausgerichtet. Es werden immer wieder Personen in Lebensverhältnissen und beruflichen Situationen gezeigt, mit denen sich die Lernenden identifizieren können.

- **Über Herkunftsländer sprechen**
  Fragen nach der Situation im Herkunftsland zeigen den Lernenden ein Interesse an ihrer Herkunftskultur als einem Teil ihrer Identität.

- **Vergleiche anstellen**
  Lernende einer Fremd- oder Zweitsprache stellen meist von sich aus Vergleiche zwischen dem Herkunftsland und dem Land der Zielsprache an. Im interkulturell orientierten Unterricht werden solche Vergleiche zum Gegenstand des Gesprächs – und stoßen erfahrungsgemäß bei den Lernenden auf sehr großes Interesse. Interkulturelle Vergleiche sind Gegenstand des Kapitels 24 in Band 3, *Bei uns und bei euch*, werden aber auch an anderen Stellen, z. B. in Band 4, Kapitel 5, *Körper und Seele*, angeregt.

- **Thematisierung von Erlebnissen als Migrant/Migrantin**
  Deutschlernende in Deutschland erleben tagtäglich, wie sich Angehörige unterschiedlicher Kulturen begegnen. Die Themen *Migration* und *Als Migrant/Migrantin in Deutschland leben* werden u. a. in Band 3, Kapitel 36, *Begegnungen*, thematisiert. Aber auch in anderen Kapiteln werden immer wieder Möglichkeiten geboten, im Austausch über Erlebtes eigene Gefühle und Gedanken zu äußern und interkulturelle Konfliktsituationen zu besprechen.

- **Thematisierung kulturell bedingter Vorlieben**
  Angebote, kulturell bedingte Vorlieben zu thematisieren, finden sich in allen vier Bänden von *Berliner Platz NEU*. Im 4. Band können z. B. in Kapitel 2, *Dach über dem Kopf*, Vorlieben im Hinblick auf Wohnungseinrichtungen geäußert werden.

### Berufsorientierung

Aufbauend auf die sprachlichen Grundkenntnisse, die Lernende in den ersten drei Bänden von *Berliner Platz NEU* erworben haben, bietet der vierte Band der Reihe ein Angebot „berufsbezogenes Deutsch“, das sich auf die Förderung der sprachlich-kommunikativen Handlungskompetenz in beruflichen Zusammenhängen bzw. in der Vorbereitung auf die Aufnahme einer beruflichen Tätigkeit bezieht. Unter „berufsbezogenem Deutsch“ wird dabei weniger das Beherrschen von Fachwortschatz verstanden, als der erfolgreiche Umgang mit den sprachlichen Anforderungen, die die Kommunikation als Arbeitssuchende/r, Arbeitnehmer/in oder Teilnehmer/in an berufsbezogener Qualifizierung mit sich bringt. Ziel ist die Stärkung der beruflichen Handlungsfähigkeit der Lernenden.

Ein Merkmal der Berufsorientierung in den Deutschkursen, in denen *Berliner Platz 4 NEU* voraussichtlich eingesetzt wird, ist ihre große Komplexität, da die Arbeitsplatzsituationen der TN, ihre beruflichen Rollen und Perspektiven unterschiedlicher nicht sein können. Es wird Lernende geben, deren Schul- oder Berufsabschlüsse nicht anerkannt sind und die deshalb eine Ausbildung oder Umschulung anstreben, für die sie vor allem ihre schriftsprachlichen Kompetenzen erweitern wollen. Andere haben vielleicht die entsprechenden Qualifikationen, können aber in ihrem Beruf nicht arbeiten, weil ihre mündlichen wie schriftlichen Deutschkenntnisse noch nicht ausreichen, um den Anforderungen am deutschen Arbeitsmarkt zu genügen. Lernende im Inland werden andere Interessen haben als Lernende, die im Ausland Deutsch lernen, um in Deutschland als Fachkraft eine Stelle anzunehmen.

Aus der Vielzahl möglicher berufsbezogener Themen und Sprachhandlungen musste in *Berliner Platz 4 NEU* notgedrungen eine Auswahl getroffen werden, die das Spektrum der unterschiedlichen Lernerinteressen zu berücksichtigen sucht. Die Fragestellungen und Texte orientieren sich an den jeweiligen Kapitelthemen und ergänzen berufliche Aspekte.

# B Der rote Faden – Unterrichtsvorschläge

## Hinweise zum Aufbau der Unterrichtsvorschläge

In den **Unterrichtsvorschlägen** erfahren Sie, wie Sie den Unterricht mit *Berliner Platz 4 NEU* durchführen können. Hier wird u. a. erläutert, wie die einzelnen Schritte aufeinanderfolgen, welche Funktion sie im Unterrichtsgeschehen haben und auch, wie Sie sie variieren können.

Am Anfang jedes Kapitels stehen

- die **thematischen Schwerpunkte** des Kapitels,
- die **Lernziele** des Kapitels, die als Sprachhandlungsziele entsprechend den Vorgaben des „Gemeinsamen Europäischen Referenzrahmens für Sprachen" bzw. des „Rahmencurriculums für Integrationskurse Deutsch als Zweitsprache" verstanden werden und entsprechend als Kann-Beschreibungen („can-do-statements") formuliert sind,
- die **Lerninhalte**, d. h. all das, was die TN lernen müssen, um die Lernziele zu erreichen (Wortschatz und Redemittel, grammatische Strukturen, landeskundliches Wissen, Sensibilität für kulturelle Besonderheiten etc.).

Die Unterrichtsvorschläge orientieren sich am Kapitelaufbau des Lehrwerks. Zu jeder Doppelseite finden Sie eine Tabelle mit vier Spalten:

- Die 1. Spalte gibt die **Nummer der Aufgabe** im Lehrbuch an.
- Die 2. Spalte nennt die **TN-/KL-Aktivitäten,** d. h. das, was die Lernenden und der/die Lehrende in der jeweiligen **Unterrichtsphase** bzw. im jeweiligen Schritt tun. Hier finden Sie nur eine kurze Beschreibung, den „roten Faden" quasi, der Sie durch das Lehrbuch führt.
- In der 3. Spalte – **Hinweise** – erhalten Sie zum jeweiligen Schritt weitere Erläuterungen, Vorschläge zur Sozialform, Differenzierungsvorschläge, Hinweise auf das Vorgehen in unterschiedlichen Lerngruppen (z. B. Inland/Ausland) sowie Lösungsvorschläge. Hier wird auch auf das didaktische Glossar in Kapitel C verwiesen, in dem sowohl Erläuterungen (z. B. ▶ **Handlungsorientierung**) als auch Hinweise auf weitere Bestandteile des Lehrwerks, die an der jeweiligen Stelle hinzugezogen werden können (z. B. ▶ **DVD**), alphabetisch aufgelistet sind.
- In der 4. Spalte sind Kopiervorlagen und zusätzliche **Materialien** aufgeführt, die Sie evtl. für die Durchführung der Aktivität zum jeweiligen Schritt brauchen.

## Abkürzungen in den Lehrerhandreichungen

| | |
|---|---|
| EA | Einzelarbeit |
| GA | Gruppenarbeit |
| GR | Grammatik |
| HV | Hörverstehen |
| KL | Kursleiter/in |
| LB | Lehrbuch |
| LV | Leseverstehen |
| M | mündlicher Ausdruck |
| PA | Partnerarbeit |
| PL | Arbeit im Plenum |
| SA | schriftlicher Ausdruck |
| SB | Sprachbausteine |
| TN | (Kurs-)Teilnehmer/in bzw. Teilnehmer/innen |
| WS | Wortschatz |
| | Projekt |
| P B1+ | Prüfungsformat telc Deutsch B1+ Beruf |
| P B2G | Prüfungsformat Goethe-Zertifikat B2 |
| P B2T | Prüfungsformat telc Deutsch B2 |

# Wer bin ich?

1

**Thematische Schwerpunkte:** Sich vorstellen, Freizeitaktivitäten, die schriftliche Bewerbung, ein neuer Job

## Lernziele

**Die TN können**

- sich und andere vorstellen
- über Freizeitaktivitäten sprechen
- einen Lebenslauf schreiben
- ein Bewerbungsschreiben verfassen
- über die ersten Tage im neuen Job sprechen

## Lerninhalte

**Wortschatz/Redemittel:**

- Profil (*der Charakter, das Führungskräfteprogramm, zuverlässig* etc.)
- Freizeitaktivitäten (*die Mannschaftssportart, die Balance, freihändig* etc.)
- sich schriftlich bewerben (*das Stellenangebot, der Lebenslauf, persönliche Stärken* etc.)
- Bewerbungsanschreiben (*mit großem Interesse, in meiner bisherigen Tätigkeit* etc.)
- der erste Arbeitstag (*stressig, jdm. etwas übel nehmen, sich einleben* etc.)

**Grammatik:**

- Valenz der Verben (Dativ-, Akkusativergänzung, präpositionale Ergänzung)
- temporale Konjunktionen

**Lernziele:** TN können sich und andere vorstellen.
**Lerninhalte:** WS: Profil (*der Charakter, das Führungskräfteprogramm, zuverlässig* etc.)

| | TN-/KL-Aktivitäten | Hinweise (▶ führt zum didaktischen Glossar) | Material |
|---|---|---|---|
| | **Vor der Arbeit mit dem Buch:** Sollten die TN im (neuen) Kurs einander noch fremd sein, so stellt KL eine Kennenlernaktivität voran. | ▶ **Kursbeginn:** TN bilden Gruppen von 4–6 Personen. Jede Gruppe erhält ein Exemplar der Kopiervorlage, mit deren Hilfe sie einander kennenlernen können. | Kopiervorlage 1a: „Einander kennenlernen" |
| | **Einstieg:** KL zeigt zuerst das Profil von Ben und fragt, worum es auf dieser Doppelseite geht. TN sammeln Wörter und Ausdrücke, die zur Doppelseite passen. | ▶ **Neue Medien (soziale Netzwerke):** Die TN sehen eine typische Seite aus einem sozialen Netzwerk. Sollte sich spontan ein Austausch über die Nutzung sozialer Netzwerke ergeben, so zieht KL die Aufgabe 2d vor. Bei Interesse kann eine Gruppe in einem sozialen Netzwerk eingerichtet werden. | |
| **1a** | TN sehen sich die Fotos und das Profil an. Sie suchen Informationen über Ben und machen sich Notizen zu Name, Wohnort, Hobbys, Freunde, Beruf. Danach tauschen sie sich in PA über ihre Notizen aus. | | |
| **1b** | Paarweise überlegen sich TN, was sie noch über Ben wissen möchten (z. B. *Lieblingsessen, Lieblings-...*) und notieren konkrete Fragen. Danach setzen sie sich mit zwei anderen TN zusammen, stellen sich gegenseitig die Fragen und erfinden Antworten auf die Fragen. | ▶ **Binnendifferenzierung:** Gruppen, die schnell mit der Aufgabe fertig sind (oder nur wenige Fragen an Ben haben), überlegen sich zusätzlich, welche Informationen sie überhaupt in einem sozialen Netzwerk geben würden. | |

**2a**

**Präsentation:** TN hören das Radiointerview und ergänzen die Informationen in der Tabelle. KL weist TN darauf hin, dass die Informationen im Interview nicht chronologisch vorkommen. TN hören noch einmal und korrigieren ggf. ihre Ergebnisse.

▶ **Hörverstehen (selektiv)**

▶ **Kooperatives Lernen:** TN arbeiten in PA und konzentrieren sich auf jeweils eine Person. Danach informieren sie sich gegenseitig und schreiben die Informationen in die Tabelle.

**Lösung 2a:**

| | Rouven | Nadja |
|---|---|---|
| Essen | Sushi<br>Lieblingsgericht: Steak mit Pommes | Lieblingsgericht: gebratenes Schweinefleisch in Sahnesoße mit Bratkartoffeln |
| Musik | die Söhne Mannheims | deutsche Schlager |
| Filme | Herr der Ringe | Romantische Filme, z. B. „Nur mit dir“ |
| Charakter | zuverlässig, etwas schusselig, vergesslich | offen, gute Laune ist ansteckend, vergesslich |
| Aussehen | sieht verdammt gut aus, Frauen fliegen auf ihn. | sieht süß aus, schöne blaue Augen, attraktiv |
| Berufliches | wichtig, sehr ehrgeizig, braucht Bestätigung und Anerkennung | sehr wichtig, will Karriere machen, ist aber kein Workaholic |

CD: Track 1.2

**2b**

TN hören nun, was Ben zu den Punkten sagt, und notieren seine Antworten ebenfalls in die Tabelle.

**Lösung 2b:**

| | Ben |
|---|---|
| Essen | Sushi |
| Musik | Hip Hop, engl. Pop-Rock, z. B. Coldplay |
| Filme | Thor |
| Charakter | zurückhaltend, manchmal sehr schüchtern, sehr verantwortungsbewusst, zuverlässig |
| Aussehen | nicht so aufregend, eher ein bisschen langweilig, mag seine blauen Augen |
| Berufliches | zentrale Rolle, viele Überstunden sind kein Problem, das Wichtigste ist, mit den Aufgaben zu wachsen |

CD: Track 1.3

**2c**

TN vergleichen in PA oder GA ihre Notizen. Danach hören sie zur Kontrolle noch einmal.

**2d**

TN tauschen sich im Plenum oder in GA darüber aus, welche sozialen Netzwerke sie kennen und welche sie nutzen.

▶ **Landeskunde (soziale Netzwerke in Deutschland)**

**3a**

**Transfer:** TN überlegen sich, was sie gerne von anderen TN wissen möchten. Sie erstellen eine Profilmaske (Kopiervorlage), in die sie eigene Fragen eintragen.

▶ **Binnendifferenzierung:** TN, die sprachlich noch unsicher sind, orientieren sich an der Profilmaske von Ben, andere formulieren ganz frei neue Fragen.

Kopiervorlage 1b: „Profilmaske“

**3b**

Zwei TN tauschen jeweils ihre Profilmasken aus und füllen diese aus.

**3c**

TN suchen neue Partner/Partnerinnen und sprechen über ihre Profilmasken. Anschließend stellen sie sich gegenseitig im Kurs vor. Die anderen stellen weitere Fragen.

▶ **Methoden (Marktplatz):** Alle Profilmasken werden eingesammelt und neu verteilt. Jede/r TN sucht nun die Person, deren Profilmaske er/sie gezogen hat, und lässt sich die Profilmaske kurz erklären. KL signalisiert eine zweite Runde, nach der jeder seine Person im Kursraum vorstellt.

**Lernziele:** TN können über Freizeitaktivitäten sprechen.
**Lerninhalte:** WS: Freizeitaktivitäten (*die Mannschaftssportart, die Balance, freihändig* etc.); GR: Das Verb und seine Ergänzungen

| | TN-/KL-Aktivitäten | Hinweise (▶ führt zum didaktischen Glossar) | Material |
|---|---|---|---|
| 4a | **Präsentation:** TN lesen die Aufgabe und die Überschriften. Anschließend überfliegen sie die vier Texte und ordnen vier Überschriften zu. Die Auswertung erfolgt im Plenum. KL sollte die TN bei jedem Text die Zuordnung begründen lassen. Dabei sollten Textstellen genannt werden, die die Überschriften stützen. | **▶ Leseverstehen (global), ▶ Prüfungsvorbereitung:** Diese Aufgabe bereitet auf die Prüfung *telc Deutsch B2* vor. Im Teil „Leseverstehen 1" sollen die TN zeigen, dass sie kürzere Texte global verstehen und Überschriften richtig zuordnen können. (In der Prüfung sind es allerdings fünf Texte und es stehen zehn Überschriften zur Wahl.)<br>**Lösung 4a:**<br>1 – C, 2 – D, 3 – keine Entsprechung, 4 – A, 5 – keine Entsprechung, 6 – B | |
| 4b | **Verständnissicherung:** TN notieren zu den vier Textabschnitten Fragen. In PA befragen sie sich gegenseitig und antworten mithilfe des Textes. | | |
| 4c | TN lesen die Ausdrücke 1–5 und finden die passende Umschreibung a–e. | **▶ Wortschatzarbeit**<br>**Lösung 4c:**<br>1 – c, 2 – d, 3 – e, 4 – b, 5 – a | |
| 4d | **Gespräch zum Text:** Ausgehend vom Text nehmen TN zur Sportart *Radball* Stellung und berichten kurz über ihre Lieblingssportarten. | **▶ Sprechen (Gespräch zum Text)**<br>**▶ Lernerorientierung:** Vermutlich wird keine/r der TN selbst Radsport betreiben. KL lässt Sportarten sammeln, die die TN (oder Personen in ihrem persönlichen Umfeld) selbst ausüben. | |
| 5a | **Bewusstmachung/Systematisierung:** In GA formulieren TN zunächst Sätze mit den angegebenen Verben. Die Sätze werden im PL gesammelt. Jeweils ein Satz wird als Modell in die Tabelle an der Tafel eingetragen. Daraus ergeben sich dann die Gruppen:<br>• Verben mit Akkusativ<br>• Verben mit Dativ<br>• Verben mit Dativ und Akkusativ<br>• Verben mit Präpositionen | **▶ Grammatik (Valenz der Verben):** TN erkennen, dass im Deutschen die Verben unterschiedliche Leerstellen eröffnen, die in der Regel durch qualitativ und quantitativ festgelegte Ergänzungen ausgefüllt werden müssen oder können:<br>**Beispiel:** Ich lese gern. Ich lese gern Krimis.<br>Auf die Unterscheidung zwischen obligatorischen und fakultativen Ergänzungen kann in Anbetracht der Niveaustufe (B2) verzichtet werden. Der KL sollte aber unbedingt darauf aufmerksam machen, dass die TN die Valenz der Verben mitlernen müssen. KL weist auf die Liste „Verben, Nomen, Adjektive mit Präpositionen" im Anhang (S. 250 ff.) hin. | |
| 5b | Ausgehend von der Tabelle an der Tafel sammeln TN in Gruppen weitere Beispiele für die entstandenen Verbgruppen und notieren sie auf der Kopiervorlage. | **▶ Arbeitsbuch:** Ist vor 5c zunächst gesteuertes Üben erforderlich, so zieht KL an dieser Stelle die Übungen 5.1–5.4 im Arbeitsbuch hinzu. | Kopiervorlage 1c: „Akkusativ und/ oder Dativ" |
| 5c | **Üben:** Die TN schreiben Sätze auf; sie benutzen für jeden Satz ein Blatt Papier. Sie zerschneiden die Sätze und bitten ihren Partner / ihre Partnerin die Sätze zusammenzusetzen. | Etwas weniger Papier ist nötig, wenn TN DIN-A4-Blätter quer nehmen und in Streifen schneiden.<br>**▶ Binnendifferenzierung:** Je nach Schreibtempo schreiben TN mehr oder weniger Sätze auf. | DIN-A4-Bätter |
| 5d | **Freie Anwendung:** Die TN schreiben nach Leitpunkten einen kurzen Forumsbeitrag. Die Beiträge werden vom KL korrigiert und evtl. auf einem großen Plakat im Kursraum aufgehängt. | **▶ Fehlerkorrektur (gegenseitige Fehlerkorrektur):** Bevor KL korrigiert, kann jede/r TN seinen/ihren Forumsbeitrag von den Nachbarn rechts und links korrigieren lassen. | |

# Wer bin ich?

**Lernziele:** TN können Tipps zum Schreiben von Lebensläufen verstehen und einen Lebenslauf schreiben.
**Lerninhalte:** WS: Bewerbungsunterlagen (*die Referenz, chronologisch, das Gleichstellungsgesetz* etc.)

| | TN-/KL-Aktivitäten | Hinweise (▶ führt zum didaktischen Glossar) | Material |
|---|---|---|---|
| 6a | **Einstieg:** TN sehen das Foto an und lesen die Frage in der Sprechblase. Sie kreuzen an, was ihrer Meinung nach unbedingt zu den Bewerbungsunterlagen gehört. Anschließend vergleichen sie ihre Ergebnisse im Plenum. | ▶ **Lernerorientierung:** In Inlandskursen haben TN möglicherweise schon Erfahrungen mit Bewerbungen gemacht. KL zeigt dann das Foto samt Sprechblase auf dem OHP (siehe Kopiervorlage) und lässt TN bei geschlossenen Büchern sammeln, was zu den Bewerbungsunterlagen gehört.<br>**Lösung 6a:**<br>2. das Anschreiben; 3. das Foto; 5. der Lebenslauf; 8. die Bewerbungsmappe; 10. die Referenzen; 12. die Arbeitszeugnisse; 13. die Abschlusszeugnisse<br>▶ **Landeskunde (Bewerbung)** | Kopiervorlage 1d: „Das gehört in die Bewerbungsunterlagen." auf Folie |
| 6b | **Präsentation:** TN hören das Gespräch zweimal und korrigieren ihre Lösungen. | **Lösung 6b:**<br>die Bewerbungsmappe, das Anschreiben, der Lebenslauf mit Foto, Abschlusszeugnisse, Arbeitszeugnisse, Referenzen<br>▶ **Landeskunde (Arbeitszeugnis)** | CD: Track 1.4 |
| 6c | **Gespräch zum Text:** TN tauschen sich darüber aus, was in ihrem Land zur Bewerbung und zu guten Bewerbungsunterlagen gehört. | ▶ **Interkulturelle Perspektive**<br>▶ **Hausaufgaben:** Ggf. gibt KL diese Aufgabe als Hausaufgabe, sodass TN Zeit haben, sich bei Freunden oder im Internet zu informieren. Sie beantworten die Frage dann schriftlich. | |
| 7a | **Präsentation:** TN arbeiten in Gruppen (5–6 TN) zusammen. Sie wählen jeweils drei Abschnitte des Texts auf Seite 13, lesen diese vor und erklären sie in eigenen Worten. KL weist die TN darauf hin, dass sie die Redemittel im Kasten zu Hilfe nehmen sollen. | ▶ **Kooperatives Lernen (Gruppenpuzzle):** TN teilen die Textabschnitte so untereinander auf, dass jeder ungefähr gleich viel zu lesen hat. Dann liest jeder seine Abschnitte und stellt sie im Anschluss den anderen TN der Gruppe mit eigenen Worten vor. | |
| 7b | **Üben:** TN tauschen sich über die Tipps für Lebensläufe aus und benutzen die Redemittel aus den Sprechblasen. | | |
| 7c | TN erstellen mithilfe der Tipps eine Checkliste für die Erstellung bzw. Überarbeitung des eigenen Lebenslaufs. | ▶ **Landeskunde (euro*pass*):** Musterlebensläufe finden TN auf der Seite des Nationalen euro*pass*-Centers unter www.europass-info.de/index.php?id=138. | |
| 7d | **Freie Anwendung:** Mithilfe der Checkliste aus 7c überarbeiten oder erstellen TN ihren eigenen Lebenslauf. Anschließend tauschen sie die Lebensläufe mit einem Partner / einer Partnerin, korrigieren sich gegenseitig und geben sich anhand der Checkliste Feedback. | TN können die Vorlage auf der Kopiervorlage nutzen.<br>▶ **Umgang mit heiklen Themen/Situationen:** KL und TN respektieren, wenn ein/e TN seinen/ihren Lebenslauf nicht zeigen möchte.<br>▶ **Sprachenvielfalt:** Bei Interesse schätzen TN ihre Sprachen nach dem Gemeinsamen Europäischen Referenzrahmen für Sprachen ein (Kopiervorlage), wie sie es z. B. für den euro*pass*-Lebenslauf tun müssten. | Kopiervorlage 1e: „Vorlage Lebenslauf"<br>Kopiervorlage 1f: „Meine Sprachkompetenz" |

**Lernziele:** TN können ein Bewerbungsschreiben verfassen. Sie können über die ersten Tage im neuen Job sprechen.
**Lerninhalte:** WS: Bewerbungsanschreiben (*mit großem Interesse, in meiner bisherigen Tätigkeit* etc.), der erste Arbeitstag (*stressig, jemandem etwas übel nehmen, einleben* etc.); GR: temporale Konjunktionen

| | TN-/KL-Aktivitäten | Hinweise (▶ führt zum didaktischen Glossar) | Material |
|---|---|---|---|
| 8a | **Präsentation:** TN lesen zuerst die Stellenanzeige. Zur Verständnissicherung fragt KL gezielt nach Informationen aus der Anzeige: *Was ist das für eine Stelle? Was wird gefordert? Was wird geboten? Wie soll man sich bewerben?* Anschließend lesen die TN das Bewerbungsschreiben und ergänzen die Satzteile a–f. Im Plenum werden die Ergebnisse verglichen. | **Lösung 8a:**<br>1 – c, 2 – f, 3 – b, 4 – d, 5 – e, 6 – a | |
| 8b | **Freie Anwendung:** TN suchen im Internet oder der regionalen Presse eine für sie passende Stellenanzeige und formulieren ein adäquates Bewerbungsschreiben. | ▶ **Prüfungsvorbereitung:** In der Prüfung *telc Deutsch B2* müssen die TN einen formellen Brief formulieren. Dies kann ein Bewerbungsschreiben sein, in dem sie auf eine Anzeige reagieren. Gefordert werden ca. 150–200 Wörter. Vorlagen für Bewerbungsanschreiben gibt es z. B. unter www.bewerbung-tipps.com.<br>▶ **Hausaufgaben:** Es bietet sich an, dass die TN diese Aufgabe zu Hause erledigen.<br>▶ **DVD:** Vor der nächsten Aufgabe, die die ersten Tage im neuen Job thematisiert, kann der Clip „Fit fürs Bewerbungsgespräch" von der DVD gezeigt und besprochen werden. | |
| 9a | **Einstieg:** TN berichten über ihre Erfahrungen, die sie in den ersten Tagen eines neuen Jobs oder auch Praktikums gemacht haben. | ▶ **Lernerorientierung:** TN, die noch keine Vorerfahrungen im Beruf/Job haben, können von dem berichten, was ihnen Angehörige oder Freunde erzählt haben. | |
| 9b | **Präsentation:** TN lesen die E-Mail und nennen die Probleme, die Heiner im neuen Job hat. | **Lösung 9b:**<br>Probleme im neuen Job:<br>– Heiner kann sich nicht alle Namen merken.<br>– Es fällt ihm schwer, alle Kollegen von Anfang an zu duzen.<br>– Da es so viel Neues gibt, muss Heiner lernen, offen über seine Fehler zu sprechen. | |

**9c**

**Bewusstmachung:** Die TN lesen die Sätze 1–8. Dabei bestimmen sie, welcher Teilsatz Haupt- und welcher Nebensatz ist und markieren die Verben. Anschließend kreuzen sie in der Tabelle rechts an, ob die Zeitformen gleich bleiben oder nicht.

▶ **Grammatik (temporale Konjunktionen):** Die meisten hier angesprochenen temporalen Konjunktionen sind bereits bekannt: *als* und *nachdem* aus *Berliner Platz 3 NEU* Kapitel 28, *bis* und *bevor* aus Kapitel 29, *während* sowie *seit/seitdem* aus Kapitel 35.

**Lösung 9c:**

1. Seitdem ich in Hamburg bin, verfliegt die Zeit nur so.
2. Seitdem ich umgezogen bin, habe ich einen neuen Job.
3. Solange ich nicht alle Namen kenne, frage ich nach.
4. Bevor ich jemanden duze, dauert es eine Weile.
5. Bis ich mich daran gewöhne, vergeht eine Zeit.
6. Sagen Sie es, sobald Sie Fehler gemacht haben.
7. Ich fühlte mich besser, nachdem ich mich eingelebt hatte.
8. Ich komme nach Hause, sobald ich Feierabend habe.

| | gleich | nicht gleich |
|---|---|---|
| seitdem | x | x |
| solange | x | |
| bevor | x | |
| bis | x | |
| sobald | x | x |
| nachdem | | x |

**9d**

**Üben:** Die TN lesen die Satzanfänge und ergänzen einen zum Zeitverhältnis passenden Hauptsatz.

**Projekt – Freie Anwendung:** Die TN stellen in GA Tipps für Deutsche zusammen, die sich in ihrem Land bewerben wollen.

▶ **Projekte**

▶ **Lernerorientierung (Kurse im Ausland):** In Kursen im Ausland können sich Gruppen zu unterschiedlichen Berufssparten bilden.

**Üben:** TN schreiben ein Bewerbungsschreiben als Diktat.

*Sehr geehrter Herr Cramer, / wie heute telefonisch mit Ihnen vereinbart, / übersende ich Ihnen meine Bewerbungsunterlagen. / Die in der Stellenausschreibung vom 13.05. beschriebenen Aufgaben / interessieren mich sehr. / Durch meine Ausbildung / und die praktische Tätigkeit / bei der Firma Münzel in Braunschweig, / habe ich Kenntnisse in der Warenannahme und Warenkontrolle / sowie im Verkauf und der Beratung von Kunden. / Bei meinen bisherigen Tätigkeiten / habe ich Organisationsfähigkeit entwickelt. / Lernbereitschaft und Zuverlässigkeit / sind für mich ebenso selbstverständlich / wie ein freundliches Auftreten, Zielstrebigkeit und Belastbarkeit. / Außerdem habe ich gute Kenntnisse / der englischen Sprache in Wort und Schrift. / Sie werden in mir einen engagierten / und teamfähigen Mitarbeiter finden. / Über die Einladung zu einem persönlichen Gespräch / freue ich mich sehr. /*
*Mit freundlichen Grüßen*
*Gustavo Zilo*

▶ **Diktate;** ▶ **Schreiben (Geschäftsbriefe)**

# Dach über dem Kopf 2

**Thematische Schwerpunkte:** Wohnformen, Umzug, Arbeitsräume, Gewerberäume mieten

## Lernziele

**Die TN können**
- über unterschiedliche Wohnformen, -bedürfnisse und -erfahrungen sprechen
- Texte zu „Wohnen“, „Umzug“, „Mieten“ erschließen
- über Umzugserfahrungen berichten
- über Arbeitsräume sprechen
- Aussagen verneinen
- eine E-Mail an den Vermieter von Gewerberäumen schreiben

## Lerninhalte

**Wortschatz/Redemittel:**
- Wohnformen (*die Wohngemeinschaft, das Studentenwohnheim* etc.)
- Wohnungseinrichtung (*die Stehlampe, die Zentralheizung* etc.)
- eine Wohnung einrichten (*Ich finde … unverzichtbar, Sollten wir uns nicht eher … kaufen?* etc.)
- Wohnungssuche/Umzug (*etwas in der engeren Auswahl haben, die Wohnungsübergabe* etc.)
- Arbeitsräume (*die Werkstatt, die Baustelle, der Starkstromanschluss* etc.)
- geschäftliche Korrespondenz (*Wie wir telefonisch besprochen haben …, Hiermit möchte ich Sie bitten …* etc.)

**Grammatik:**
- Reihenfolge der Angaben im Satz: temporal – kausal – modal – lokal
- Verneinung mit *nicht*

**Lernziele:** TN können über unterschiedliche Wohnformen, -bedürfnisse und -erfahrungen sprechen.
**Lerninhalte:** WS: Wohnformen (*die Wohngemeinschaft, das Studentenwohnheim* etc.), Wohnungseinrichtung (*die Stehlampe, die Zentralheizung* etc.); Redemittel: eine Wohnung einrichten (*Ich finde … unverzichtbar, Sollten wir uns nicht eher … kaufen?* etc.)

| | TN-/KL-Aktivitäten | Hinweise (▶ führt zum didaktischen Glossar) | Material |
|---|---|---|---|
| 1a | **Einstieg:** TN sehen sich die Bilder an und wählen individuell dasjenige aus, das sie am meisten anspricht. Sie überlegen, wer in dem Raum wohnen könnte, und tauschen sich paarweise über ihre Vorstellungen aus. | Bei Bedarf werden vor dieser Aktivität Redemittel zu „Vermutungen äußern“ wiederholt. | |
| 1b | TN äußern ihre Meinung zu den Wohnungseinrichtungen, spekulieren, ob sich die abgebildeten Wohnräume in Deutschland befinden, und vergleichen die Wohnungseinrichtung mit der, die in ihren Herkunftsländern üblich ist. | ▶ **Lernerorientierung:** In schwächeren Kursen werden vorher Redemittel für die jeweiligen Sprechintentionen an der Tafel gesammelt.<br>▶ **Interkulturelle Perspektive:** In Inlandskursen bietet es sich an, die TN Fotos vom eigenen Wohnzimmer mitbringen zu lassen. Die Fotos werden eingesammelt. TN ziehen jeweils ein Foto und müssen die Person suchen, von der das Foto stammt.<br>▶ **Landeskunde:** Ein interessanter Text „Deutsche auf der Couch – Ein Blick ins deutsche Wohnzimmer“ findet sich hier: www.goethe.de/ges/mol/typ/de2808483.htm. | Fotos der TN von Wohnzimmern |
| 1c | **Präsentation und Transfer:** Gemeinsam wird der Wortschatz erarbeitet. TN überlegen, was sie persönlich in ihrer Wohnung für nötig bzw. verzichtbar halten. | | Wörterbücher der TN |

| | TN-/KL-Aktivitäten | Hinweise | Material |
|---|---|---|---|
| 1d | **Freie Anwendung:** In Dreiergruppen einigen sich TN auf sechs Geräte bzw. Einrichtungsgegenstände als Basiseinrichtung ihrer neuen Wohnung.<br>Je nach Kursgröße stellen die Gruppen ihre Ergebnisse im PL oder im Austausch der Gruppen untereinander vor. | ▶ **Sozialformen (Paar- und Gruppenbildung):** Zur Gruppenbildung bieten sich Abbildungen von Einrichtungsgegenständen bzw. Möbeln an, die entweder jeweils in dreifacher Ausführung vorliegen oder in drei Teile zerschnitten sind. Wichtig ist eine Zeitvorgabe von maximal fünf Minuten.<br>▶ **Sprechen (Präsentation von Gruppenergebnissen)** | Fotos/Bilder von Möbeln zur Gruppeneinteilung |
| | **Einstieg:** Zur Vorentlastung werden die verschiedenen Wohnformen aus 1a und weitere mögliche Wohnformen noch einmal zusammenfassend thematisiert. | TN können dazu auch die Kopiervorlage nutzen. | Kopiervorlage 2a: „Wohnformen" |
| 2a | **Präsentation:** TN hören die Interviews mindestens zweimal, filtern die gewünschten Informationen heraus und ergänzen die Tabelle. Ein TN schreibt verdeckt mit (z. B. auf Flipchart oder Folie). Anhand dieser Vorlage werden die Lösungen im PL besprochen. | ▶ **Hörverstehen (selektiv)**<br>▶ **Methoden (Kursschreiber/innen)**<br>**Lösung 2a:** (siehe Tabelle unten) | CD: Track 1.5–8<br>nach Bedarf OH-Folie, Folienstifte, Flipchartpapier |

**Lösung 2a:**

| Name | Lena | Karl | Marion | Ada |
|---|---|---|---|---|
| Beruf | Studentin | Friseur | Informatikerin | Tänzerin |
| wohnt heute: | Studentenwohnheim | Loft | Altbauwohnung (Eigentum) | eigene kleine Wohnung |
| wohnte früher: | Haus in Santa Cruz | Einzimmerwohnung, dann WGs | Zweifamilienhaus, dann verschiedene WGs | bei ihren Eltern |
| Sonstiges (z. B.) | zieht bald mit ihrem Freund zusammen | will auf Dauer nicht allein leben | ist verheiratet, hat eine Tochter | genießt es, allein zu sein |

| | | | |
|---|---|---|---|
| 2b | **Transfer:** TN überlegen sich zuerst allein, dann in PA Interviewfragen. Diese werden im Plenum gesammelt und an der Tafel festgehalten. Dann interviewen sich TN gegenseitig und machen Notizen. Abschließend stellen TN ihre Ergebnisse einem anderen Team vor. | ▶ **Spiele (Wechselspiel):** Zu Beginn der nächsten Stunde können die Wohnerfahrungen ggf. mithilfe der Kopiervorlage wiederholt werden. | Kopiervorlage 2b: „Wechselspiel Wohnerfahrung" |

**Lernziele:** TN können einen Blog zum Thema „Umzug" verstehen und über Umzugserfahrungen berichten.
**Lerninhalte:** WS: Wohnungssuche/Umzug (*etwas in der engeren Auswahl haben, die Wohnungsübergabe* etc.)

| | TN-/KL-Aktivitäten | Hinweise (▶ führt zum didaktischen Glossar) | Material |
|---|---|---|---|
| | **Einstieg:** KL fragt, wer regelmäßig Blogs liest oder sogar einen eigenen Blog hat. Zur Vorentlastung wird die Bedeutung der Überschriften geklärt, evtl. auch mit dem Wörterbuch. | ▶ **Neue Medien (Blog):** Vielleicht hat auch einer der TN Lust, einen Blog für den Kurs einzurichten? Im Internet kann man, z. B. unter www.yesbo.de oder www.blogger.com, kostenlos Blogs anlegen. | Wörterbücher der TN |
| 3a | **Präsentation:** Bei einem ersten überfliegenden Lesen ordnen TN die Überschriften den Abschnitten zu. Die Kontrolle der richtigen Zuordnung erfolgt erst in PA, dann im Plenum. | ▶ **Leseverstehen (global):** Wichtig ist hier, ein Zeitlimit zu setzen und die TN zu bitten, ohne Wörterbücher zu arbeiten.<br>**Lösung 3a:**<br>20.08. – G; 25.08. – D; 31.08. – B; 02.09. – F; 07.09. – E; 13.09. – A; 16.09. – C | |

| | | | |
|---|---|---|---|
| 3b | **Verständnissicherung**: In einem weiteren Lesedurchgang wird selektives Textverstehen trainiert, indem die richtigen Antworten gefunden werden müssen. Bei Bedarf und Interesse werden dann im Kurs noch offene Verständnisfragen geklärt. | ▶ **Leseverstehen (selektiv)**<br>**Lösung 3b:**<br>1 – c; 2 – b; 3 – b; 4 – b; 5 – a<br>▶ **Prüfungstraining**: Ein ähnliches Format (5 Multiple-Choice-Aufgaben zu einem Lesetext) gibt es sowohl in der B2-Prüfung (Goethe-Institut und telc), als auch in der Prüfung *telc B1+ Beruf.* | |
| 4a | **Präsentation:** KL fordert TN auf, unbekannte Wörter nachzuschlagen und sie sich gegenseitig zu erklären.<br>Dann bringen TN die Wörter individuell in eine Reihenfolge. Vergleich in GA. | ▶ **Visualisierung (Tafelbild):** TN können die einzelnen Wörter auch auf Kärtchen schreiben und gemeinsam an der Tafel ordnen. Hier werden dann auch die Artikel ergänzt.<br>Wichtig ist der Hinweis darauf, dass es nicht nur eine mögliche Reihenfolge gibt. | Wörterbücher der TN<br>Kärtchen |
| 4b | **Transfer:** TN schreiben zu fünf ausgewählten Wörtern eigene Sätze. KL geht herum und hilft. Abschließend werden freiwillig einige Sätze vorgelesen. | ▶ **Binnendifferenzierung:** Langsamere TN können hier weniger, schnellere TN mehr Sätze schreiben.<br>▶ **Hausaufgaben:** Weitere Sätze können auch zu Hause geschrieben werden.<br>▶ **Spiele:** In einer spielerischen Variante schreiben TN ihre Erfahrungen anonym auf Zettel, die eingesammelt und gezogen werden. TN gehen dann im Kurs herum und suchen die Person, die den Zettel geschrieben hat. | evtl. Zettel |
| 4c | **Freie Anwendung:** TN sprechen nun über ihre eigenen Umzugserfahrungen. | In Kursen mit hoher TN-Zahl werden Gruppen gebildet. | |
| | **Projekt – Freie Anwendung:** TN recherchieren besondere Wohnformen. | ▶ **Projekte:** KL regt an, dass TN ihre Berichte im Kurs mit Fotos illustrieren. | |

**Lernziele:** TN können über Arbeitsräume sprechen. Sie können Forumstexte zum Thema „Einen Gewerberaum mieten" verstehen.
**Lerninhalte:** WS: Arbeitsräume (*die Werkstatt, die Baustelle, der Starkstromanschluss* etc.); GR: Reihenfolge der Angaben im Satz: temporal – kausal – modal – lokal

| | TN-/KL-Aktivitäten | Hinweise (▶ führt zum didaktischen Glossar) | Material |
|---|---|---|---|
| 5a | **Bewusstmachung:** TN lesen den Satz und ordnen in EA oder PA die Begriffe zu. Im Plenum erfolgt dann die gemeinsame Kontrolle der Ergebnisse. | ▶ **Grammatik (tekamolo):** Falls nötig, werden zur Vorentlastung die Begriffe temporal (*wann?*), kausal (*warum?*), modal (*wie/womit?*) und lokal (*wo?*) anhand von Beispielen (siehe Kopiervorlage) wiederholt. KL weist darauf hin, dass alle Angaben selten zusammen in einem Satz vorkommen. Die Reihenfolge bleibt aber auch bei weniger Angaben dieselbe.<br>**Lösung 5a:** | Kopiervorlage 2c: „tekamolo" |

| Subjekt | Verb (1) | temporal: wann? | kausal: warum? | modal: wie? | lokal: wo? | Verb (2) |
|---|---|---|---|---|---|---|
| Wir | ziehen | jetzt | wegen der Liebe | so schnell wie möglich | in Kreuzberg | zusammen. |

**5b**

**Systematisierung:** TN ergänzen die Angaben in der richtigen Reihenfolge. So wird die tekamolo-Regel transparent gemacht.

Wichtig ist es, darauf hinzuweisen, dass es bei der Stellung im Satz feste Regeln wie die Verbzweitstellung und nicht ganz so strenge Regeln wie tekamolo gibt. Vereinfachend kann auch gesagt werden, dass neben der Verbzweitstellung „Zeit vor Ort" die wichtigste Regel ist.

**(mögliche) Lösung 5b:**

| Subjekt | Verb | temporal: wann? | kausal: warum? | modal: wie? | lokal: wo? |
|---|---|---|---|---|---|
| Wir | saßen | am späten Abend | zum Feiern | ganz entspannt | auf der Couch. |

---

**5c**

**Bewusstmachung:** Hier wenden TN das in a und b erworbene Wissen exemplarisch auf einen weiteren Satz an. Es wird vermittelt, dass anstelle des Subjekts auch eine Angabe auf Position 1 stehen kann. Das Subjekt, das immer beim Verb stehen muss, rutscht dann entsprechend auf Position 3.

**Lösung 5c:**
1. Zur Wohnungsplanung sitzen wir mit Zetteln und Stiften auf unserem alten Sofa.
2. Mit Zetteln und Stiften sitzen wir zur Wohnungsplanung auf unserem alten Sofa.
3. Auf unserem alten Sofa sitzen wir zur Wohnungsplanung mit Zetteln und Stiften.

▶ **Methoden (lebendige Sätze):** Zur besseren Illustration können mit den drei Sätzen auch lebendige Sätze gebildet werden. Außerdem bietet die Kopiervorlage weitere Sätze, mit denen geübt werden kann.

Zettel für lebendige Sätze

Kopiervorlage 2d: „Lebendige Sätze mit tekamolo"

---

**5d**

**Üben:** TN ordnen zuerst in EA die Angaben in die Tabelle ein. Nach der Kontrolle im Plenum schreiben sie mit den Satzanfängen 1–6 möglichst lange Sätze.

▶ **Methoden (Blätter falten):** Eine spielerische Übungsvariante besteht darin, dass die TN Sätze auf Blätter schreiben, die sie ziehharmonikaartig falten. TN 1 beginnt den Satz mit Subjekt und Verb in der ersten Zeile (*Wir sitzen*) und einer temporalen Angabe in der zweiten Zeile, faltet das Blatt so, dass nur der Satzanfang zu lesen ist, und reicht es weiter. TN 2 ergänzt eine kausale Angabe, faltet, gibt weiter usw.

**Lösung 5d:**

| temporal | kausal | modal | lokal |
|---|---|---|---|
| am späten Nachmittag | zum Feiern | noch schnell | in Stadtnähe |
| in fünf Stunden | wegen des Lärms | ohne Probleme | draußen |
| nach langer Diskussion | wegen der hohen Miete | dringend | in vielen Städten |
| heute | wegen der frischen Luft | mit viel Glück | auf dem Land |
| | zur Entspannung | mithilfe von Freunden | in Wohngemeinschaften |
| | | intensiv | |
| | | gern | |

Blätter

---

**Einstieg:** KL fragt TN, welche Art von Arbeitsräumen sie schon kennengelernt haben.

▶ **Berufsorientierung**

▶ **Lernerorientierung:** KL erklärt, dass hier Arbeitsräume genannt werden können, in denen man selbst gearbeitet hat, aber auch solche, die man durch Familienangehörige oder Freunde kennt.

---

**6a**

TN ordnen (ggf. mithilfe der projizierten Kopiervorlage) die Wörter den Bildern zu und erklären einander bei Bedarf in PA Wörter, die sie noch nicht kennen.

**Lösung 6a:**
2 – die Werkstatt; 3 – die Baustelle; 4 – das Geschäft; 5 – das Restaurant; 6 – das Fotoatelier; 7 – das Hotel; 8 – die Praxis; 9 – das Büro; 10 – die Fabrik

Kopiervorlage 2e: „Arbeitsräume" auf Folie

| | | | |
|---|---|---|---|
| 6b | **Präsentation:** TN hören die Stimmen und Geräusche und ordnen Sie den Bildern aus 6a zu. | **Lösung 6b:**<br>1 – Baustelle; 2 – Zahnarztpraxis; 3 – Büro; 4 – Geschäft; 5 – Frisörsalon; 6 – Restaurant<br>▶ **Neue Medien (Handy):** TN in besonders experimentierfreudigen Kursen haben im Anschluss daran vielleicht Lust, selbst Geräusche aufzunehmen – die anderen müssen dann raten, welcher Raum das ist. | CD: Track 1.9 |
| 6c | **Üben:** TN ordnen die Berufe den Räumen zu und ergänzen weitere Berufe. Sie bilden Sätze, wie in den Sprechblasen vorgegeben. | **Lösung 6c:**<br>Sachbearbeiter: Büro; Handwerker: Werkstatt/Fabrik/Baustelle; Maurer: Baustelle; Verkäufer: Geschäft; Arzthelfer: Praxis; Hausmeister: Hotel; Fotograf: Fotoatelier; Rechtsanwaltsgehilfe: Büro; Gärtner: Geschäft; Kfz-Mechatroniker: Werkstatt/Fabrik<br>▶ **Lernerorientierung:** Hier bietet es sich an, für alle im Kurs vertretenen Berufe die entsprechenden Arbeitsräume suchen zu lassen.<br>▶ **Schreiben (geschlechtergerechte Sprache):** Bei Interesse macht KL einen Exkurs auf geschlechtergerechte Schreibweisen (Kopiervorlage). | Kopiervorlage 2f: „Geschlechtergerechte Sprache" |
| 6d | TN wählen fünf Räume und überlegen sich allein, in PA oder in GA entsprechende Arbeitsmittel. Anschließend tauschen sie sich im Plenum über ihre Ergebnisse aus. | ▶ **Arbeitsbuch:** Der Wortschatz wird im Arbeitsbuch in 6.1 vorentlastet. KL zieht diese Übung evtl. vor. | |
| | **Einstieg:** KL fragt, ob TN Internetforen kennen, in denen man Fragen stellen kann, und ob sie solche Foren nutzen. | ▶ **Neue Medien (Internet):** Beispiele für solche Foren sind: www.gutefrage.net, www.werweisswas.de oder www.frag-mutti.de | |
| 7a | **Präsentation und Gespräch zum Text:** TN lesen die Frage und sammeln in GA Ideen. | Falls kein/e TN in diesem Bereich Erfahrungen hat, nennt KL zunächst selbst einige Punkte, nach denen der Vermieter gefragt werden kann, z. B.:<br>– Gibt es zum Gewerberaum Nebenräume wie Keller oder Lager?<br>– Gibt es eine monatliche Festmiete oder ist die Miete an den Umsatz gebunden?<br>– Was fällt alles unter die Nebenkosten?<br>– Ist die Mietzeit befristet oder nicht?<br>– Kann ein Nach- oder Untermieter benannt werden? | |
| 7b | TN schreiben aus den in a gesammelten Ideen einen kurzen Text. Sie reichen die Texte weiter und korrigieren sich gegenseitig im Kurs. | ▶ **Fehlerkorrektur (gegenseitige Fehlerkorrektur)** | |
| 7c | **Semantisierung:** Hier werden die Schlüsselwörter aus den Antworten in den Forumsbeiträgen in 7d vorentlastet. TN versuchen zuerst ohne Wörterbuch, sich die Bedeutung der Wörter selbst zu erschließen. | ▶ **Wortschatzarbeit:** KL weist auf die Strategien hin, die der Sprecher der Sprechblase benutzt hat, und wiederholt diese bei Bedarf anhand von Beispielen. Wichtig ist, dass in einem ersten Schritt wirklich ohne Wörterbuch gearbeitet wird und die Wörterbücher in einem zweiten Schritt zur Überprüfung der Vermutungen herangezogen werden. | Wörterbücher der TN |

# Dach über dem Kopf

**Lernziele:** TN können Aussagen verneinen. Sie können eine E-Mail an den Vermieter von Gewerberäumen schreiben.
**Lerninhalte:** Redemittel: geschäftliche Korrespondenz (*Wie wir telefonisch besprochen haben ..., Hiermit möchte ich Sie bitten ...* etc.); GR: Verneinung mit *nicht*

| | TN-/KL-Aktivitäten | Hinweise (▶ führt zum didaktischen Glossar) | Material |
|---|---|---|---|
| 7d | **Präsentation/Verständnissicherung:** TN lesen in Gruppen die Antworten. Jede Gruppe erstellt eine Checkliste mit den wichtigsten Stichpunkten zum Thema „Gewerberäume mieten" und präsentiert diese im Plenum. | **(mögliche) Lösung 7d:**<br>Checkliste „Gewerberäume mieten":<br>– gute Lage wegen Laufkundschaft?<br>– Schaufenster schön groß?<br>– technische Ausstattung?<br>– bei Umgang mit Lebensmitteln: kühl und sauber?<br>– bei Rockband: schallisoliert?<br>– in einer Werkstatt: Starkstromanschluss und ebenerdig?<br>– bei Café: Lizenz oder Nutzungsänderung?<br>– Übergabeprotokoll, Zustand der Räume?<br>– bauliche Mängel?<br>– Parkplätze für Mitarbeiter, Kunden, Lieferanten?<br>– Konkurrenz in der Nähe? | Flipchartpapier, dicke Stifte |
| 7e | Die Gruppen lesen die Texte und ergänzen ihre Checklisten. | **(mögliche) Lösung 7e:**<br>Ergänzung der Checkliste:<br>– andere Gewerbe, mit denen man zusammenarbeiten kann?<br>– Möglichkeit zu expandieren?<br>– Möglichkeit zur Untervermietung?<br>▶ **Lernerorientierung:** Ggf. können die Listen noch mit eigenen Erfahrungen der TN ergänzt werden. | |
| 7f | **Präsentation/Üben:** TN hören das Gespräch und notieren die Fragen an die Vermieterin. | **Lösung 7f:**<br>Er fragt, ob die Vermieterin<br>– jemanden empfehlen kann, der das Schaufenster dekoriert.<br>– schon etwas vom Rechtsanwalt zum Vertrag gehört hat.<br>– ihm die Telefonnummer des Vormieters noch einmal geben kann, damit er die Anmeldung beim Stromanbieter klären kann. | CD: Track 1.10 |
| 8a | **Bewusstmachung:** TN lesen die Regeln und suchen in den Forenbeiträgen auf der linken Seite weitere Beispiele. | ▶ **Arbeitsbuch:** Eine Übung zur Wiederholung von *nicht* versus *kein* findet sich im Arbeitsbuch (8.2). Diese Übung wird ggf. vorangestellt.<br>▶ **Grammatik (Verneinung mit *nicht*):** Bei der Verneinung mit *nicht* muss man sich klarmachen, was verneint ist: nur ein Satzteil oder der ganze Satz? Danach richtet sich die Stellung von *nicht*: Wenn nur ein Satzteil verneint ist, steht *nicht* vor dem verneinten Satzteil. Falls der ganze Satz verneint ist, steht es am Ende bzw. vor dem zweiten Teil der Satzklammer.<br>**Lösung 8a:**<br>**Verneinung eines Satzteils:**<br>vitamin g: ... weil ich <u>nicht</u> weiß ...<br>paragrafenreiter: Du fährst vielleicht selbst <u>nicht</u> Auto.<br>viktor: Also, ich ... will endlich <u>nicht</u> mehr angestellt arbeiten.<br>vitamin g: ... – du willst sicher deinen Laden <u>nicht</u> neben einem anderen Schumacher eröffnen.<br>**Verneinung eines ganzen Satzes:**<br>busy: ... ich rate dir <u>nicht</u> zu einem ...<br>paragrafenreiter: Und vergiss die praktischen Details <u>nicht</u>!<br>vitamin g: Du weißt ja noch <u>nicht</u>, wie es wird.<br>vitamin g: ... – was ich dir natürlich <u>nicht</u> wünsche. | |

| | | | |
|---|---|---|---|
| 8b | **Üben:** In PA überlegen sich TN die passenden Stellen und schreiben die Sätze. | ▶ **Binnendifferenzierung:** TN, die Probleme mit der Stellung von *nicht* haben, können die Satzteile aus 8b und zusätzlich jeweils *nicht* auf Kärtchen schreiben und diese Kärtchen so lange herumschieben, bis die Reihenfolge stimmt. Eine Hilfe dabei ist es, die Sätze laut zu sprechen und auf sein Sprachgefühl zu hören.<br>**Lösung 8b:**<br>1. Ich will nicht in einem Büro arbeiten. / Ich will in einem Büro nicht arbeiten.<br>2. Ich miete die Werkstatt nicht.<br>3. Sie können hier nicht mit lauten Maschinen arbeiten. / Sie können hier mit lauten Maschinen nicht arbeiten.<br>4. Ich finde es nicht gut, diesen Gewerberaum zu mieten.<br>5. Der Raum ist nicht schlecht, aber die Miete kann ich nicht bezahlen. | Kärtchen |
| | **Einstieg:** KL fragt TN, ob sie E-Mails schreiben und falls ja, an wen und zu welchem Anlass. Kurzer Austausch darüber im Plenum. | ▶ **Neue Medien (E-Mail):** Bei Interesse tauschen TN E-Mail-Adressen aus. | |
| 9a | **Präsentation/Üben:** KL verweist auf das Gespräch in 7f und erklärt, dass dies die Erinnerungsmail von Viktor an seine Vermieterin ist. TN ordnen die E-Mail in PA und schreiben sie dann richtig ab. | **Lösung 9a:**<br>1. Von: info@schuhmeister.de<br>2. An: bramesfeld@gewerbehof-susannenstraße.de<br>3. Betreff: zwei Bitten<br>4. Liebe Frau Bramesfeld,<br>5. wie eben telefonisch besprochen, erinnere ich Sie hiermit daran, dass Sie mir die Telefonnummer des Vormieters geben wollten.<br>6. Außerdem wollten Sie Ihrem Anwalt noch eine E-Mail wegen unseres Vertrages schreiben.<br>7. Besten Dank im Voraus und bis bald,<br>8. Viktor Danilow<br>▶ **Landeskunde:** KL weist darauf hin, dass es sich in Deutschland empfiehlt, wichtige geschäftliche Dinge schriftlich zu erledigen. | |
| 9b | **Transfer:** Nach der Klärung der Redemittel im Plenum verfassen die TN – evtl. auch in PA – eine E-Mail zu einer ausgewählten Situation. | ▶ **Sprechen (Redemittel)**<br>▶ **Sprachbewusstheit (formelle/informelle Sprache):** Vorab weist KL auf die verschiedenen Register hin, die im beruflichen und im privaten Kontext verwendet werden. | |
| | **Projekt – Freie Anwendung:** TN recherchieren eigenständig zum Thema „Gewerberäume". | ▶ **Projekte:** Eine für die Recherche möglicherweise interessante Seite im Internet ist www.immobilienscout24.de (→ Gewerbe).<br>▶ **Lernerorientierung (Kurse im Ausland):** In Kursen im Ausland gibt KL alternativ folgende Projektaufgabe: Was raten Sie Deutschen, die eine Wohnung oder einen Gewerberaum in Ihrem Land mieten wollen? Welche Tipps können Sie geben? | |

| | | |
|---|---|---|
| **Üben:** TN schreiben eine Anfrage an den Vermieter von Gewerberäumen als Diktat.<br>*Sehr geehrter Herr Beck, /*<br>*vielen Dank für die Informationen / zu den Gewerberäumen / in der Ludwigstraße. / Ich habe noch einige Fragen: /*<br>*1. Ab wann kann ich die Räume frühestens übernehmen? /*<br>*2. Gibt es einen Starkstromanschluss? /*<br>*3. Kann ich als Mieter / die Räume auch untervermieten? /*<br>*4. Was ist alles / in den Nebenkosten enthalten? /*<br>*Ich freue mich von Ihnen zu hören. /*<br>*Mit freundlichen Grüßen /*<br>*Viktor Danilow* | ▶ Diktate; ▶ Schreiben (Geschäftsbriefe) | |

# Weltwärts 3

**Thematische Schwerpunkte:** Urlaubsmöglichkeiten, Individual- und Pauschalreisen, Hilfsorganisationen/-projekte

## Lernziele

**Die TN können**

- eine Reise präsentieren
- einen Text über Reiseformen verstehen
- nachträglich Ratschläge geben
- Stellenanzeigen verstehen
- ein Interview zum Thema „Hilfsprojekte" verstehen
- Gründe und Folgen nennen

## Lerninhalte

**Wortschatz/Redemittel:**

- Urlaubsmöglichkeiten (*der Urlaubsort, Urlaubsaktivitäten* etc.)
- eine Reise präsentieren (*In meiner Präsentation geht es um …, Abschließend kann ich sagen, dass …* etc.)
- Reiseformen (*die Pauschalreise, die Individualreise* etc.)
- Berufe an Urlaubsorten (*der Reiseleiter, die Kinderanimateurin* etc.)
- berufliche Qualifikationen (*die Berufsausbildung, der kaufmännische Bereich* etc.)
- persönliche Stärken (*die Serviceorientierung, die Teamfähigkeit* etc.)
- Hilfsprojekte (*die Hilfsorganisation, auf sich selbst gestellt* etc.)

**Grammatik:**

- Konjunktiv II Vergangenheit (ohne und mit Modalverb)
- kausale Konjunktionen

**Lernziele:** TN können eine Reise präsentieren.
**Lerninhalte:** WS: Urlaubsmöglichkeiten (*der Urlaubsort, Urlaubsaktivitäten* etc.); Redemittel: eine Reise präsentieren (*In meiner Präsentation geht es um …, Abschließend kann ich sagen, dass …* etc.)

<table>
<tr><th></th><th>TN-/KL-Aktivitäten</th><th>Hinweise (▶ führt zum didaktischen Glossar)</th><th>Material</th></tr>
<tr><td>1a</td><td>Einstieg: KL bittet die TN darum, sich die Fotos anzuschauen und kurz (evtl. in GA) zu begründen, welches Foto sie am ehesten mit Ferien und Urlaub verbinden und welches Angebot sie persönlich interessieren würde.</td><td>▶ Lernerorientierung: Falls es TN im Kurs gibt, die eher selten verreisen, lenkt KL die Aufmerksamkeit auf andere Möglichkeiten, die Ferien zu verbringen.</td><td></td></tr>
<tr><td>1b</td><td>Präsentation: TN lesen die Anzeigen und füllen die Tabelle aus. Sie vergleichen zuerst mit einem Partner / einer Partnerin und sammeln die Ergebnisse im PL.</td><td>▶ Leseverstehen (selektiv): Die TN lesen den Text, um spezifische Informationen zu erhalten.<br>Lösung 1b:
<table>
<tr><th>Anzeige</th><th>Urlaubsort</th><th>Urlaubsaktivitäten</th><th>Urlaubsart</th></tr>
<tr><td>B</td><td>Bodensee</td><td>Schiff fahren, wandern</td><td>Aktivurlaub</td></tr>
<tr><td>C</td><td>weltweit</td><td>sich engagieren</td><td>Freiwilligenarbeit</td></tr>
<tr><td>D</td><td>unterschiedliche Orte</td><td>lernen, wandern</td><td>Bildungsurlaub</td></tr>
<tr><td>E</td><td>in 20 Ländern</td><td>Sprache lernen</td><td>Sprachreise</td></tr>
<tr><td>F</td><td>Berlin</td><td>Stadt besichtigen</td><td>Städtereise, Klassenfahrt</td></tr>
<tr><td>G</td><td>Oberstdorf</td><td>Wellness, Erholung</td><td>Wellnessreise</td></tr>
</table></td><td></td></tr>
<tr><td>1c</td><td>Nachdem sich die TN ein Angebot ausgesucht haben, formulieren Sie weitere Fragen zu dem gewählten Angebot an den Reiseveranstalter.</td><td></td><td></td></tr>
</table>

| | | | |
|---|---|---|---|
| **1d** | **Präsentation:** TN hören die Reiseberichte der drei Personen zweimal und notieren, was ihnen gefallen hat und was nicht. | ▶ **Hörverstehen (selektiv)**<br>**Lösung 1d:**<br>Daniela<br>☺: Leben in einer Gastfamilie, herzliche Aufnahme durch die Familie, Lernatmosphäre in den kleinen Klassen, Sprechen als oberstes Lernziel, Lernen für konkrete Alltagssituationen, Geduld der Lehrer<br>☹: Einstufungstest am ersten Tag<br>Meike<br>☺: Arbeit mit den Kindern, Organisation des Projekts, ein bestimmter Ansprechpartner, der ihr bei Problemen geholfen hat<br>☹: Arbeitszeiten, das frühe Aufstehen und Arbeiten an jedem zweiten Wochenende<br>Markus<br>☺: Radweg um den Bodensee, malerische Landschaft, Altstadt von Lindau, günstige Übernachtungsmöglichkeiten bei Privatleuten<br>☹: Muskelkater, Fahrradplatten auf der 3. Etappe | CD: Track 1.11–13 |
| **2a** | **Einstieg:** Bevor TN eine eigene Reise präsentieren, werden an der Tafel Kriterien zur Beschreibung von Reisen gesammelt (*Reiseziel, Reisedatum, Mitreisende, Urlaubsart, …*). | ▶ **Lernerorientierung:** In Kursen mit vielen TN, die keine Urlaubsreisen im engeren Sinne unternehmen, berichten TN z. B. von einem Besuch bei ihrer Familie. | |
| **2b** | TN lesen die Redemittel und wählen für ihre Präsentation passende Redemittel für Einleitung, Hauptteil und Schluss aus. | ▶ **Prüfungsvorbereitung:** Die TN müssen im mündlichen Teil der Prüfung *telc Deutsch B2* eine Reise, einen Film, ein Buch, eine Musikveranstaltung oder ein Sportereignis präsentieren. | |
| **2c** | TN halten ihre Präsentation vor der Gruppe. | ▶ **Sprechen (Präsentation/Kurzvortrag)**<br>▶ **Binnendifferenzierung:** Einige TN können bei Interesse auch das Thema „Touristen in meinem Land" wählen. | |

**Lernziele:** TN können einen Text über Reiseformen verstehen. Sie können Probleme in der Vergangenheit beschreiben und nachträglich Ratschläge geben.
**Lerninhalte:** WS: Reiseformen (*die Pauschalreise, die Individualreise* etc.*)*; GR: Konjunktiv II Vergangenheit (ohne und mit Modalverb)

| | TN-/KL-Aktivitäten | Hinweise (▶ führt zum didaktischen Glossar) | Material |
|---|---|---|---|
| **3a** | **Einstieg:** KL fragt TN, ob es in ihren Ländern üblich ist, eine Reise detailliert zu planen. | | |
| **3b** | **Präsentation:** Die TN lesen den Text. Anschließend werden die Unterschiede zwischen Pauschal- und Individualreise an der Tafel notiert. | ▶ **Leseverstehen (selektiv)**<br>**Lösung 3b:**<br>Pauschalreise<br>Vorteile: geringe Kosten für Unterkunft und Flug, da Reiseveranstalter einen Großkundenrabatt von Hotels und Fluggesellschaften erhalten. Für Urlauber ist die Organisation wenig aufwendig, da Reiseveranstalter Planung des Urlaubs übernimmt.<br>Nachteile: Urlauber hat wenig Gelegenheit, die tatsächliche Lebensweise und Kultur des Urlaubslandes kennenzulernen.<br>Individualreise<br>Vorteile: Urlauber kann den Urlaub vor Ort flexibel gestalten. Abseits der großen touristischen Zentren kann er Einblick in Kultur und Lebensweise der Einheimischen gewinnen.<br>Nachteile: mehr Aufwand bei der Organisation des Urlaubs, da man sich selbst um Flug und Unterkunft kümmern muss. | |

| | | | |
|---|---|---|---|
| **3c** | **Gespräch zum Text:** Das anschließende Gespräch sollte einerseits thematisieren, wie die TN am liebsten verreisen, aber andererseits auch beliebte Reiseorte benennen. | ▶ **Textkompetenz (Reaktion auf den Text):** Möglich ist auch eine Gruppenaktivität (siehe Kopiervorlage) oder eine kleine Umfrage: Wer aus dem Kurs reist lieber individuell, wer lieber pauschal? | Kopiervorlage 3a: „Jeder von uns …" |
| **4a** | **Präsentation:** TN hören das Gespräch mit dem Reiseveranstalter und benennen das Problem. | ▶ **Hörverstehen (global)**<br>**Lösung 4a:**<br>Frau Hoff möchte ihre Reise nach Griechenland stornieren, weil ihre Mutter schwer erkrankt ist. | CD: Track 1.14 |
| **4b** | **Verständnissicherung:** TN hören das Gespräch noch einmal und notieren, was Frau Hoff alles nicht getan hat. | ▶ **Hörverstehen (selektiv)**<br>**Lösung: 4b:**<br>1. Sie hat die Geschäftsbedingungen nicht gelesen.<br>2. Sie hat den Reisekatalog nicht komplett durchgeblättert.<br>3. Sie hat den Vertrag nicht aufmerksam genug gelesen.<br>4. Sie hat keine Reiserücktrittsversicherung abgeschlossen. | AGB<br>ganz hinten |
| **4c** | **Bewusstmachung/Üben:** TN formulieren mithilfe des Konjunktiv II, was sie an Stelle von Frau Hoff gemacht hätten. Sie erkennen die Bildung des Konjunktivs II in der Vergangenheit. KL lenkt die Aufmerksamkeit auf die Regel im Grammatikhinweis. | ▶ **Grammatik (Konjunktiv II der Vergangenheit):** Die TN erkennen, dass Indikativ und Konjunktiv in einem Umkehrverhältnis stehen: Ist der Indikativ positiv, wird der Ratschlag im Konjunktiv negativ und umgekehrt. Der Konjunktiv II der Gegenwart ist bereits aus *Berliner Platz 3 NEU*, Kapitel 34, bekannt.<br>**Lösung 4c:**<br>1. An ihrer Stelle hätte ich die Geschäftsbedingungen gelesen.<br>2. An ihrer Stelle hätte ich den Reisekatalog komplett durchgeblättert.<br>3. An ihrer Stelle hätte ich den Vertrag aufmerksamer gelesen.<br>4. An ihrer Stelle hätte ich eine Reiserücktrittsversicherung abgeschlossen.<br>KL übt bei Bedarf die Struktur mit dem Ball. TN 1 sagt einen Satz im Indikativ (*Sie hat sich nicht informiert.*). TN 2 sagt den Satz mit Konjunktiv II in der Vergangenheit (*Ich hätte mich informiert.*) und ergänzt einen Satz im Indikativ, den TN 3 in den Konjunktiv II setzt usw. An dieser Stelle kann auch noch einmal die Verneinung mit *nicht* und *kein* angesprochen werden. | Wollknäuel oder weicher Ball<br>Reisevertrag aufmerksam lesen müssen früher 50% der volle Reisepreis |
| **4d** | **Bewusstmachung/Üben:** Aus den in Aufgabe 4c formulierten Sätzen leiten die TN nachträgliche Ratschläge ab und lernen die Bildungsweise des Konjunktiv II der Vergangenheit mit Modalverb kennen. | Der Konjunktiv II mit Modalverb wird oft benutzt, um nachträglich Ratschläge zu geben (oft mit gehobenem Zeigefinger): *Sie hätte die Geschäftsbedingungen lesen sollen.*<br>Er wird immer mit dem Hilfsverb *haben* gebildet, niemals mit *sein*, weil die Modalverben Perfekt und Plusquamperfekt mit *haben* bilden. Modalverben bilden weiterhin das Perfekt mit dem Infinitiv und nicht mit dem Partizip II (*Ich hätte … lesen sollen*).<br>**Lösung 4c:**<br>1. Frau Hoff hätte die Geschäftsbedingungen lesen sollen.<br>2. Sie hätte den Reisekatalog komplett durchblättern sollen.<br>3. Sie hätte den Vertrag aufmerksamer lesen sollen.<br>4. Frau Hoff hätte eine Reiserücktrittsversicherung abschließen sollen. | |
| **4e** | **Freie Anwendung:** TN wählen zwei Zeichnungen aus und schreiben eine kurze Geschichte dazu, in der sie am Ende nachträglich Ratschläge geben. | ▶ **Schreiben (zu einem Bildimpuls)** | |

| | | |
|---|---|---|
| | **Projekt – Freie Anwendung:** TN arbeiten in Gruppen und bereiten eine gemeinsame Reise vor. Anschließend präsentieren Sie ihre Reise im Plenum. | ▶ **Projekte**<br>▶ **Lernerorientierung:** Anstelle einer Reise könnte auch ein Wochenendausflug oder eine gemeinsame Reise mit der Deutschgruppe geplant werden. |

**Lernziele:** TN können über den Beruf Reiseleiter/in sprechen. Sie können Stellenanzeigen verstehen und ein Bewerbungsgespräch führen.

**Lerninhalte:** WS: Berufe an Urlaubsorten (*der Reiseleiter, die Kinderanimateurin* etc.), berufliche Qualifikationen *(die Berufsausbildung, der kaufmännische Bereich* etc.), persönliche Stärken *(die Serviceorientierung, die Teamfähigkeit* etc.)

| | TN-/KL-Aktivitäten | Hinweise (▶ führt zum didaktischen Glossar) | Material |
|---|---|---|---|
| 5a | **Einstieg:** KL schreibt *Berufe an Urlaubsorten* an die Tafel. TN sammeln Berufe, die sie an Urlaubsorten vermuten, in einem Wortigel. | ▶ **Berufsorientierung**<br>▶ **Methoden (Wortigel)**<br>**Mögliche Berufe:**<br>Reiseleiter/in, Animateur/in, Rezeptionist/in, Arzt/Ärztin, Krankenschwester/-pfleger, Zimmermädchen etc. | |
| 5b | **Präsentation:** TN lesen zuerst die drei Fragen, dann die drei Porträts und markieren im Text die Textstellen, in denen sie Antworten auf die Fragen bekommen. | ▶ **Leseverstehen (selektiv)**<br>▶ **Methoden (Wirbelgruppen)**<br>**Lösung 5b:** (siehe Tabelle unten) | Kärtchen mit Buchstaben A, B und C in der Zahl der TN für Wirbelgruppen |

**Lösung 5b:**

| | Ömer | Yolanda | Emily |
|---|---|---|---|
| Wo arbeiten sie? | in der Türkei | Robinson Club, Algarve (Portugal) | Familienhotel, Rotes Meer, Hurghada (Ägypten) |
| Was sind ihre Aufgaben? | Kultur- u. Studienreisen, Gruppen- u. Individualreisen, Betreuung Teilnehmer | Betreuung der Gäste, Verlängerungen, Flugumbuchungen | Organisation Kinderprogramm, Betreuung u. Unterhaltung Kinder |
| Was gefällt ihnen an ihrer Arbeit? | Beruf ist abwechslungsreich u. verantwortungsvoll. | Tätigkeit ist interessant, vielseitig u. abwechslungsreich. | Kann Kreativität freien Lauf lassen u. Kinder begeistern. |
| Was gefällt ihnen nicht? | kein festes Einkommen | geringes Grundgehalt, manchmal nervige Gäste | wenig Zeit für Privatleben, abends noch Show für Hotelgäste |

| | TN-/KL-Aktivitäten | Hinweise | Material |
|---|---|---|---|
| 5c | **Gespräch zum Text:** TN diskutieren darüber, ob sie sich vorstellen können in Urlaubsorten zu arbeiten.<br>KL stellt Redemittel für Diskussionen zur Verfügung (siehe Kopiervorlage). | ▶ **Methoden (Ampeldiskussion)**<br>▶ **Lernerorientierung:** Bei Bedarf werden vor der Diskussion noch einmal Kriterien zum Arbeiten an Urlaubsorten gesammelt.<br>**Beispiel:** (siehe Tabelle unten)<br>▶ **Umgang mit heiklen Themen/Situationen:** Das Thema kann aus unterschiedlichen Perspektiven betrachtet werden (wenn z. B. die Beschäftigung von Einheimischen in Tourismuszentren angesprochen wird) und zu lebhaften, vielleicht auch hitzigen Diskussionen führen, die KL mit Feingefühl moderieren muss. | 3 runde Karten in grün, gelb und rot für Ampeldiskussion<br>Kopiervorlage 3b: „Redemittel für Diskussionen“ |

**Beispiel:**

| positiv | negativ |
|---|---|
| Man arbeitet an schönen Orten. | Familie und Freunde sind weit weg. |

| | | | |
|---|---|---|---|
| 6a | **Einstieg:** KL schreibt *Reiseleiterin* an die Tafel und fragt TN, welche Qualifikationen und persönliche Stärken man für diesen Beruf braucht. KL bitte die TN vorerst in GA Ideen zu sammeln. Anschließend präsentieren die Gruppen ihre Ideen. | ▶ **Methoden (Platzdeckchen)**<br>▶ **Sprechen (Präsentation von Gruppenergebnissen)** | große Bögen für Platzdeckchen |
| 6b | **Präsentation:** TN lesen die Fragen zum Textverständnis zuerst. Dann lesen sie die Stellenanzeige und beantworten beim Lesen die Fragen für sich. Anschließend tauschen sie sich mit zwei anderen TN, darüber aus, ob sie die Voraussetzungen für die Stelle mitbringen. | ▶ **Landeskunde (Dienstleistungsberufe in Deutschland)** | |
| 6c | **Üben:** KL geht mit TN in den Computerraum. Sinnvoll ist, wenn 2–3 TN an einem Computer sitzen können, es sollten nicht mehr als drei sein. KL zeigt TN eine Internetseite mit Stellenanzeigen. Dort suchen TN Stellenanzeigen, die zu ihrem Wunschjob passen. KL zeigt ihnen u.U., wie man mit dieser Internetseite umgehen muss. | ▶ **Neue Medien**: Eine interessante Internetseite ist z. B. www.stellenanzeigen.de.<br>▶ **Hausaufgaben:** Wenn KL keinen Computerraum zur Verfügung hat, eignet sich diese Aufgabe auch als Hausaufgabe. KL bittet TN die ausgewählte Stellenanzeige in die nächste Stunde mitzubringen. | Kopiervorlage 3c: „Stellenanzeigen" |
| 6d | **Semantisierung:** In PA lesen die TN zuerst die Redemittel zu den beiden Rollen und erarbeiten gemeinsam etwaigen neuen Wortschatz. Sie können ein einsprachiges Wörterbuch benutzen.<br>**Freie Anwendung:** Dann teilen sie die Rollen auf und spielen mithilfe der mitgebrachten Stellenanzeige Bewerbungsgespräche. | ▶ **Wortschatzarbeit (Semantisierung)**<br>▶ **Landeskunde (Bewerbung)**<br>▶ **Spielen (Rollenspiel)**<br>An dieser Stelle bietet sich auch ein zusätzliches Projekt an: TN wählen einen Beruf aus, recherchieren dazu die nötigen Voraussetzungen im Internet und erstellen ein Stellenprofil. Das Stellenprofil stellen die TN im Kurs vor. | einsprachige Wörterbücher<br>Kopiervorlage 3d: „Rollenkarten Bewerbungsgespräche" |

**Lernziele:** TN können ein Interview zum Thema „Hilfsprojekte" verstehen. Sie können Gründe und Folgen nennen.
**Lerninhalte:** WS: Hilfsprojekte (*die Hilfsorganisation, auf sich selbst gestellt* etc.)

| | TN-/KL-Aktivitäten | Hinweise (▶ führt zum didaktischen Glossar) | Material |
|---|---|---|---|
| 7a | **Einstieg:** TN sehen die Logos der Hilfsorganisationen an und sprechen im Kurs darüber, welche Hilfsorganisationen sie kennen und was sie über diese wissen. | ▶ **Landeskunde (Hilfsorganisationen)**<br>▶ **Umgang mit heiklen Themen/Situationen:** Um kein allzu einseitiges Bild hinsichtlich der Geber- und Empfängerländer zu geben, erinnert KL evtl. an die Zeit der CARE-Pakete für Deutsche, siehe www.care.de/care-berliner-luftbruecke.html. | |
| 7b | TN formulieren paarweise Fragen an Frederike Freitag. Dann setzen sie sich mit einem anderen Paar zusammen, vergleichen ihre Fragen und einigen sich auf drei gemeinsame Fragen. KL sammelt die Fragen an der Tafel. Der Kurs einigt sich auf sechs Fragen.<br>**Präsentation:** Im Anschluss hören die TN das Interview und notieren Informationen zu ihren Fragen. Sie vergleichen in PA/GA ihre Ergebnisse. | ▶ **Binnendifferenzierung:** Je nach Lerntempo formulieren TN mindestens 3 bzw. höchstens 10 Fragen. (Es gibt schnellen TN ein Ziel, wenn KL auch eine Obergrenze setzt.)<br>▶ **Hörverstehen (selektiv):** KL spielt den Hörtext, wenn nötig, ein zweites Mal ab. | CD: Track 1.15–17 |

| | | | |
|---|---|---|---|
| **7c** | KL und TN lesen zuerst gemeinsam die Aufgaben. Dann überlegen je zwei TN, welche Antwort nach dem bereits Gehörten richtig sein könnte. Anschließend hören sie das Interview in Abschnitten und markieren die richtige Antwort. | ▶ **Prüfungsvorbereitung:** Diesem Prüfungsformat werden TN in der Prüfung *Goethe-Zertifikat B2* begegnen.<br>▶ **Effektiv lernen:** KL weist TN darauf hin, dass die Informationen in derselben Reihenfolge wie die Aufgabenfolge zu hören sind.<br>**Lösung 7c:**<br>1 – b, 2 – a, 3 – c, 4 – a, 5 – b, 6 – c | CD: Track 1.15–17 |
| **7d** | **Freie Anwendung:** TN sammeln in PA Argumente für und gegen die Arbeit in einem Hilfsprojekt. Sie üben auch in PA bereits die Formulierung ihrer Argumente. Im Anschluss diskutieren die TN im Kurs. KL moderiert das Gespräch. | ▶ **Sprechen:** TN bekommen Rollenkarten (siehe Kopiervorlage). Zuerst bereiten sie ihre Argumente in GA vor. Dann diskutieren alle TN gemeinsam in einem Stuhlkreis. Bei sehr großen Gruppen teilt KL die Gruppe in zwei etwas kleinere Gruppen.<br>▶ **Umgang mit heiklen Situationen:** Je nach Herkunftsland der TN ist es möglich, dass der KL auf eine kritische Haltung Hilfsprojekten gegenüber stößt, diese Haltung kann er/sie sich, je nach Stärke der Abneigung, für die Diskussion zu Nutze machen. | Kopiervorlage 3e: „Rollenkarten Mitarbeit in einem Hilfsprojekt" |
| **8a** | **Präsentation/Bewusstmachung:** TN lesen die Satzteile, hören die Sätze und verbinden sie. Dann vergleichen sie im Kurs. TN hören noch einmal und ergänzen *deshalb, darum, deswegen, denn, da* und *aus diesem Grund*. Anschließend hören TN noch einmal zur Kontrolle. Sie sagen, auf welchen Positionen die Konnektoren und das Verb stehen.<br>Gemeinsam wird der Grammatikkasten gelesen. KL fragt die TN, welche der Konnektoren eine Folge ausdrücken (Beispiel 1) und welche einen Grund (Beispiel 2). | ▶ **Grammatik (kausale und konsekutive Satzverbindungen):** Es geht hier vor allem um Hauptsatzkonnektoren (*deshalb, deswegen, darum, denn, aus diesem Grund*), aber auch den NS-Konnektor *da*, von denen die meisten schon aus Band 2 und 3 bekannt sind. *Weil* wird im AB wiederholt, auch mit Modalverb und Perfekt.<br>KL projiziert ggf. die Sätze an die Tafel und fragt die TN, welche Sätze gleich gebildet werden. (Hauptsatz Position 1: *darum, deswegen, aus diesem Grund*; Hauptsatz Position 0: *denn*; Nebensatz: *da*).<br>▶ **Methoden (lebendige Sätze):** Die Satzstellung kann mithilfe der Kopiervorlage weiter geübt werden.<br>▶ **Visualisierung (Lernplakat):** Die TN erstellen ggf. ein Lernplakat.<br>**Lösung 8a:**<br>1d – aus diesem Grund; 2c – deshalb; 3b – deswegen; 4f – denn; 5a – Da; 6e – darum | CD: Track 1.18<br>Kopiervorlage 3f: „Lebendige Sätze – Konnektoren" |
| **8b** | **Üben:** TN schreiben Sätze mit Konnektoren aus 8a über sich auf einen Zettel. KL sammelt die Zettel ein und verteilt sie neu. Jede/r TN liest seinen/ihren Zettel vor, gemeinsam versuchen die TN herauszufinden, wer die Sätze geschrieben hat. In großen Gruppen kann KL die Gruppe für diese Aktivität auch teilen. | ▶ **Lernerorientierung:** Bei Bedarf werden erst noch einmal die Nebensätze mit *weil* wiederholt.<br>▶ **Arbeitsbuch:** Ist mehr Üben erforderlich, zieht KL an dieser Stelle das Arbeitsbuch hinzu. | |
| | **Projekt – Freie Anwendung:** Zur Durchführung des Projekts wird entweder ein Computerraum benötigt oder der KL organisiert es so, dass die TN zu Hause im Internet recherchieren. TN arbeiten in Gruppen, sie wählen eine Hilfsorganisation aus und notieren, was sie über diese Hilfsorganisation wissen möchten. Die Gruppen sehen sich die Internetseite ihrer Hilfsorganisation an und versuchen ihre Fragen mithilfe der Internetseite zu beantworten. TN präsentieren die gewählte Hilfsorganisation im Kurs. | ▶ **Projekte:** Wenn eine Internetrecherche nicht möglich ist, kann KL die Kopiervorlage mit Infos zu Hilfsorganisationen einsetzen. Sollte es Fragen geben, auf die TN keine Antwort bekommen haben, dann schreibt die Gruppe ein E-Mail an die betreffende Hilfsorganisation.<br>▶ **Sprechen (Präsentation von Gruppenergebnissen)** | Kopiervorlage 3g: „Ein Jahr lang helfen" |

**Üben:** TN schreiben ein Angebot als Diktat.
*Sehr geehrter Herr Park, /*
*vielen Dank für Ihre Anfrage. / Sie erhalten beigefügt unser Angebot. /*
*Unser Hotel ist für Ihren Familienurlaub gerade richtig. / Es liegt direkt am Meer, / verfügt über einen eigenen Badestrand / und eine eigene Segelschule. / Bei Bedarf bieten wir Kinderbetreuung an. /*
*Die Zimmer sind neu renoviert / und individuell ausgestattet. / Wir laden Sie ein, sich die Bildergalerie / auf unserer Internet-Seite www.hotel-meerblick.de anzusehen. /*
*Der Preis für ein Doppelzimmer mit Halbpension / beträgt 160 € pro Nacht. / Kinder unter sechs Jahren sind im Preis inbegriffen, / Kinder bis 16 Jahre zahlen den halben Preis. / Bei Buchung vor dem 30.03. / können wir Ihnen einen Preisnachlass von 10 % geben. /*
*Sagt Ihnen unser Angebot zu? / Dann würden wir uns* darüber freuen, */ Sie als Gast empfangen zu dürfen. /*
*In den nächsten Tagen rufen wir Sie an. /*
*Mit freundlichen Grüßen /*
*Ihr Hotel Meerblick-Team*

▶ Diktate; ▶ Schreiben (Geschäftsbriefe)

# Raststätte

**Wiederholung:** Jemanden vorstellen, Biographien erfinden, Wortschatz von *Berliner Platz 4 NEU, Kap. 1–3*

| | TN-/KL-Aktivitäten | Hinweise (▶ führt zum didaktischen Glossar) | Material |
|---|---|---|---|
| 1a | **Einstieg:** TN sehen die Bilder an, finden sich in Paaren zusammen, wählen zwei Personen und „erfinden" sie. Sie entscheiden, welche Kleidung die Personen in bestimmten Situationen tragen. | ▶ **Wortschatzarbeit:** Gemeinsam wird im Kurs Wortschatz zum Thema „Aussehen und Kleidung" wiederholt. Um die Vorstellungskraft der TN zu unterstützen, kann KL auch Kataloge mit Kleidung mitbringen und die TN können für „ihre" Personen dort Kleidung auswählen. | evtl. Kataloge von Versandhäusern |
| 1b | Die Paare konzentrieren sich auf eine Person und arbeiten deren Biographie detaillierter aus. In 4er-Gruppen interviewen sie sich anschließend gegenseitig zu ihren Personen. | ▶ **Schreiben (zu einem Bildimpuls)**<br>▶ **Wortschatzarbeit:** Bei Bedarf wird gemeinsam im Kurs der nötige Wortschatz gesammelt. | Kopiervorlage Raststätte 1a: „Vorlage Biographie" |
| 1c | **Freie Anwendung:** KL schreibt die Buchstaben A–F (für die Personen in 1) auf Zettel. Jede/r TN wählt eine Person (das kann die Person sein, deren Biographie er/sie in 1b erfunden hat, oder eine andere). TN gehen so zusammen, dass sich zwei verschiedene Personen treffen, wählen eine Situation aus und spielen den Dialog. | ▶ **Sozialformen (Paar- und Gruppenbildung)**<br>▶ **Spielen (Rollenspiel):** TN, die Schwierigkeiten im freien Sprechen von Dialogen haben, erhalten die Kopiervorlage mit Vorgaben für den Dialog. | Buchstaben-Zettel in der Zahl der TN<br>Kopiervorlage Raststätte 1b: „Dialogelemente" |
| 2a | **Freie Anwendung:** TN lesen die Arbeitsanweisung und die Bezeichnungen der Gegenstände. In GA entscheiden sie sich für die Wohnung oder das Büro, zeichnen den Grundriss auf ein großes Blatt Papier und möblieren gemeinsam die Räume. | | großer Papierbogen, dicke Stifte, evtl. Kataloge von Möbelhäusern |
| 2b | TN präsentieren sich ihre Entwürfe gegenseitig in Wirbelgruppen oder in Form einer Messe. Sie gehen im Kursraum herum und sprechen über ihre Wohnungen bzw. Arbeitsräume. | ▶ **Sprechen (Präsentation/Kurzvortrag):** Ein TN bleibt am „Messestand", wo die Zeichnung ausgelegt oder aufgehängt ist; die anderen TN gehen von Stand zu Stand, lassen sich informieren, fragen nach und diskutieren. Dann wird der erste TN abgelöst und kann auch herumgehen. Dies geht so lange, bis alle einmal herumgehen konnten. | |
| 3a | **Üben:** TN blättern noch mal in Kapitel 3 und sammeln Wortschatz zum Berufsfeld „Tourismus". | ▶ **Wortschatzarbeit** | große Papierbögen |
| 3b | TN suchen sich verschiedene Berufsfelder aus und sammeln wieder Wortschatz dazu. | ▶ **Methoden (Wortschatzkarussell):** Die Blätter mit den verschiedenen Berufsfeldern werden von Gruppe zu Gruppe gereicht. Jede Gruppe liest den vorhandenen Wortschatz und ergänzt weiteren. Am Ende bekommt die ursprüngliche Gruppe ihr ergänztes Plakat zurück. Die Plakate bleiben eine Weile im Kursraum hängen. | große Papierbögen |
| | **Projekt – Üben:** KL stellt das Projekt vor. Kurzes Plenumsgespräch zum Thema „Wörter lernen". | ▶ **Effektiv lernen:** KL weist darauf hin, dass man neue Wörter am besten im Kontext lernt und dass es sinnvoller ist, öfters wenige Wörter zu lernen als seltener viele auf einmal.<br>TN, die nicht gerne in ihre Muttersprache übersetzen, verwenden ein deutsch-deutsches Wörterbuch (z. B. das *Power-Wörterbuch Deutsch*). | Wörterbücher der TN |

**Lesen:** Produktbeschreibungen; **Sprechen:** Produkte präsentieren

| | TN-/KL-Aktivitäten | Hinweise (▶ führt zum didaktischen Glossar) | Material |
|---|---|---|---|
| 4a | **Einstieg:** KL fragt die TN, ob sie einen bestimmten Gegenstand besitzen, an dem sie sehr hängen oder den sie sehr lustig, originell oder praktisch finden. TN sehen die Fotos an, lesen den Text in der Sprechblase und äußern Vermutungen zu den Produkten. | ▶ **Hilfsmittel (Realien):** KL hat möglicherweise selbst einen Gegenstand mitgebracht, den er/sie lustig oder besonders findet bzw. an dem er/sie hängt. | persönlicher Gegenstand |
| 4b | **Präsentation:** TN hören die drei Dialoge und ordnen die Produkte den Fotos zu. | **Hörverstehen (global)**<br>**Lösung 4b:**<br>Person 1: Foto D; Person 2: Foto B; Person 3: Foto A | CD: Track 1.19–21 |
| 4c | **Präsentation:** TN lesen die Beschreibungen 1–5 und ordnen sie den Fotos zu. | **Leseverstehen (global)**<br>**Lösung 4c:**<br>1 – E, 2 – D, 3 – B, 4 – A, 5 – C | |
| 4d | **Systematisierung:** TN ergänzen in PA die Tabelle mithilfe der Produktbeschreibungen und der weiteren Redemittel. | **Leseverstehen (selektiv)**<br>**(mögliche) Lösung 4d:** (siehe Tabelle unten) | |

| | Produkt | Funktion | Qualität | Pluspunkte |
|---|---|---|---|---|
| | Was ist es?<br>5, 9 | Wozu braucht man es?<br>1, 4, 7, 8, 10 | Wie ist es?<br>2, 11, 13 | Was ist das Besondere daran?<br>3, 6, 12, 14 |
| A | 3 leuchtende Sterne, Gummiband | um Sternschnuppen zu produzieren | leuchtend, edel verpackt | Nie war Wünschen einfacher! |
| B | Holzbrettchen, Glas | um Glas u. Teller mit einer Hand zu transportieren | geölt, schön, praktisch, handlich | Teller u. Tablett zugleich |
| C | Postkarte mit Styropor-Kügelchen zwischen einer Kunststofffolie | um jemandem Post zu schicken | rechteckig, durchsichtig, aus Styropor und Kunststoff | Macht Spaß und wirkt beruhigend. |
| D | bedruckte LKW-Plane | um persönlichen Raucherbereich festzulegen | bedruckt, wetterfest, faltbar, 50 cm x 50 cm groß | eine mobile Raucherzone für jeden Raucher |
| E | Gelkissen in Herzform und Filztasche | um sich die Hände zu wärmen | herzförmig, aufheizbar, weich verpackt | Sorgt auch im Winter für warme Hände. |

▶ **Textkompetenz (Reaktion auf den Text):** KL hat die Namen der TN auf Kärtchen geschrieben. Jede/r TN wählt einen Namen und für diese Person ein Geschenk. Er/Sie schreibt dazu eine Geschenkkarte und begründet, warum das Geschenk der beschenkten Person gefallen könnte.

| | TN-/KL-Aktivitäten | Hinweise | Material |
|---|---|---|---|
| 4e | **Transfer:** In PA präsentieren sich TN gegenseitig Produkte und preisen deren Vorzüge an. | | |
| | **Projekt – Freie Anwendung:** TN suchen im Internet oder in Läden weitere originelle Produkte und präsentieren sie im Kurs. Dann wird über das originellste Produkt abgestimmt. | ▶ **Methoden (Punkten)**<br>Falls wenig Zeit zur Verfügung steht, können TN auch die Produkte von der Kopiervorlage vorstellen. | Kopiervorlage Raststätte 1c: „Originelle Produkte" |

**Prüfungsvorbereitung**: *telc Deutsch B1+ Beruf* (Mündlicher Ausdruck 1: Kontaktaufnahme, Mündlicher Ausdruck 3: Gemeinsam eine Aufgabe lösen)

| | TN-/KL-Aktivitäten | Hinweise (▶ führt zum didaktischen Glossar) | Material |
|---|---|---|---|
| 5a | **Einstieg**: TN sprechen im Kurs darüber, wo und mit wem sie Deutsch sprechen können. | ▶ **Prüfungsvorbereitung:** In *Berliner Platz 4 NEU* wird auf die Prüfung *telc Deutsch B1+ Beruf* auf dem B1+-Niveau sowie auf die Prüfungen *telc Deutsch B2* und das *Goethe-Zertifikat B2* auf dem B2-Niveau vorbereitet. Da sich die Testformate unterscheiden, werden sie an verschiedenen Stellen trainiert. Hier geht es um die Kontaktaufnahme in *telc Deutsch B1+ Beruf*, „Mündlicher Ausdruck 1". Hier sollen die TN sich gegenseitig vorstellen. | |
| 5b | **Präsentation:** TN sprechen über die Tipps und ergänzen weitere. | | |
| 5c | **Präsentation:** TN lesen die Aufgabe und hören ein Prüfungsgespräch in zwei Varianten. Sie überlegen, an welche Tipps sich die Sprechenden (nicht) gehalten haben und wie sich das auf den Dialog auswirkt. Außerdem erarbeiten sie, was man besser machen könnte. | | CD Track 1.22–23 |
| 5d | **Transfer:** TN lesen die Tipps und die Redemittel und spielen im Kurs das Gespräch. | Hier können TN auch in 4er-Gruppen arbeiten: Ein Paar spielt das Gespräch, das andere hört zu und gibt anschließend konstruktive Tipps. Dann wird gewechselt. | |
| 6a | **Einstieg:** TN lesen die Tipps, sprechen darüber und ergänzen weitere. | ▶ **Prüfungsvorbereitung:** Hier wird auf *telc Deutsch B1+ Beruf*, „Mündlicher Ausdruck 3", vorbereitet, in dem Prüflinge gemeinsam eine Aufgabe lösen müssen. | |
| 6b | **Transfer:** TN lesen die Tipps, die Situation und die Redemittel und spielen im Kurs das Gespräch. | Hier bietet sich ebenfalls die Arbeit in 4er-Gruppen an: Ein Paar spielt das Gespräch, das andere hört zu und gibt anschließend konstruktive Tipps. Dann wird gewechselt. | |

# Testtraining 1

**Prüfungsvorbereitung**: *telc B1+ Beruf* (Leseverstehen 2: E-Mails, Sprachbausteine 2, Hörverstehen 2: Gespräch, Schriftlicher Ausdruck), *telc B2* (Leseverstehen 1: Zeitungsnotizen), *Goethe-Zertifikat B2* (Lesen 4: Semantik und Grammatik, Hören 1: Anrufbeantworter)

| | TN-/KL-Aktivitäten | Hinweise (▶ führt zum didaktischen Glossar) | Material |
|---|---|---|---|
| | KL erklärt, dass die Symbole P B1+, P B2G und P B2T die Testteile der verschiedenen Prüfungen markieren. TN suchen die entsprechenden Symbole auf den Seiten 170–175. | **▶ Prüfungsvorbereitung (*telc Deutsch B1+ Beruf, telc Deutsch B2, Goethe-Zertifikat B2*):** Bei der Prüfungsvorbereitung geht es ganz wesentlich um das Kennenlernen der Prüfungsformate. TN bereiten sich auf die Teile der Prüfung vor, an der sie teilnehmen werden.<br>Über die vier Testtrainings verteilt findet sich jeweils ein kompletter Prüfungssatz der drei Prüfungen. Außerdem finden sich unter www.klett-langenscheidt.de noch Modellsätze für jede der drei Prüfungen zum Herunterladen.<br>Den Antwortbogen des jeweils benutzten Prüfungssatzes und weitere Modellsätze findet man unter www.goethe.de (→ Deutschprüfungen → Unsere Prüfungen → Materialien) und www.telc.net (→ telc Sprachprüfungen → Deutsch). | |
| **LV 2**<br>P B1+ | **Lesen (Detailverstehen):** TN lesen zuerst die Aufgaben und dann den Text. KL weist nochmals darauf hin, dass bei diesem Prüfungsteil die Aufgaben nicht immer in der gleichen Reihenfolge stehen wie die Informationen im Text. TN lösen die Aufgaben in EA, abschließend Vergleich im Plenum. | Dieser Trainingsteil dient der Vorbereitung auf den Prüfungsteil „Leseverstehen 2" der Prüfung *telc Deutsch B1+ Beruf.* Für jede richtige Lösung gibt es 5 Punkte, insgesamt können TN hier also 25 Punkte bekommen.<br>**Lösung LV:**<br>1 – b, 2 – a, 3 – b, 4 – c, 5 – a | |
| **SB 2**<br>P B1+ | **Sprachbausteine, Teil 2:** TN lesen zuerst den Brief und schreiben dann jeweils die Zahl der Lücke (1–10) zu den passenden Wörtern (a–o) im Schüttelkasten unten. | Hier wird auf die „Sprachbausteine 2" der Prüfung *telc Deutsch B1+ Beruf* vorbereitet, bei denen es um die Anwendung von Lexik in berufssprachlicher Idiomatik geht. Für jede richtige Lösung gibt es 1,5 Punkte, maximal insgesamt 15 Punkte.<br>**Lösung Sprachbausteine:**<br>1 – e, 2 – g, 3 – d, 4 – m, 5 – j, 6 – a, 7 – n, 8 – l, 9 – b, 10 – k | |
| **LV 1**<br>P B2T | **Lesen (Globalverstehen):** TN lesen zuerst die Überschriften und entscheiden, welcher Text am besten zu welcher Überschrift passt. Jede Überschrift darf nur einmal verwendet werden. | Dieser Trainingsteil dient der Vorbereitung auf den Prüfungsteil „Leseverstehen 1" der Prüfung *telc Deutsch B2.* Für jede richtige Lösung gibt es 5 Punkte, insgesamt können TN hier also 25 Punkte bekommen.<br>**Lösung LV:**<br>1 – i, 2 – e, 3 – h, 4 – b, 5 – c | |
| **LV 4**<br>P B2G | **Lesen (Textergänzung):** TN lesen zuerst den Text und versuchen, die fehlenden Wörter zu ergänzen. | Dieser Trainingsteil dient der Vorbereitung auf den Prüfungsteil „Lesen 4" des *Goethe-Zertifikats B2.* Für jede richtige Lösung gibt es 1 Punkt, insgesamt können TN hier also 10 Punkte bekommen.<br>**Lösung LV:**<br>1 – hat, 2 – Doch, 3 – oder, 4 – jungen, 5 – des, 6 – einem, 7 – zu, 8 – weder, 9 – auf, 10 – sich | |

| | | | |
|---|---|---|---|
| **SA** P B1+ | **Schriftlicher Ausdruck:** TN lesen die Annonce und die Situierung. Im Kurs werden Unklarheiten ausgeräumt und evtl. auch gemeinsam Redemittel gesammelt. Dann schreiben TN individuell den Brief und korrigieren sich anschließend gegenseitig. | Im Prüfungsteil „Schriftlicher Ausdruck (Brief)" der Prüfung *telc Deutsch B1+ Beruf* sollen die TN auf der Basis einer Annonce und einer Situierung einen Brief nach vier vorgegebenen Leitpunkten schreiben. Die Bewertung beruht auf den folgenden drei Kriterien:<br>• Berücksichtigung der Leitpunkte,<br>• kommunikative Gestaltung und<br>• formale Richtigkeit,<br>für die es jeweils bis zu 5 Punkte gibt. Für den Brief gibt es also maximal 15 Punkte.<br>Bei der Auswertung der Gesamtprüfung wird die Punktzahl mit drei multipliziert, sodass im Subtest „Schriftlicher Ausdruck" maximal 45 Punkte erreicht werden können. Dies entspricht einem Anteil von 15 Prozent der Höchstpunktzahl in der Gesamtprüfung. | |
| **HV 2** P B1+ | **Hören (Detailverstehen):** TN hören ein Gespräch aus dem beruflichen Kontext zweimal. Dazu sollen sie 10 Aufgaben lösen.<br>TN lesen zuerst die Aufgaben. Dazu haben sie eine Minute Zeit. | Dieser Trainingsteil dient der Vorbereitung auf den Prüfungsteil „Hörverstehen 2" von *telc Deutsch B1+ Beruf.* Für jede richtige Lösung gibt es 5 Punkte, insgesamt können TN hier also 25 Punkte bekommen.<br>**Lösung HV:**<br>1 – +, 2 – +, 3 – +, 4 – –, 5 – +, 6 – –, 7 – –, 8 – +, 9 – +, 10 – + | CD: Track 3.16 |
| **HV 1** P B2G | **Hören (Informationsentnahme):** TN hören eine Nachricht vom Anrufbeantworter einmal. Dazu sollen Sie fünf Informationen ergänzen bzw. korrigieren.<br>TN lesen zuerst den Tipp und die Tabelle und suchen gemeinsam im Kurs die Schlüsselwörter. Beim und nach dem Hören ergänzen bzw. korrigieren sie dann die Informationen. Vergleich und Besprechung im Plenum. | Dieser Trainingsteil dient der Vorbereitung auf den Prüfungsteil „Hören 1" der Prüfung *Goethe-Zertifikat B2.* Für jede richtige Lösung gibt es 2 Punkte, insgesamt können TN hier also 10 Punkte bekommen.<br>**Lösung HV:**<br>1 – vor dem Kulturzentrum, 2 – Sekretariat, 3 – 8,- Euro, 4 – 28. Juni, 5 – Waldparkplatz, 6 – 20 Uhr | CD: Track 3.17 |
| | Im Plenum werden nun die Ergebnisse besprochen. TN notieren die erreichte Punktzahl. Sie tauschen sich darüber aus, was sie noch üben müssen. | ▶ **Hausaufgaben:** Das Testtraining kann auch selbstständig bearbeitet werden. Dann werden im Kurs nur die Ergebnisse verglichen. | |

**Thematische Schwerpunkte:** Heimwerken, Arbeitsabläufe, Verbesserungsvorschläge, Handwerk

## Lernziele

**Die TN können**

- sich zum Thema „Heimwerken" äußern
- eine Anleitung verstehen
- sagen, dass etwas nicht funktioniert
- einen Arbeitsablauf beschreiben
- einen Fehler melden
- einen Verbesserungsvorschlag machen

## Lerninhalte

**Wortschatz/Redemittel:**

- Heimwerken (*Laminat verlegen, das Teppichmesser* etc.)
- Heimwerkerkurs im Baumarkt (*das Baumaterial, das Werkzeug* etc.)
- kreative Ideen (*der Klebstoff, zuschneiden* etc.)
- Heimwerkernotdienst (*Das funktioniert nicht!* etc.)
- ein Ablauf (*Zuerst macht man …, Dann …* etc.)
- Verbesserungsvorschläge (*Ich habe einen Vorschlag. Ich möchte Sie auf ein Problem hinweisen.* etc.)
- Handwerk (*die duale Handwerksausbildung, einen guten Ruf haben* etc.)

**Grammatik:**

- Zustandspassiv
- Vorsilben bei trennbaren und untrennbaren Verben

**Lernziele:** TN können sich zum Thema „Heimwerken" äußern.
**Lerninhalte:** WS: Heimwerken (*Laminat verlegen, das Teppichmesser* etc.), Heimwerkerkurs im Baumarkt (*das Baumaterial, das Werkzeug* etc.)

| | TN-/KL-Aktivitäten | Hinweise (▶ führt zum didaktischen Glossar) | Material |
|---|---|---|---|
| 1a | **Einstieg:** Die TN betrachten die Fotos, äußern sich spontan zu den abgebildeten Situationen und beantworten die Frage. | | |
| 1b | **Präsentation:** In GA lesen die TN die Liste und ergänzen weitere Tätigkeiten. Sie tauschen sich darüber aus, welche Tätigkeiten im Haushalt sie selbst machen und welche sie von anderen erledigen lassen. | KL wiederholt bei Bedarf zunächst den Unterschied zwischen „selbst machen" und „machen lassen".<br>Im Anschluss an das Gruppengespräch können die Ergebnisse an der Tafel in einer Tabelle gesammelt werden:<br>*Das machen alle selbst:* – *Wäsche waschen, …*<br>*Das machen manche selbst:* – *Teppichboden verlegen, …*<br>*Das macht keiner selbst:* – *Stromleitungen verlegen, …* | |
| 1c | **Semantisierung:** TN sammeln die benötigten Materialien und Werkzeuge und schlagen dabei unbekannte Wörter im Wörterbuch nach. | ▶ **Kooperatives Lernen (Gruppenpuzzle):** Wird in PA gearbeitet, so konzentriert sich jedes Paar nur auf jeweils eine der in 1b genannten Tätigkeiten. An der Tafel werden die benötigten Gegenstände dann zusammengetragen und ggf. ergänzt. | Wörterbücher der TN |
| 2a | **Einstieg:** KL lenkt die Aufmerksamkeit zurück auf Foto A. TN stellen Vermutungen zum Foto an. KL stellt Fragen: Sind es Männer und Frauen? Was machen sie im Baumarkt? Etc. | ▶ **Landeskunde (Heimwerken)**<br>**Lösung 2a:**<br>Das Foto zeigt Kundinnen in einem Baumarkt. | |
| 2b | **Präsentation:** TN hören den Radiobeitrag und vergleichen mit ihren Vermutungen. Sie erkennen, dass es sich um einen Werbetext handelt. | ▶ **Hörverstehen (global)** | CD: Track 1.24 |

| | | | |
|---|---|---|---|
| 2c | **Verständnissicherung:** TN hören den Werbetext ein zweites Mal, kreuzen die passende Antwort an und vergleichen ihre Ergebnisse im Kurs. | ▶ **Hörverstehen (selektiv)**<br>**Lösung 2c:**<br>1 – b, 2 – a, 3 – a, 4 – a | |
| 2d | **Transfer:** TN äußern sich kurz zur Frage. KL bittet TN – auch diejenigen, die an einem solchen Training nicht teilnehmen würden – ihre Haltung kurz zu begründen. | Dieser Schritt sollte recht kurz gehalten werden, damit Zeit für die anschließende Diskussion zur Verfügung steht. | |
| 2e | **Freie Anwendung:** TN wählen eine der Fragen, finden sich in Gruppen und diskutieren. | ▶ **Methoden (Platzdeckchen):** TN können auch in 4er-Gruppen mithilfe der Platzdeckchen-Methode arbeiten.<br>▶ **Neue Medien (Video):** Um noch mehr Diskussionsstoff zu geben, kann KL ein weiteres Video zeigen (z. B. den Werbe-Clip www.bauhaus.info/de/aktivitaeten/womensweek/mediathek/index.html oder ein youtube-Video zum Thema „Heimwerkerkurs für Frauen"). | Flipchartpapier<br><br>PC, Internetanschluss, Beamer |

**Lernziele:** TN können Anleitungen verstehen und eine Anleitung geben. Sie können sagen, dass etwas nicht funktioniert.
**Lerninhalte:** WS: kreative Ideen (*der Klebstoff, zuschneiden* etc.); Redemittel: Heimwerkernotdienst (*Das funktioniert nicht!* etc.); GR: Zustandspassiv

| | TN-/KL-Aktivitäten | Hinweise (▶ führt zum didaktischen Glossar) | Material |
|---|---|---|---|
| 3a | **Einstieg:** TN überlegen in PA oder GA, was man aus den angegebenen Materialien herstellen könnte. | ▶ **Binnendifferenzierung:** Alternativ können die TN auch mit der Kopiervorlage arbeiten. Sie betrachten dann die selbstgebastelten Geschenke und überlegen, aus welchen Materialien sie wohl hergestellt wurden. | Wörterbücher der TN<br>Kopiervorlage 4a: „Selbstgemacht" |
| 3b | **Präsentation:** TN lesen die Anleitungen aus dem Internetforum, ordnen jeder Beschreibung ein Foto zu und sagen, welche der Ideen ihnen am besten gefällt. | ▶ **Leseverstehen (global)**<br>**Lösung 3b:**<br>Text 1 – Foto 3, Text 2 – Foto 1, Text 3 – Foto 2 | |
| 3c | **Semantisierung:** In den Texten werden nun die Materialien und Werkzeuge markiert und die Begriffe – ggf. mithilfe des Wörterbuchs – geklärt. | ▶ **Leseverstehen (selektiv)**<br>**Lösung 3c:**<br>Text 1: 6 mm dicke Holzplatte, Bleistift, Säge, Sandpapier<br>Text 2: farblose Plexiglasplatte, leere Konservendosen, Ofenhandschuhe<br>Text 3: ein großes Glas, buntes Papier, Bonbons, alte Briefmarken, Küchenpapier, Klebstoff, Geschenkband | Wörterbücher der TN |
| 3d | **Transfer:** TN wählen jeweils einen Text, lesen ihn noch einmal und geben ihn einem Partner / einer Partnerin in direkten Arbeitsanweisungen wieder. | ▶ **Lernerorientierung:** In Kursen, in denen die schriftliche Kompetenz der TN noch speziell trainiert werden muss, erledigen die TN diese Aufgabe schriftlich unter Nutzung der Kopiervorlage. | Kopiervorlage 4b: „Arbeitsanweisungen" |
| 3e | **Freie Anwendung:** TN bilden Gruppen und berichten über eigene häusliche bzw. handwerkliche Tätigkeiten. | KL gibt vor der Einteilung in Gruppen etwas Zeit zur Reflexion und zum Notizenmachen.<br>▶ **Interkulturelle Perspektive:** Die Vorstellungen von handwerklichem bzw. kreativem Arbeiten können kulturell sehr unterschiedlich sein. KL regt hier ggf. eine Diskussion zu den folgenden Fragen an: „Welchen Stellenwert hat die Eigenschaft Kreativität in Ihrer Kultur / Ihrem Land / Ihrer Familie? Wie werden kreative Menschen unterstützt?" | |

## 4a

**Bewusstmachung:** KL lässt sowohl die Passivformen mit *werden* als auch solche mit *sein* markieren. KL schreibt gleich eine Tabelle mit beiden Formen an die Tafel, in die die Formen eingetragen werden können.

| *werden + Partizip II* | *sein + Partizip II* |
|---|---|
| *wurde zugeschnitten* | *sind geschliffen* |

▶ **Selbst entdeckendes Lernen:** TN kennen bisher nur das Vorgangspassiv (*werden* + Partizip Perfekt). Die Kombination von *sein* + Partizip Perfekt ist vom Perfekt und Plusquamperfekt bekannt. KL lässt zur Unterscheidung das Perfekt bilden:

**Beispiel:** Ich habe geschliffen.
Die Kanten sind geschliffen.

**Lösung 4a:**

| | Vorgangspassiv (mit werden) | Zustandspassiv (mit sein) |
|---|---|---|
| A | Zeile 5–6: wurde zugeschnitten | Zeile 8: sind geschliffen |
| B | Zeile 3–4: wird erwärmt<br>Zeile 7–8: kann gebracht werden<br>Zeile 9: kann verändert werden | Zeile 7: ist geworden<br>Zeile 9: ist erkaltet |
| C | Zeile 2–3: wird gefüllt<br>Zeile 3–5: werden ausgedruckt<br>Zeile 5: werden geschnitten und zusammengefaltet<br>Zeile 6–7: können gefüllt werden<br>Zeile 9: werden geklebt<br>Zeile 10: wird verziert | Zeile 9–10: ist abgezählt und durchgemischt |

## 4b

**Systematisierung:** TN lesen die Erläuterungen und ordnen die gefundenen Formen in die Tabelle ein.

## 4c

**Üben:** TN formulieren Sätze zu den Abbildungen.

**Lösung 4c:**
Die Tür wird gestrichen. Die Tür ist gestrichen.
Der Apfel wird geschält. Der Apfel ist geschält.
Die Zähne werden geputzt. Die Zähne sind geputzt.

KL verteilt die Kopiervorlage mit weiteren Übungsbeispielen und bittet TN, eigene Beispiele zu ergänzen.

Kopiervorlage 4c: Vorgangspassiv – Zustandspassiv

## 4d

In 3er-Gruppen üben die TN entsprechend der Vorgabe.

**Lösung 4d:**

2. Der Arbeitsplatz muss noch gereinigt werden. / Ich habe den Arbeitsplatz schon gereinigt. / Der Arbeitsplatz ist gereinigt.
3. Die Klebstofftube muss noch zugeschraubt werden. / Ich habe die Klebstofftube schon zugeschraubt. / Die Klebstofftube ist zugeschraubt.
4. Die Konservendosen müssen noch weggeräumt werden. / Ich habe die Konservendosen schon weggeräumt. / Die Konservendosen sind weggeräumt.
5. Die Geschenkkarte muss noch geschrieben werden. / Ich habe die Geschenkkarte schon geschrieben. / Die Geschenkkarte ist schon geschrieben.

▶ **Binnendifferenzierung:** Gruppen, die schneller fertig sind, überlegen sich weitere Beispiele nach dem Muster.

## 5a

**Einstieg:** TN lesen die Anzeige und tauschen sich in kleinen Gruppen über die Vorteile des Heimwerkernotdienstes aus.

▶ **Lernerorientierung:** KL ergänzt die Fragen, ob TN schon einmal einen Heimwerkernotdienst beauftragt haben. Würden sie so einen Service überhaupt brauchen oder gibt es Familienmitglieder/Freunde, die helfen können?

| | | | |
|---|---|---|---|
| 5b | **Präsentation:** TN hören das Gespräch und nennen das Problem. | ▶ **Hörverstehen (global)**<br>**Lösung 5b:**<br>Herrn Moll gelingt es nicht, einen Hängeschrank in der Küche aufzuhängen. / Herr Moll schafft es nicht, die Löcher für den Hängeschrank zu bohren. | CD: Track 1.25 |
| 5c | TN hören ein weiteres Mal, kreuzen die entsprechenden Aussagen an und vergleichen ihre Ergebnisse im Plenum. | ▶ **Hörverstehen (selektiv)**<br>**Lösung 5c:**<br>Angekreuzt werden 2, 5, 6, 9. | |
| 5d | **Transfer:** TN schreiben handwerkliche Probleme auf Kärtchen, mischen die Kärtchen und spielen das Gespräch in PA. KL bittet sie, die Redemittel aus 5c zu benutzen. | ▶ **Spiele (Rollenspiel)** | Kärtchen |

**Lernziele:** TN können einen Arbeitsablauf beschreiben. Sie können Fehler melden und Verbesserungsvorschläge machen.
**Lerninhalte:** Redemittel: ein Ablauf (*Zuerst macht man …, Dann … etc.*), Verbesserungsvorschläge (*Ich habe einen Vorschlag. Ich möchte Sie auf ein Problem hinweisen.* etc.)

<table>
<tr><th></th><th>TN-/KL-Aktivitäten</th><th>Hinweise (▶ führt zum didaktischen Glossar)</th><th>Material</th></tr>
<tr><td>6a</td><td>Einstieg: TN nennen die einzelnen Schritte beim Kopieren.</td><td>▶ Alltagsorientierung: KL geht mit TN, die noch nie kopiert haben, zum Kopierer der Einrichtung und demonstriert den Ablauf.</td><td></td></tr>
<tr><td>6b</td><td>Präsentation: TN lesen die Textteile und überlegen gemeinsam mit einem Partner / einer Partnerin die richtige Reihenfolge im Kopierablauf.</td><td>(mögliche) Lösung 6b:<br>Reihenfolge: a – 9, b – 8, c – 7, d – 4, e – 6, f – 5, g – 3, h – 2, i – 1</td><td></td></tr>
<tr><td>6c</td><td>Die Redemittel aus dem Redemittelkasten werden an der Tafel systematisiert und ggf. ergänzt:
<table>
<tr><th>Beginn:</th><th>nächster Schritt:</th><th>Abschluss:</th></tr>
<tr><td>Zuerst</td><td>Dann</td><td>Zum Schluss</td></tr>
<tr><td>Als Erstes</td><td>Danach</td><td>Schließlich</td></tr>
<tr><td>Zunächst</td><td>Darauf</td><td>Zuletzt</td></tr>
<tr><td>Am Anfang</td><td>Nun</td><td>Abschließend</td></tr>
<tr><td></td><td>Jetzt / Anschließend</td><td>Zu guter Letzt</td></tr>
<tr><td></td><td>Im Anschluss daran</td><td></td></tr>
</table>
Transfer: Jede/r TN wählt eine der vorgegebenen Situationen. Paarweise beschreiben die TN einander die Abläufe.</td><td>▶ Binnendifferenzierung: Paare, die schneller fertig sind, überlegen sich Tätigkeiten, die sie häufig ausführen, und beschreiben einander die Abläufe.<br>▶ Lernerorientierung: Besteht besonderer schriftlicher Übungsbedarf, so schreiben die TN die Abläufe zusätzlich auf und präsentieren ihre Ergebnisse im Plenum.</td><td></td></tr>
<tr><td>6d</td><td>Freie Anwendung: TN spielen in Gruppen. Ein/e TN überlegt sich ein Gerät und beschreibt den Ablauf, ohne das Gerät zu nennen. Die anderen TN raten.</td><td>▶ Spiele (Ratespiel)</td><td></td></tr>
<tr><td>7a</td><td>Präsentation: TN lesen die kurzen Texte und ordnen sie den Abbildungen zu.</td><td>Lösung 7a:<br>Text 1: C, Text 2: A, Text 3: B</td><td></td></tr>
<tr><td>7b</td><td>Üben: In kleinen Gruppen sammeln TN weitere Fehler aus ihrem (beruflichen) Alltag (Material ist ausgegangen, Stromversorgung funktioniert nicht, Tür lässt sich nicht öffnen o. Ä.). Sie üben dann mit wechselnd verteilten Rollen.</td><td>▶ Sprachbewusstheit (formelle/informelle Sprache): Es geht hier darum, dass die TN unterschiedlich formelle/informelle bzw. schriftliche/mündliche Möglichkeiten, einen Fehler zu melden, üben.</td><td></td></tr>
</table>

| | | | |
|---|---|---|---|
| 8a | **Einstieg:** Zum Einstieg in das Thema „Verbesserungsvorschläge" betrachten TN die Fotos und ordnen die Erklärungen 1–4 zu. | **Lösung 8a:**<br>A – 3, B – 1, C – 2, D – 4<br>▶ **Landeskunde (Johannes Gutenberg, Robert Bosch)** | |
| 8b | **Präsentation:** TN hören die Berichte und tauschen sich im PL über die Probleme aus. | ▶ **Hörverstehen (selektiv)**<br>**Lösung 8b:**<br>1. sehr aufwendiges Buchdruckverfahren<br>2. Automotoren brachten keine Leistung<br>3. hoher Stromverbrauch auch bei abgeschalteten Geräten<br>4. hohe Kosten für Verpackungsmaterial | CD: Track 1.26–1.29 |
| 8c | **Transfer:** In GA werden nun Probleme am Arbeitsplatz gesammelt. Im Anschluss werden die Ideen an der Tafel systematisiert und besprochen. | ▶ **Methoden (Pinnwand-Moderation):** Zur Sammlung bietet sich die Metaplan-Methode an. Die Gruppen schreiben die Probleme auf Kärtchen und ordnen sie an der Pinnwand den Rubriken „Arbeitsmittel", „Arbeitsplatz", „Arbeitsorganisation" und „soziale Beziehungen" zu. | Kärtchen |
| 8d | TN lesen die Redemittel und nutzen sie, um zu den gesammelten Problemen Verbesserungsvorschläge zu machen. | | |
| 8e | **Freie Anwendung:** Gemeinsam wird der Verbesserungsvorschlag gelesen. Die Redemittel werden besprochen. Jede/r TN schreibt nun einen Beitrag für ein Verbesserungsforum zu einem Problem seiner/ihrer Wahl. | ▶ **Hausaufgaben:** Es können für die Verbesserungsvorschläge auch andere Adressaten/Themen gewählt werden, z. B. die VHS-Leitung, das Stadtparlament, die Regierung … | |

**Lernziele:** TN können sich über das Handwerk bzw. Handwerker austauschen.
**Lerninhalte:** WS: Handwerk (*die duale Handwerksausbildung, einen guten Ruf haben* etc.); GR: Vorsilben bei trennbaren und untrennbaren Verben

| | TN-/KL-Aktivitäten | Hinweise (▶ führt zum didaktischen Glossar) | Material |
|---|---|---|---|
| 9a | **Einstieg:** KL scheibt den Werbeslogan an die Tafel. Im Plenum wird über die Aussage des Slogans gesprochen und es werden Vermutungen geäußert. | ▶ **Neue Medien (Video):** Schön zum Einstieg ist auch das Video „Das Lied vom Handwerk", das zeigt, wie unser Leben ohne die Leistungen des Handwerks aussähe (www.youtube.com/watch?v=Y_1G2KitQiE). | PC, Internetanschluss, Beamer |
| 9b | Anhand des Titels und der Fotos stellen die TN Vermutungen an, was neue Trends im Handwerk sein könnten. | ▶ **Lernerorientierung:** Sollten Handwerker/innen am Kurs teilnehmen, so können diese speziell von ihren Handwerksberufen berichten. | |
| 9c | **Präsentation:** TN lesen den Text und notieren in PA Stichworte zu den vier Trends im Handwerk. | ▶ **Landeskunde (duale Ausbildung)**<br>**Lösung 9a:**<br>Trend 1: Wellness – gesund leben, Stressfreiheit usw.<br>Trend 2: Traditionelles – Echtheit, Dauerhaftigkeit usw.<br>Trend 3: Zielgruppe Frauen – Pflegeleichtigkeit, Design usw.<br>Trend 4: Zielgruppe Senioren – Höflichkeit, Geduld usw. | |
| 9d | **Verständnissicherung:** TN lesen die Fragen zum Text, lesen den Text daraufhin ein weiteres Mal und kreuzen die passende Lösung an. Vergleich im Plenum. | **Lösung 9d:**<br>1 – b, 2 – a, 3 – c, 4 – a<br>▶ **Prüfungstraining:** Fünf Multiple-Choice-Aufgaben zu einem Lesetext finden Prüflinge im Leseverstehen 2 sowohl in der B2-Prüfung (Goethe-Institut und telc), als auch in der *telc Deutsch B1+ Beruf*-Prüfung. | |

| | | | |
|---|---|---|---|
| **9e** | **Semantisierung:** TN suchen die entsprechenden Textstellen und notieren die jeweiligen Ausdrücke. Gemeinsam werden zu jedem Ausdruck weitere Beispiele gesucht. | **Lösung 9e:**<br>2. Zeile 27+28: Die kreative Kraft des Handwerks ist gefragt.<br>3. Zeile 31+32: Kunden schätzen Dauerhaftigkeit, Echtheit und Qualität.<br>4. Zeile 46+47: Freundlichkeit steht für diese Kundengruppe an erster Stelle. | |
| **9f** | **Transfer:** In Gruppen diskutieren die TN über die beschriebenen Trends. | ▶ **Binnendifferenzierung:** TN können auch eingehender über nur einen Trend ihrer Wahl sprechen. | |
| **10a** | **Bewusstmachung:** An der Tafel werden trennbare und nicht trennbare Verben gesammelt. TN erkennen, dass es Vorsilben gibt, die trennbar und untrennbar gebraucht werden. | | |
| **10b** | **Systematisierung:** Alle Verben mit den genannten Vorsilben werden im Text markiert und in der Tabelle gesammelt.<br>KL weist noch einmal auf die Regel hin, dass bei trennbaren Verben die Betonung auf der Vorsilbe, bei nicht trennbaren Verben auf dem Verbstamm liegt, und lässt TN die Wörter laut sprechen, damit die Unterscheidung deutlich wird. | ▶ **Aussprache (Wortakzent)**<br>**Lösung 10b:** (see table below) | |
| **10c** | **Üben:** TN schreiben Sätze im Präsens und Perfekt und vergleichen mit einem Partner / einer Partnerin. | ▶ **Binnendifferenzierung:** Schnellere TN schreiben zu den Sätzen 1–7 weitere Beispiele (z. B. *Die Kursteilnehmerin wiederholt ihre Frage*).<br>**Lösung 10c:**<br>1. wiederholt / hat wiederholt<br>2. führen ... nicht durch / haben wir ... nicht durchgeführt<br>3. zu unterschreiben<br>4. überlegen ... nicht lange / haben ... nicht lange überlegt<br>5. widerspricht ... nicht / hat ... nicht widersprochen<br>6. kommt wieder / ist wiedergekommen<br>7. ziehen ... um / sind ... umgezogen<br>▶ **Arbeitsbuch:** Bei Bedarf zieht KL an dieser Stelle die Übungen 10.1–10.3 aus dem Arbeitsbuch hinzu. | |
| **10d** | **Freie Anwendung:** TN tauschen sich über Erfahrungen mit dem Handwerk bzw. mit Handwerkern aus. Sie stellen Vergleiche zwischen den Ländern an. | ▶ **Interkulturelle Perspektive** | Kopiervorlage 4d: „Handwerker bei uns – bei euch" |

Lösung 10b:

| Vorsilbe | trennbare Verben | nicht trennbare Verben |
|---|---|---|
| unter- | unterkommen | unternehmen |
| durch- | durchführen, durchsetzen | durchdenken |
| um- | umstellen, umgehen | |
| über- | | überzeugen |
| wider- | widerspiegeln | widerstehen |

**Üben:** TN schreiben ein Einladungsschreiben als Diktat.

*Sehr geehrte Frau Eberhard, /*
*Sie haben sich anlässlich der letzten Frauennacht / in unserem Heimwerkermarkt / speziell für die Heimdekoration interessiert. / Heute haben wir eine besondere Einladung für Sie. / Wir feiern die Eröffnung unserer neuen Dekorationsabteilung / in unserer Filiale in Neustadt. / Sie finden hier /*
*- moderne Tapeten und Bodenbeläge /*
*- ausgesuchte Leuchten /*
*- Heimtextilien und Dekoartikel*
*- und vieles mehr. /*
*Wir möchten mit Ihnen feiern / und laden Sie ein zu einem Besuch / am Samstag, den 28.06., / von 10.00 bis 19.00 Uhr. / Bringen Sie Freunde und Bekannte einfach mit. /*
*Wir freuen uns auf Ihr Kommen! /*
*Mit freundlichen Grüßen /*
*Ronald Sommer*
*Geschäftsführer*

▶ Diktate; ▶ Schreiben (Geschäftsbriefe)

# Körper und Seele

**Thematische Schwerpunkte:** Gesundheit, Tipps gegen Stress, Gesundheitsberufe, Qualitätsmanagement

## Lernziele

**Die TN können**

- über Gesundheit und Krankheit sprechen
- Meinungen formulieren/abwägen/widersprechen
- über Stress und eine einfache Lebensweise sprechen
- über Berufe im Gesundheitswesen sprechen
- über Probleme im Arbeitsablauf sprechen
- um Rat/Vorschläge/Instruktionen bitten; Vorschläge machen
- einen Bericht schreiben
- eine Grafik und einen Text zum Qualitätsmanagement verstehen

## Lerninhalte

**Wortschatz/Redemittel:**

- Gesundheit und Krankheit (*das Gleichgewicht, die gesunde Ernährung* etc.)
- Meinungsäußerungen (*Ich denke, das Wichtigste ist, dass … Einerseits …, andererseits …* etc.)
- Stress / einfache Lebensweise (*die Stresssituation, Klarheit gewinnen* etc.)
- Gesundheitsberufe (*die Ernährungsberaterin, die Zahnarzthelferin* etc.)
- Um Rat/Vorschläge/Instruktionen bitten; Vorschläge machen (*Wie soll ich mit … jetzt umgehen? Das Wichtigste ist, dass Sie …* etc.)
- Qualitätsmanagement (*die Bestandsaufnahme, die Strategieentwicklung* etc.)

**Grammatik:**

- Verben mit obligatorischem *es*
- Infinitivsätze mit *zu*

**Lernziele:** TN können über Gesundheit und Krankheit sprechen. Sie können Meinungen formulieren, abwägen und widersprechen.
**Lerninhalte:** WS: Gesundheit und Krankheit (*das Gleichgewicht, die gesunde Ernährung* etc.); Redemittel: Meinungen formulieren/abwägen/widersprechen (*Ich denke, das Wichtigste ist, dass …, Einerseits …, andererseits…* etc.)

| | TN-/KL-Aktivitäten | Hinweise (▶ führt zum didaktischen Glossar) | Material |
|---|---|---|---|
| | **Einstieg:** KL schreibt auf die eine Hälfte der Tafel „Gesundheit", auf die andere Hälfte „Krankheit", teilt den Kurs in zwei Gruppen und lässt jeweils Wörter sammeln und an die Tafel schreiben. Dann erklären sich die Gruppen gegenseitig die unbekannten Wörter. | KL kann hier auch schon fragen, ob die TN Sprichwörter zu den Themen „Gesundheit" und „Krankheit" kennen, und diese erklären lassen. | |
| 1a | **Präsentation:** TN sehen sich in Kleingruppen die Bilder an, entscheiden, welches für sie am besten zum Thema passt, und begründen ihre Wahl im Plenum. | ▶ **Methoden (Wirbelgruppen):** Hier ist es auch möglich in Wirbelgruppen zu arbeiten: Die Bilder werden auf 2–6 Gruppen verteilt. Jede Gruppe überlegt sich, inwiefern ihr Bild zum Thema passt, dann werden die Gruppen gemischt und stellen sich gegenseitig ihre Ergebnisse vor. | |
| 1b | **Präsentation:** TN lesen die Zitate, hören die CD nach Bedarf ein oder zweimal und ordnen das passende Foto und Zitat zu. | ▶ **Hörverstehen (global)**<br>**Lösung 1b:**<br>Frau Michalak spricht über Foto F und über das Zitat „Gesundheit ist mehr als die Abwesenheit von Krankheit". | CD: Track 1.30 |
| 1c | **Freie Anwendung:** TN wählen jeweils ein Foto und ein Zitat aus und bereiten einen Kurzvortrag vor. Sie nutzen für die Vorbereitung ihrer Präsentation ggf. die Kopiervorlage, die entsprechende Redemittel auf Kärtchen anbietet. | ▶ **Sprechen (Präsentation/Kurzvortrag):** Bei Bedarf werden die entsprechenden Redemittel aus Kapitel 3 noch einmal kurz wiederholt.<br>▶ **Prüfungsvorbereitung:** Die TN müssen im mündlichen Teil der Prüfung *telc Deutsch B2* eine Reise, einen Film, ein Sportereignis o. Ä. präsentieren. | Kopiervorlage 5a: „Kurzvortrag" |

| | | | |
|---|---|---|---|
| 2a | **Präsentation:** TN lesen zuerst die Aussagen und klären unbekannten Wortschatz. Dann hören sie die Aussagen und kreuzen an. Die Ergebnisse werden zuerst in PA, dann im Plenum kontrolliert. | ▶ **Hörverstehen (global):** Bei Bedarf können die Aussagen auch zweimal gehört werden.<br>**Lösung 2a:**<br>1 – R, 2 – F, 3 – R, 4 – R, 5 – F | CD: Track 1.31–35 |
| 2b | **Transfer:** KL zeichnet konzentrische Kreise an die Tafel und fordert eine/n TN auf, exemplarisch zu formulieren, was man tun kann, um gesund zu bleiben. TN schreibt die wichtigsten Aspekte ins Zentrum des Kreises, zweitwichtigste in den zweiten Ring, auch noch wichtige in den dritten Ring. Die Redemittel werden besprochen und eventuell ergänzt. TN überlegen in GA, was man tun kann, um gesund zu bleiben, diskutieren die Prioritäten und schreiben ihre Ideen in der vorgegebenen Weise auf. Abschließend diskutieren sie im Plenum. | ▶ **Methoden (Bewertung in Kreisen)**<br>▶ **Methoden (Aquarium):** Zum Abschluss eignet sich eine Aquarium-Diskussion. Dabei nehmen ein bis zwei Sprecher/innen jeder Gruppe in der Mitte Platz und tragen die Ergebnisse ihrer Gruppen vor. Die anderen TN setzen sich im Stuhlkreis darum und hören zu. Sie können aber jederzeit die Beiträge ihrer Gruppensprecher ergänzen oder verbessern. | große Bögen Papier, z. B. Flipchartpapier, dicke Stifte |

**Lernziele:** TN können über Stress und eine einfachere Lebensweise sprechen.
**Lerninhalte:** WS: Stress / eine einfache Lebensweise (*die Stresssituation, Klarheit gewinnen* etc.); GR: Verben mit obligatorischem *es*

| | TN-/KL-Aktivitäten | Hinweise (▶ führt zum didaktischen Glossar) | Material |
|---|---|---|---|
| 3a | **Einstieg:** KL fragt TN, was für sie Stress bedeutet, und sammelt einige Definitionen an der Tafel. TN lesen den Eintrag im deutschen Wörterbuch und vergleichen mit ihren eigenen Definitionen. Anschließend schreiben sie in EA Sätze mit *Stress, stressen* oder *stressig* und tauschen sich in GA aus. | Der Einstieg ins Thema erfolgt ggf. auch anhand der Kopiervorlage am OHP.<br>▶ **Wortschatzarbeit (Semantisierung)** | Kopiervorlage 5b: „Stress" auf Folie |
| 3b | **Transfer:** TN ergänzen die Satzanfänge und tauschen sich darüber aus. | ▶ **Interkulturelle Perspektive:** Sollte es TN geben, denen die vorgeschlagenen Satzanfänge zu privat sind, bietet es sich an, das in verschiedenen Kulturen unterschiedliche Stressempfinden auf einer allgemeineren Ebene zu thematisieren. KL kann den TN hier auch die Möglichkeit geben, sich mit frei gewählten Partnern auszutauschen. | |
| | **Einstieg:** Vor dem Lesen regt KL im PL ein Gespräch an über die Fragen: *Was macht das Leben kompliziert? Wie könnte man es vereinfachen?* | | |
| 4a | KL schreibt ggf. die Überschriften für die ersten sechs Stufen zu einem einfacheren Leben an die Tafel. TN wählen eine Überschrift. In GA überlegen sich TN, wie man konkret in diesem Bereich sein Leben vereinfachen könnte. Sie stellen ihre Gedanken kurz im PL vor.<br>**Präsentation:** TN überfliegen den Text und nennen die zwei für sie wichtigsten Punkte. Bei der zweiten Lektüre lesen die Gruppen „ihren" jeweiligen Abschnitt und vergleichen mit ihren eigenen Ideen. Jede Gruppe berichtet kurz im Plenum. Abschließend wird gemeinsam unbekannter Wortschatz geklärt. | ▶ **Leseverstehen (global):** Bei dem ersten überfliegenden Lesen sind eine Zeitvorgabe von drei Minuten und ein Arbeiten ohne Wörterbücher ganz wichtig.<br>Bei Interesse weist KL darauf hin, dass man mit der Vorsilbe *ent* und Verben, Nomen und Adjektiven durch Kombination viele neue Wörter bilden kann (z. B. *entkommen, die Enttäuschung, entgeistert*), und lässt weitere Beispiele dafür im Kurs sammeln. | |

| | | | |
|---|---|---|---|
| 4b | **Verständnissicherung:** TN ergänzen in PA die Informationen aus dem Text; so entsteht eine Zusammenfassung des ganzen Textes. | **Lösung 4b:**<br>1. …, dass man die Menge dessen, was man besitzt, reduziert.<br>2. …, dann ist es schwieriger, Klarheit zu schaffen.<br>3. …, über wie viel Zeit man wirklich frei verfügen kann.<br>4. …, wenn der Körper nicht mehr klaglos funktioniert.<br>5. …, sondern auch für sich selbst.<br>6. …, ohne die Ehe oder die Partnerschaft zu belasten.<br>7. …, kann man seine eigenen Bedürfnisse und Wünsche erkennen.<br>▶ **Textkompetenz (Reaktion auf den Text):** KL bittet TN, im Text die Stelle zu markieren, die sie besonders anspricht bzw. auf die sie stark reagieren, und zu Hause ihre Gedanken dazu aufzuschreiben (z. B. zur Textstelle *„Wenn man bei vielen Dingen des Alltags aufgeräumt hat, dann hat man die Chance, seine eigenen Bedürfnisse und Wünsche zu erkennen."*) | |
| 4c | **Transfer:** TN wenden die im Text neu erlernten Ausdrücke auf ihren eigenen Erfahrungsbereich an. | ▶ **Schreiben (autobiografisches Schreiben)** TN, die nicht gerne persönliche Aussagen machen wollen, schreiben über eine andere Person. | |
| 4d | **Freie Anwendung:** TN diskutieren in Kleingruppen über Vereinfachungen im Leben und präsentieren ihre Ergebnisse im Plenum. | | |
| 5a | **Bewusstmachung:** TN suchen in EA oder PA in dem Text die Verben mit obligatorischem *es*. Vergleich im Plenum. | ▶ **Selbst entdeckendes Lernen**<br>**Lösung 5a:**<br>Zeile 3: es sich im Alltag leichter zu machen<br>Zeile 4: es besser zu haben<br>Zeile 7: Durchschnittlich sind es 10.000 Gegenstände<br>Zeile 11: Dann geht es weiter<br>Zeile 12: wobei es keine Trennung gibt<br>Zeile 17: Denn hier geht es nicht nur um<br>Zeile 35: wie Sie es nicht so weit kommen lassen<br>Zeile 58: In der achten Stufe geht es schließlich um | |
| 5b | **Üben:** TN entscheiden, ob in den Sätzen 1–6 ein *es* nötig ist oder nicht. | **Lösung 5b:**<br>1. Ich schaffe es nicht, 2. kein *es*, 3. kein *es*<br>4. Sie hat es weit gebracht: …, 5. …, sie meint es eigentlich gut, 6. kein *es*<br>Bei Bedarf nutzt KL die Kopiervorlage zum weiteren Üben. | Kopiervorlage 5c: „Verben mit obligatorischem *es*" |

**Lernziele:** TN können über Berufe im Gesundheitswesen und über Probleme im Arbeitsablauf sprechen. Sie können um Rat/Vorschläge/Instruktionen bitten und Vorschläge machen. Sie können einen Bericht schreiben.
**Lerninhalte:** WS: Gesundheitsberufe (*die Ernährungsberaterin, die Zahnarzthelferin* etc.); Redemittel: Um Rat/Vorschläge/Instruktionen bitten und Vorschläge machen (*Wie soll ich mit … jetzt umgehen? Das Wichtigste ist, dass Sie …* etc.); GR: Infinitivsätze mit *zu*

| | TN-/KL-Aktivitäten | Hinweise (▶ führt zum didaktischen Glossar) | Material |
|---|---|---|---|
| 6a | **Einstieg:** Im Plenum werden bei noch geschlossenen Büchern der TN bekannte Gesundheitsberufe gesammelt. TN entscheiden sich allein oder in PA für ein Foto. Sie hören den Modelltext zweimal und stellen dann den gewählten Beruf im Kurs vor. | ▶ **Berufsorientierung:** Die Vorstellungen der Berufe können ruhig kurz sein, zwei bis drei Sätze genügen. Das Beispiel auf der CD gibt eine Idee.<br>▶ **Spiele (Tabu):** TN können auch in GA einen Gesundheitsberuf vorstellen, ohne ihn zu nennen. Die anderen raten, um welchen Beruf es sich handelt.<br>▶ **Neue Medien (Video):** Einen Übersichtsfilm über Gesundheitsberufe findet man auf der Seite der Bundesagentur für Arbeit: www.berufe.tv/BA/ausbildung/?filmID=1000367 | CD: Track 1.36 |

**6b**

**Semantisierung:** TN erarbeiten sich nach dem Wechselspiel-Prinzip einige Schlüsselwörter zum Thema „Pflege".

▶ **Spiele (Wechselspiel):** Durch diese Aktivität wird der Fachwortschatz aus dem Interview vorentlastet.

**6c**

**Präsentation:** TN antworten nach dem ersten Hören auf die beiden Fragen.

▶ **Hörverstehen (global):**

**Lösung 6c:**
Oliver Werhan hat seinen Beruf in einer Klinik gelernt. Heute arbeitet er bei einem Pflegedienst.

CD: Track 1.37

**6d**

TN hören den Text noch einmal und kreuzen jeweils die richtige Alternative an.

▶ **Hörverstehen (selektiv):**

**Lösung 6d:**
1 – a, 2 – a, 3 – a, 4 – a, 5 – a, 6 – b

**7a**

**Bewusstmachung/Systematisierung:** KL fragt TN, was ihnen an den Sätzen in 6d auffällt. TN finden so heraus, dass die meisten Sätze Infinitivsätze mit *zu* sind. Nachdem sie dies erkannt haben, ordnen sie die Infinitivsätze den verschiedenen Kategorien zu.

▶ **Selbst entdeckendes Lernen**

Infinitivsätze mit *zu* kennen die TN schon aus *Berliner Platz 3 NEU*, Kapitel 27. Hier geht es um eine Systematisierung und Erweiterung. KL weist auf die typischen Einleitungen hin, die auf der Grammatikseite aufgeführt sind.

**Lösung 7a:**

| Präsens Aktiv | Präsens Aktiv mit Modalverb | Präsens Passiv | Perfekt Aktiv | Perfekt Passiv |
|---|---|---|---|---|
| Es gibt viele Möglichkeiten, sich zu spezialisieren. | In der Klinik war es anstrengend, sich mit den Ärzten auseinandersetzen zu müssen. | Manche Menschen sind darauf angewiesen, unterstützt zu werden. | Ich habe mich gefreut, beim Computerspiel gewonnen zu haben. | Es ist wichtig, durch einen Pflegebericht auf den aktuellen Stand gebracht worden zu sein. |

**7b**

**Üben:** TN schreiben nach den Modellen, die sie in 7a gesammelt haben, Infinitivsätze.

**Lösung 7b:**
1. …, die Mitarbeiter anzuhören.
2. …, sich mit Beschwerden auseinandersetzen zu müssen.
3. …, gehört zu werden.
4. …, einen guten Job bekommen zu haben.
5. …, nicht rechtzeitig informiert worden zu sein.

▶ **Spiele (Schnipp-Schnapp):** Entweder erstellen TN selbst mit Kärtchen in zwei verschiedenen Farben ein Schnipp-Schnapp-Spiel oder sie nutzen die Vorschläge der Kopiervorlage.

Kopiervorlage 5d: „Schnipp-Schnapp Infinitivsätze"

**8a**

**Präsentation:** TN hören ein erstes Mal und beantworten die globale Frage.

▶ **Hörverstehen (global)**

**Lösung 8a:**
Herr Petzl ist aus dem Bett gefallen.

CD: Track 1,38

**8b**

**Verständnissicherung:** TN hören noch einmal mit Pausen und notieren mit. Ein/e TN notiert verdeckt mit. Gemeinsam werden die Ergebnisse verglichen.

▶ **Hörverstehen (selektiv)**

**Lösung 8b:**
1. Herr Petzl klagt über Schwindel und Schmerzen im rechten Knie. Lösungsvorschläge: ruhig bleiben; Herrn Petzl bequem lagern und beruhigen
2. Die Pflegeschwester schafft es nicht allein, Herrn Petzl ins Bett zurückzuheben. Lösungsvorschläge: ihn so bequem wie möglich auf den Boden legen; bei ihm bleiben, bis die Sanitäter kommen
3. Es warten noch andere Kunden. Lösungsvorschläge: Die anderen Kunden werden angerufen und informiert oder es wird eine Vertretung organisiert.

| | | | |
|---|---|---|---|
| 8c | **Üben:** Hier gibt es nun drei weitere Probleme und Lösungsmöglichkeiten. TN ordnen allein oder in PA zu und vergleichen im Plenum. | **Lösung 8c:** Problem 1: Lösung D; Problem 2: Lösung A; Problem 3: Lösung B; Lösung C passt nicht. | |
| 8d | **Freie Anwendung:** TN spielen mithilfe der Redemittel aus 8d Dialoge zu den Problemen aus 8c. | ▶ **Spiele (Rollenspiel)** | |
| | **Einstieg:** KL fragt, ob TN selbst schon Berichte geschrieben haben und zu welchem Anlass das geschah. | | |
| 9a | **Präsentation:** TN lesen den Bericht und die Tipps und besprechen im Plenum ausführlicher, was passiert ist und wer was gemacht hat. KL fragt, wie Lucyna in ihrem Bericht die rechts stehenden Tipps für Berichte im Beruf umgesetzt hat. | ▶ **Leseverstehen (detailliert):** Die Abkürzungen im Bericht bedeuten: *Beh. Arzt = behandelnder Arzt, PDL = Pflegedienstleitung* | |
| 9b | **Transfer:** TN schreiben zu einem der Probleme aus Aufgabe 8 einen eigenen Bericht. | Für TN, die wenig Erfahrung im Berichteschreiben haben, bieten die Textbausteine aus der Kopiervorlage eine Hilfe. | Kopiervorlage 5e: „Textbausteine Bericht“ |

**Lernziele:** TN können eine Grafik und einen Text zum Qualitätsmanagement verstehen.
**Lerninhalte:** WS: Qualitätsmanagement (*die Bestandsaufnahme, die Strategieentwicklung* etc.)

| | TN-/KL-Aktivitäten | Hinweise (▶ führt zum didaktischen Glossar) | Material |
|---|---|---|---|
| 10a | **Einstieg:** KL fragt, was Qualitätsmanagement bedeutet, in welchen Arbeitsbereichen es eine Rolle spielt und ob schon jemand etwas damit zu tun hatte. | In vielen Bildungseinrichtungen wird die Kundenzufriedenheit mithilfe von Kundenfragebögen erhoben. Hier ergeben sich möglicherweise Anknüpfungspunkte zu den Erfahrungen der TN mit Qualitätsmanagement. | |
| 10b | **Präsentation:** TN sehen sich in GA die Grafik an und beschreiben sie. Im PL wird – am besten anhand eines Beispiels – die Grafik gemeinsam erläutert. | Zum besseren Verständnis können die Nominalkonstruktionen in der Grafik in Verbalkonstruktionen aufgelöst werden, also statt „Zielerreichung prüfen“ „prüfen, ob das Ziel erreicht wurde“. Falls TN in GA damit überfordert sind, kann das auch im PL mithilfe des KL geschehen. | Kopiervorlage 5f: „Qualitätszirkel“ |
| 10c | **Transfer:** TN tragen ihre Erfahrungen mit Qualitätsmanagement im Plenum zusammen. | | |
| 11a | **Präsentation:** TN lesen den Text schnell und markieren alles, was sie verstehen. TN tauschen sich in PA darüber aus, was sie verstanden haben. Die Ergebnisse werden im Plenum zusammengetragen. | ▶ **Leseverstehen (global):** Hier ist sehr wichtig, dass verstehensorientiert gelesen wird – also auf jeden Fall ohne Wörterbuch. | |
| 11b | **Verständnissicherung:** TN lesen den Text nochmals und kreuzen an. Dann korrigieren sie die falschen Aussagen mithilfe des Textes. | ▶ **Leseverstehen (detailliert)**<br>**Lösung 11b:**<br>1 – F, 2 – R, 3 – F, 4 – F, 5 – R, 6 – R<br>Richtige Antworten sind:<br>1. Ziel des Qualitätsmanagements ist es, die Zusammenarbeit zwischen den verschiedenen Fachabteilungen und Berufsgruppen zu verbessern.<br>3. Die Kliniken sind an humanistischen Werten orientiert.<br>4. An der Auswertung waren die Beschäftigten selbst beteiligt. | |

| | | | |
|---|---|---|---|
| **11c** | **Semantisierung:** TN suchen im Text die Wörter, zu denen die Erklärungen passen. | ▶ **Wortschatzarbeit (Semantisierung):** Bei Interesse kann mit weiteren Wörtern aus dem Text ähnlich verfahren werden. Evtl. schreiben die TN gruppenweise Definitionen auf Kärtchen und reichen diese an eine andere Gruppe weiter. Diese muss dann die Entsprechung der Definition im Text finden.<br>**Lösung 11c:**<br>1. Zeile 26: der Personaleinsatz, 2. Zeile 39: die Effizienz des Unternehmens, 3. Zeile 33: Arbeitszeitmodelle, 4. Zeile 41: Hierarchieebenen | Kärtchen |
| **11d** | **Freie Anwendung:** KL regt eine kurze Abschlussdiskussion im PL an. | | |
| **12a** | **Freie Anwendung:** KL schreibt These 1 und These 2 in Stichworten auf je ein Papier, legt diese Papiere an verschiedene Stellen im Raum und bittet TN, sich zu der Meinung zu stellen, die sie vertreten. TN sammeln dann in den Gruppen Argumente für ihre jeweiligen Positionen. Anschließend diskutieren die Gruppen (oder Vertreter der Gruppen). Abschließend erfolgt eine kurze Zusammenfassung im Plenum. | Falls die Gruppen ungleich groß sind, kann man auch in Kleingruppen mit z. B. zwei Vertretern von These 1 und vier Vertretern von These 2 diskutieren lassen. | Karten mit den verkürzten Thesen |
| **12b** | TN tauschen sich in Kleingruppen aus. | ▶ **Lernerorientierung (Kurse im Ausland):** In Auslandskursen fragt KL, was TN über das deutsche Gesundheitssystem gehört oder gelesen haben. | |
| **12c** | TN berichten über das Gesundheitssystem und den Status von Gesundheitsberufen in ihren Herkunftsländern. | ▶ **Interkulturelle Perspektive**<br>▶ **Binnendifferenzierung:** In national gemischten Gruppen bietet es sich an, dass zuerst die TN aus denselben Herkunftsländern in GA zusammenarbeiten und dann ihre Ergebnisse im PL präsentieren. In homogenen Gruppen kann ein genauerer Vergleich zwischen dem Gesundheitssystem in Deutschland und dem des eigenen Landes angestellt werden. | |
| | **Üben:** TN schreiben einen Pflegebericht als Diktat.<br>*Pflegebericht vom 23.02...., 10.30 Uhr*<br>*Kunde: Frau Schulze*<br>*Frau Schulze machte die ... nicht auf. / Sie ... nicht auf das Klopfen und Rufen reagiert. / Ich habe daraufhin die Tür mit dem ... geöffnet. / ... Schulze lag ... Bett / und ... nicht sprechen. / Sie atmete flach. / ... habe gleich ... Notarzt verständigt. / Der Rettungsdienst kam ... 10.05 Uhr. / Frau Schulze ... ins Christoph-Krankenhaus gebracht worden. / Ich ... um 10.25 Uhr ... Pflegedienstleitung benachrichtigt.* | ▶ **Diktate (Lückendiktat):** TN ergänzen während des Schreibens oder im Anschluss die Lücken (Kopiervorlage). | Kopiervorlage 5g: „Pflegebericht-Lückendiktat" |

# Eine Frage des Geschmacks

**Thematische Schwerpunkte:** Essgewohnheiten, Restaurants, Beruf Koch/Köchin, Verhandlungsstrategien

## Lernziele

**Die TN können**

- über Essgewohnheiten sprechen
- Restaurants vergleichen
- Waren bestellen, entgegennehmen, reklamieren
- Verhandlungsstrategien besprechen und anwenden
- telefonisch Informationen zu einer Stellenanzeige einholen

## Lerninhalte

**Wortschatz/Redemittel:**

- Kochutensilien und Tätigkeiten beim Kochen (*die Küchenreibe, sieben* etc.)
- Essgewohnheiten (*der Vegetarier, allergisch* etc.)
- Restaurant (*das Geschmackserlebnis, mediterrane Küche* etc.)
- Tätigkeiten im Beruf „Koch/Köchin" (*den Speiseplan zusammenstellen, Bestandskontrollen durchführen* etc.)
- Bestellung, Warenannahme, Reklamation (*die Alternative, vereinbaren, Da muss ein Missverständnis vorliegen* etc.)
- Verhandlungsstrategien (*der Verhandlungsgrundsatz, der Verhandlungspartner* etc.)

**Grammatik:**

- Deklination des Adjektivs ohne Artikel
- konsekutive Nebensätze (Nebensätze der Folge)

**Lernziele:** TN können über Essgewohnheiten sprechen.
**Lerninhalte:** WS: Kochutensilien und Tätigkeiten beim Kochen (*die Küchenreibe, sieben* etc.), Essgewohnheiten (*der Vegetarier, allergisch* etc.)

| | TN-/KL-Aktivitäten | Hinweise (▶ führt zum didaktischen Glossar) | Material |
|---|---|---|---|
| 1a | **Einstieg:** TN tauschen sich anhand der Fotos zur Frage „Was brauchen Sie zum Kochen?" aus. Am OHP sammeln TN ggf. noch einmal Wörter (mit Artikel) zu den abgebildeten Lebensmitteln (siehe Kopiervorlage). | ▶ **Neue Medien (Video):** Um auch Personen, die selbst nicht kochen, anzusprechen, zeigt KL zum Einstieg den Youtube-Clip über ein Geschäft, in dem es zu bestimmten Rezepten die genau zusammengestellten Lebensmittel gibt: www.youtube.com/watch?v=IltGabVouNA. Was halten die TN von dieser Idee? | PC mit Internetanschluss, Beamer<br>Kopiervorlage 6a: „Lebensmittel" |
| 1b | **Präsentation:** TN lesen die Begriffe und klären sie mithilfe ihrer Wörterbücher. Sie ordnen die Geräte den Kochhandlungen zu. | | Wörterbücher der TN |
| 1c | Paarweise oder in kleinen Gruppen besprechen die TN, was aus den Zutaten zubereitet werden kann und welche Zutaten ihnen dazu noch fehlen würden. Einzelne Ideen werden anschließend im Plenum vorgestellt. | ▶ **Interkulturelle Perspektive:** KL kann die Aufmerksamkeit auch auf die Frage nach Nahrungstabus lenken, also auf Lebensmittel, die in einem Kulturraum bewusst nicht verzehrt werden oder als nicht essbar gelten. | |
| 1d | **Transfer:** TN klären die Redemittel im Kasten und tauschen sich über geschmackliche Vorlieben und mögliche Einschränkungen beim Essen aus. | ▶ **Lernerorientierung:** In Kursen, in denen schwerpunktmäßig das Schreiben trainiert werden soll, schreiben TN die Aussagen zuerst auf und berichten dann. | |
| | **Freie Anwendung:** In GA besprechen die TN, was eine Gruppe von Freunden mit unterschiedlichen Essgewohnheiten kochen kann. | ▶ **Spiele (Rollenspiel):** Ggf. nutzen die TN die Rollenkarten der Kopiervorlage. | Kopiervorlage 6b: „Rollenkarten – allergisch, vegetarisch usw." |

| | | | |
|---|---|---|---|
| 2a | **Präsentation:** TN lesen die Sätze 1–3. Die Aussagen werden zweimal, ggf. sogar dreimal vorgespielt, so dass die TN die Sätze korrigieren können. | ▶ **Hörverstehen (selektiv)**<br>**Lösung 2a:**<br>1. Karamellbonbons wurden immer im Sommer im Garten über einem Feuer zubereitet.<br>2. Assile hat früher zweimal in der Woche ihrer Mutter beim Brotbacken geholfen.<br>3. Michael bekam nur Leberkäse, wenn er krank war. | CD. Track 1.39–41 |
| 2b | **Verständnissicherung:** TN schreiben Fragen zu den Hörtexten auf Kärtchen. Diese werden gemischt und wieder ausgeteilt. Nach einem weiteren Hördurchgang beantworten die TN die Fragen. | ▶ **Methoden (Marktplatz):** TN gehen mit dem gezogenen Kärtchen im Kursraum umher und stellen einander Fragen. Hat der Partner / die Partnerin die Frage richtig beantwortet, so erhält er die Karte und stellt die Frage einer weiteren Person. | Kärtchen |
| 2c | **Freie Anwendung:** TN setzen sich in Gruppen zusammen und erzählen einander von Gerichten ihrer Kindheit. | ▶ **Hausaufgaben:** Falls TN einander um Rezepte der Lieblingsgerichte bitten, gibt KL dies als Hausaufgabe und teilt die Kopiervorlage aus. | Kopiervorlage 6c: „Mein Lieblingsgericht" |

**Lernziele:** TN können Restaurants vergleichen.
**Lerninhalte:** WS: Restaurant (*das Geschmackserlebnis, mediterrane Küche* etc.); GR: Deklination des Adjektivs ohne Artikel

| | TN-/KL-Aktivitäten | Hinweise (▶ führt zum didaktischen Glossar) | Material |
|---|---|---|---|
| 3a | **Einstieg:** KL überträgt die Liste an die Tafel und bittet die TN, ggf. weitere regionale Küchen zu ergänzen. TN kommen nach vorne und markieren, welche Küche ihnen bekannt ist und (ggf. in einer anderen Farbe), welche sie gerne mögen. | ▶ **Methoden (Punkten):** TN erhalten jeweils drei Klebepunkte zur Abstimmung über ihre Favoriten.<br>An dieser Stelle entwickelt sich möglicherweise ein Gespräch darüber, was die jeweiligen Küchen voneinander unterscheidet. | Klebepunkte |
| 3b | **Präsentation:** TN lesen die Anzeigen und äußern sich spontan, evtl. indem sie differenzieren *Mit meiner Freundin würde ich gerne ..., In der Mittagspause ...* | ▶ **Leseverstehen (global)** | |
| 3c | **Semantisierung:** TN suchen die angegebenen Wörter in den Anzeigen und überlegen, was ihnen bei der Bedeutungserschließung hilft (Kontext, Wortbildung, internationale Bedeutung). | ▶ **Wortschatzarbeit (Semantisierung):** TN nennen weitere Wörter aus den Anzeigen, deren Bedeutung sie aus dem Kontext, aus der Wortbildung oder aus der internationalen Bedeutung erschlossen haben. | |
| 3d | **Verständnissicherung:** Im Plenum werden die Aufgabenstellung und die Angaben zu den Personen gelesen und geklärt. Dann lesen die TN in EA die Anzeigen in 3b noch einmal mit dem Ziel, für jede der fünf beschriebenen Personen das passende Restaurant zu finden. | ▶ **Leseverstehen (selektiv)**<br>▶ **Prüfungsvorbereitung:** Die Aufgabe bereitet auf den Teil „Lesen 1" im *Goethe-Zertifikat B2* vor. Sie prüft die Fähigkeit zur raschen und gezielten Entnahme von relevanten Informationen aus einer größeren Menge von Einzeltexten.<br>**Lösung 3d:**<br>1 – C, 2 – X, 3 – D, 4 – E, 5 – B | |

| | | | |
|---|---|---|---|
| 4a | **Bewusstmachung/Systematisierung:** TN sammeln (am besten in einer Tabelle an der Tafel) Adjektive.<br>KL lenkt dann die Aufmerksamkeit auf die Spalte „ohne Artikel" und lässt die TN überlegen, welche Einträge im Singular, welche im Plural stehen. Er/Sie erläutert, dass die artikellose Deklination im Singular bei unbestimmten Mengenbegriffen vorkommen kann. Dazu gehören Flüssigkeiten, Materialangaben (*reines Wasser, heißes Öl, frisches Brot*), aber auch Eigenschaften und Gefühle (*große Sorgfalt, heftiges Heimweh*). | ▶ **Grammatik (Deklination des Adjektivs ohne Artikel):** Den TN ist bekannt, dass der unbestimmte Artikel im Plural entfällt (*ein gehobener Genuss – gehobene Genüsse*). Neu ist die Deklination ohne Artikel im Singular.<br>Beispiele in den Anzeigen für die Deklination ohne Artikel im Singular:<br>Anzeige A: mit großer Sorgfalt<br>Anzeige B: guten Grappa, in geschmackvollem Ambiente, in hoher Qualität<br>Anzeige D: in bewährter Top-Qualität, würzige Currywurst<br>Anzeige E: mit frischem Fladenbrot<br>Die Endung des Adjektivs entspricht der des bestimmten Artikels (mit Ausnahme von Genitiv maskulin und neutrum *-en*).<br>Zur weiteren Bewusstmachung und stark gesteuertem Üben zieht KL die Kopiervorlage hinzu. | Kopiervorlage 6d: „Frische Milch – Deklination ohne Artikel im Singular" |
| 4b | **Üben:** TN ergänzen den passenden Artikel bzw. markieren, wo kein Artikel vorkommt. Gemeinsam werden die Sätze analysiert und zu den Sätzen 1–6 jeweils das Gegenbeispiel gesucht.<br>**Beispiel:**<br>Hier gibt es geräucherten Schinken. (unbestimmt)<br>Der geräucherte Schinken von Metzgerei Schmitz ist besonders lecker. (bestimmt durch die Angabe „Metzgerei Schmitz") | **Lösung 4b:**<br>1. Hier gibt es – geräucherten Schinken und – frisches Brot.<br>2. Ich brauche jetzt **einen** starken Kaffee.<br>3. **Der** milde Geschmack des Käses überzeugt jeden!<br>4. Die mit – großer Liebe gebackenen Kuchen sind fantastisch.<br>5. Bringen Sie uns bitte noch **die** pikanten Fleischbällchen.<br>6. Haben Sie auch – selbstgemachte Pasteten? | |
| 4c + d | **Transfer:** TN ergänzen die Adjektive und schreiben selbst eine SMS. | **(mögliche) Lösung 4c:**<br>leckere Pasta; nette Bedienung; tolles Essen; gute Musik; interessante Leute | |
| 5 | **Freie Anwendung:** In GA überlegen sich die TN Kriterien zur Beurteilung eines Restaurants. Sie entwerfen ihr ideales Restaurant, geben diesem einen Namen und schreiben eine Anzeige wie in 3b. Jede Gruppe präsentiert ihren Anzeigentext im Plenum. | KL bittet ggf. die TN, sich zu überlegen, was sie an einem Restaurant so richtig unangenehm finden.<br>▶ **Sprechen (Präsentation von Gruppenergebnissen):** TN schreiben ggf. ihre Anzeige auf einen Flipchartbogen und hängen diesen im Unterrichtsraum auf. So kann dann auch eine gemeinsame Fehlerkorrektur erfolgen. | Flipchartpapier |
| | **Projekt – Freie Anwendung:** In GA (ggf. unter Nutzung der Kopiervorlage) wird ein Restaurantführer für die lokalen Restaurants erstellt. | KL verweist auf die in 5 aufgelisteten Kriterien für die Bewertung. | Kopiervorlage 6e: „Restaurantführer" |

**Lernziele:** TN können Waren bestellen, entgegennehmen, reklamieren.
**Lerninhalte:** WS: Tätigkeiten im Beruf „Koch/Köchin" (*den Speiseplan zusammenstellen, Bestandskontrollen durchführen etc.*), WS/Redemittel: Bestellung, Warenannahme, Reklamation (*die Alternative, vereinbaren, Da muss ein Missverständnis vorliegen.* etc.); GR: konsekutive Nebensätze (Nebensätze der Folge)

| | TN-/KL-Aktivitäten | Hinweise (▶ führt zum didaktischen Glossar) | Material |
|---|---|---|---|
| 6a | **Einstieg:** Im Plenum sammeln die TN berufsspezifische und allgemeine Kompetenzen eines Kochs / einer Köchin und ordnen sie in einer Tabelle an der Tafel. | ▶ **Berufsorientierung**<br>▶ **Neue Medien (Video):** Zum Einstieg kann KL auch ein Video ohne Ton zeigen, z. B. eines der Informationsvideos der Arbeitsagentur, www.berufe.tv/BA/ausbildung/?filmID=1000030. | |

| | | | |
|---|---|---|---|
| 6b | **Präsentation:** TN hören das Interview mit einer Auszubildenden zweimal und ergänzen während des Hörens und im Anschluss die Tabelle. | ▶ **Hörverstehen (selektiv)** | CD: Track 1.42 |
| 6c | **Semantisierung:** Paarweise ordnen die TN Nomen und Verben zu und bilden zu jeder Nomen-Verb-Verbindung einen Beispielsatz. | **Lösung 6c:**<br>1 – e, 2 – h, 3 – c, 4 – i, 5 – b, 6 – g, 7 – a, 8 – d, 9 – f<br>▶ **Lernerorientierung:** Bei Interesse kann die Frage nach berufsspezifischen und allgemeinen Kompetenzen auch zu anderen Berufen gestellt werden. | |
| 7a | **Bewusstmachung und Üben:** TN analysieren die Beispiele im Grammatikkasten. Sie ordnen dann die Sätze 1–5 den Sätzen a–e zu und bilden zuerst Sätze mit *so … dass* (*so* wird dabei übertrieben betont, um die Intonation zu verdeutlichen) und anschließend Sätze mit *sodass*. | ▶ **Grammatik:** *So* steht dann im Hauptsatz, wenn sich der Nebensatz nicht auf die Gesamtaussage des Hauptsatzes, sondern auf ein Satzglied des Hauptsatzes bezieht.<br>**Beispiel:**<br>**Hauptsatz** \| **Nebensatz**<br>Es war **so** heiß, \| **dass** ich ein kühles Bier trank.<br>= Betonung des Adjektivs/Adverbs im Hauptsatz<br>Es war heiß, \| **sodass** ich ein kühles Bier trank.<br>= Betonung der Folge<br>**Lösung 7a:**<br>1 – c, 2 – d, 3 – e, 4 – a, 5 – b | |
| 7b | **Üben:** Je nach Gruppengröße im Plenum oder in GA wird der Konsekutivsatz nun anhand des Kettenspiels eingeübt. | ▶ **Spiele (Kettenspiel)** | |
| | **Einstieg:** KL fragt TN, welche Situationen sie kennen, in denen man Waren entgegennimmt, kontrolliert und ggf. reklamiert. | | |
| 8a | **Präsentation:** TN lesen die Anweisung, hören den Hörtext ein erstes Mal und beantworten die Fragen. Sie vergleichen ihre Ergebnisse in PA und hören das Telefongespräch noch einmal zur Kontrolle. | ▶ **Hörverstehen (selektiv)**<br>**Lösung 8a:**<br>Karina bestellt am Telefon 30 Filets fangfrischen Lachs, 10 Kilo Möhren, 2 Kisten reife Tomaten, 10 Salatgurken, 10 Salatköpfe und 2 Liter Sahne in Flaschen. Die Waren sollen bis 10 Uhr am folgenden Vormittag geliefert werden. | CD: Track 1.43 |
| 8b | **Verständnissicherung:** TN lesen die Anweisung sowie die handschriftlichen Einträge im Bestellschein und hören den Text noch einmal, ggf. auch ein weiteres Mal. Sie notieren, welche Informationen falsch notiert wurden oder fehlen, und vergleichen mit dem Partner / der Partnerin. | ▶ **Hörverstehen (detailliert):** Um herauszufinden, worin das Missverständnis besteht, müssen die TN sehr genau zuhören.<br>**Lösung 8b:**<br>Falsche Information: Die Köchin hat keine Lachssteaks bestellt, sondern Lachsfilets.<br>Fehlende Information: Karina hat außerdem noch 2 Liter Sahne in Flaschen bestellt. | |
| 8c | **Präsentation:** Im Folgegespräch bei der Lieferung der Waren klärt sich auf, was schiefgelaufen ist. TN vergleichen mit ihren Notizen. | ▶ **Hörverstehen (selektiv)**<br>**Lösung 8c:**<br>Die Lieferung kommt zwei Stunden zu spät. Der Händler hat die Sahne vergessen und bringt Lachssteaks statt Lachsfilets. Die gelieferten Tomaten sind noch nicht reif. | CD: Track 1.44 |
| 8d | **Verständnissicherung:** Die aufgelisteten Redemittel müssen mithilfe des Hörtexts der Köchin bzw. dem Händler zugeordnet werden. | ▶ **Hörverstehen (selektiv)**<br>**Lösung 8d:**<br>1 – H, 2 – K, 3 – H, 4 – H, 5 – K, 6 – H, 7 – H, 8 – H, 9 – H, 10 – K, 11– K, 12– K, 13 – K, 14 – H, 15 – K | |
| 8e | **Transfer:** In PA werden nun Dialoge zu den Situationen geschrieben und im Rollenspiel geübt. | ▶ **Schreiben (Dialoge)**, ▶ **Spiele (Rollenspiel)** | |

# Eine Frage des Geschmacks

**Lernziele:** TN können Verhandlungsstrategien besprechen und anwenden. Sie können telefonisch Informationen zu einer Stellenanzeige einholen.
**Lerninhalte:** WS: Verhandlungsstrategien (*der Verhandlungsgrundsatz, der Verhandlungspartner* etc.)

| | TN-/KL-Aktivitäten | Hinweise (▶ führt zum didaktischen Glossar) | Material |
|---|---|---|---|
| 9a | **Einstieg:** In kleinen Gruppen tauschen sich die TN über die Begriffe und ihre Beziehung zum Thema „Verhandeln" aus. | ▶ **Methoden (Wortigel):** KL kann auch Papierbögen mit Wortigeln zu jedem der Begriffe vorbereiten und an unterschiedlichen Plätzen im Raum auslegen/aufhängen. TN gehen von Wortigel zu Wortigel und schreiben Wörter und Sätze zum Thema „Verhandeln" auf. | 6 Papierbögen |
| 9b | **Präsentation:** TN lesen die Texte und fassen die beschriebenen Strategien in kurzen Überschriften zusammen. Vergleich im Plenum. | ▶ **Leseverstehen (global):** Damit die TN wirklich überfliegend lesen, gibt KL eine Zeit von zwei Minuten vor.<br>**(mögliche) Lösung 9b:**<br>Strategie 1: Verlangen Sie viel!<br>Strategie 2: Reden ist Silber, Schweigen ist Gold.<br>Strategie 3: Wer fragt, gewinnt!<br>Strategie 4: Vergessen Sie den *Small Talk* nicht! | |
| 9c | **Verständnissicherung:** Für die Zuordnungsaufgabe werden die Texte noch einmal gelesen. TN können sich noch einmal vergewissern, dass sie die Texte und die vorgestellten Strategien richtig verstanden haben. | ▶ **Leseverstehen (selektiv)**<br>**Lösung 9c:**<br>A – 4, B – 1, C – 3, D – 2 | |
| 9d | **Transfer:** Zunächst werden die Redemittel gelesen und anhand von Beispielen konkretisiert. Anschließend berichten die TN – ggf. in GA – über ihre Erfahrungen mit Verhandlungsstrategien. | ▶ **Interkulturelle Perspektive:** Je unterschiedlicher die Herkunftsländer der TN sind, desto interessanter wird dieser Austausch voraussichtlich sein. In national homogenen Kursen können TN auch von Erfahrungen berichten, die sie im Ausland gemacht haben. | |
| 9e | **Freie Anwendung:** TN bilden zwei Gruppen, die der Händler und die der Käufer. Die Händler erhalten einige Minuten Zeit, um ihr Angebot auf Kärtchen zu schreiben und diese vor sich aufzustellen. Die Käufer nutzen die Zeit, um eine Einkaufsliste zu erstellen. Dann spielen Käufer und Händler Verhandeln, bis beide mit dem Preis zufrieden sind. | ▶ **Spiele (Rollenspiel):** Eine Marktsituation, bei der verschiedene Händler ihre Waren anbieten und mit den Käufern in Verhandlung treten, wird im Kurs nachgestellt. | Kärtchen |
| 10a | **Präsentation/Semantisierung:** TN lesen die Anzeige und klären neue Wörter mithilfe ihrer Wörterbücher. Sie wiederholen die neuen Wörter in der vorgestellten Weise. | ▶ **Effektiv lernen (Wortschatzkarten):** Um neuen Wortschatz zu lernen, schreiben die TN die Wörter auf Kärtchen und Erklärungen bzw. Umschreibungen jeweils auf die Rückseite. Die Karten werden gemischt. Jede/r TN zieht nun eine Karte. Er/Sie hält die Karte so, dass er/sie das Wort lesen kann. Er muss dem Partner / der Partnerin das Wort erläutern, dabei liest der Partner / die Partnerin die Erläuterung mit und korrigiert, wenn nötig. | Wörterbücher der TN |
| 10b | **Üben:** TN ordnen die Dialogteile zu und üben in PA den Dialog. | TN können dazu den Schnipseltext (Kopiervorlage) nutzen.<br>**Lösung 10b:**<br>1 – d, 2 – a, 3 – b, 4 – e, 5 – c | Kopiervorlage 6f: „Schnipsel-Dialog" |
| 10c | **Transfer:** Dieselben Paare wählen anschließend eine Situation und spielen den Dialog. | ▶ **Binnendifferenzierung:** Paare, die schneller fertig sind, spielen auch den zweiten Dialog und überlegen sich ggf. weitere Situationen. | |

Üben: TN schreiben eine Bestellung als Diktat.
*Sehr geehrte Damen und Herren, /*
*hiermit bestellen wir folgende Artikel / aus Ihrem Küchensortiment: /*
*- einen Mixer Marke Industrie zu 62,95 € /*
*- eine Küchenwaage 20 Kilogramm zu 50,- € /*
*- 2 Backbleche zu je 25,- € /*
*- 3 Schälmesser Keramik zu je 20,- € /*
*- 10 Pfeffermühlen, Acryl, klein zu je 7,99 € /*
*Wir bitten um Lieferung bis zum 23.05. / an unser Restaurant in Detmold, Bahnhofstr. 95. /*
*Bitte schicken Sie uns eine Bestellbestätigung. /*
*Mit freundlichen Grüßen*

▶ Diktate; ▶ Schreiben (Geschäftsbriefe)

# Raststätte

**Wiederholung:** Wortschatz von *Berliner Platz 4 NEU,* Kap. 4–6, berufsbezogener Wortschatz zu Kap. 1–6

| | TN-/KL-Aktivitäten | Hinweise (▶ führt zum didaktischen Glossar) | Material |
|---|---|---|---|
| 1a | **Einstieg:** In GA betrachten TN die Fotos und notieren zu diesen so viele Wörter bzw. kurze Sätze wie möglich. | ▶ **Methoden (Wirbelgruppen):** Es werden gleich große Gruppen zu den Fotos gebildet, die Wörter zu den Bildern notieren. Danach werden die Gruppen neu gebildet, sodass in jeder Gruppe mindestens ein Mitglied aus jeder der Ursprungsgruppen ist. Nun tauschen sich TN über die Ergebnisse ihrer ursprünglichen Gruppen aus. | |
| 1b | **Üben:** TN blättern in den Kapiteln 4–6 und schreiben jeweils 18 Wörter auf, die sie schwer zu lernen finden. TN lesen die Spielanleitung. Wenn alle Schritte verstanden sind, werden Vierergruppen gebildet. TN spielen wie vorgegeben. | ▶ **Effektiv lernen:** Auch für das selbstständige Wörterlernen ist diese spielerische Form, Wörter zu lernen, eine nützliche Strategie. KL verweist auf den Lerntipp-Kasten. | 2 Blätter Papier pro Gruppe |
| 2a | **Freie Anwendung:** TN wählen eine der vorgestellten Methoden zum Erstellen eines Wortbildes und kreieren das Bild in GA. | Hier geht es nun um kreative Verfahren zur Wiederholung des berufsbezogenen Wortschatzes der Kapitel 1–6. KL stellt dafür nötige Materialien (dicke Stifte etc.) zur Verfügung.<br>▶ **Neue Medien (Wortwolken):** Stehen die technischen Möglichkeiten zur Verfügung, so erstellen die TN ein Wortbild im Internet mithilfe eines Wortwolken-Werkzeugs (z. B. www.tagxedo.com, das aber leider nur auf Englisch vorliegt). | Flipchartpapier, dicke Stifte, buntes Papier, Scheren, Klebstoff<br>PC, Internetanschluss, Beamer |
| 2b | Gemeinsam (je nach Kursgröße in der Gesamtgruppe oder in kleineren Untergruppen) wird ein großes Wortbild zu den eigenen beruflichen Zielen und Wünschen erstellt und nach Möglichkeit im Kursraum aufgehängt. | ▶ **Schreiben (kreatives Schreiben):** Für das Wortbild kann sowohl geschrieben als auch gemalt/gezeichnet werden. Auch eine Collage aus alten Zeitschriften ist denkbar. KL weist darauf hin, dass der Kreativität keine Grenzen gesetzt sind. | große Bögen Papier, alte Zeitschriften |

**Lesen:** Gedichte; **Sprechen:** Interviews zum Thema „Schenk dir …", ein Gedicht vortragen

| | TN-/KL-Aktivitäten | Hinweise (▶ führt zum didaktischen Glossar) | Material |
|---|---|---|---|
| | **Einstieg:** KL zeigt am OHP die Doppelseite.<br>TN stellen Vermutungen an, um was es auf dieser Doppelseite geht. | | Kopiervorlage Raststätte 2a: „Schenk dir …" |
| 3a | **Präsentation:** TN hören und lesen dann zunächst die Zitate und Gedichte. KL spielt die Gedichte evtl. zweimal vor. Danach sprechen die TN in GA darüber, was die Gedichte gemeinsam haben.<br>Jede/r TN schreibt auf einen Zettel „Schenk dir …" und ergänzt ein Substantiv. Er/Sie heftet den Zettel mit einer Wäscheklammer einem/einer anderen TN auf den Rücken. Die TN laufen nun herum und befragen sich gegenseitig nach den Substantiven. Sie erklären einander die Wörter, ohne sie zu nennen. | ▶ **Landeskunde (deutsche Lyrik):** Die Lyrik ist in der deutschen Literatur von großer Bedeutung. TN, die mehr über deutsche Lyrik wissen oder selbst deutsche Gedichte lesen möchten, kann der/die KL auf diese Internetseite hinweisen: www.deutschelyrik.de.<br>▶ **Hörverstehen (selektiv)**<br>**(mögliche) Lösung 3a:**<br>Ruhe, Entspannung, Zeit, Freizeit | CD: Track 1.45–47<br>Wäscheklammern |
| 3b | **Gespräch zum Text:** TN sprechen darüber, welches Gedicht ihnen am besten gefällt. Sie äußern ihre Meinung und begründen sie. | ▶ **Methoden (Aquarium)** | |

| | | | |
|---|---|---|---|
| 3c | **Transfer:** TN erstellen in PA gemeinsam einen Interviewleitfaden zum Thema der Doppelseite. | Bei Zeitdruck nutzt KL die Kopiervorlage mit dem Interviewleitfaden. | Kopiervorlage Raststätte 2b „Interviewleitfaden" |
| 3d | **Freie Anwendung:** Die TN machen Interviews im Kurs. Jede/r TN fragt mindestens drei andere TN. Am Ende berichtet jede/r über einen interessanten Aspekt aus seinen/ihren Interviews. | ▶ **Methoden (Marktplatz)** | |
| 4a | **Präsentation:** TN wählen das Gedicht aus, das sie gerne vortragen möchten. Sie hören alle Gedichte noch einmal und markieren in den Gedichten die Betonung. Sie markieren auch schwierige Wörter. | ▶ **Aussprache (Intonation):** Bei W-Fragen und Aussagesätzen wird die Stimme am Satzende gesenkt. Zwischen Haupt- und Nebensätzen wird eine Pause gemacht. Bei Ja-/Nein-Fragen hebt der Sprecher am Satzende seine Stimme. Möchte der Sprecher W-Fragen einen freundlichen Ton geben, dann kann er auch hier die Stimme heben. | CD: Track 1.45–47 |
| 4b | **Üben:** Nun bilden alle TN, die das gleiche Gedicht gewählt haben, eine Gruppe. In der Gruppe üben sie das Gedicht vorzutragen, die anderen geben Feedback. | ▶ **Leseverstehen (Vorlesen):** KL macht (ggf. unter Nutzung der Kopiervorlage) die TN mit den fünf Regeln zum guten Vortragen vertraut:<br>– Nicht sofort mit dem Lesen beginnen. Abwarten, bis das Publikum aufmerksam ist.<br>– Versuchen, laut, deutlich und mit klarer, fester Stimme zu lesen. Eher zu langsam als zu schnell sprechen.<br>– Stimme variieren, Redepausen einplanen.<br>– Blickkontakt halten.<br>– Zuhörer ansehen, versuchen festzustellen, wie das Vortragen auf die Zuhörer gewirkt hat.<br>▶ **Sprechen:** Jeder TN bekommt die Aufgabe, beim Vortrag eines TN darauf zu achten, ob die fünf Regeln eingehalten wurden. Im Anschluss bekommt der vortragende TN von allen TN eine konstruktive Rückmeldung zu seinem Vortrag. | Kopiervorlage Raststätte 2c: „5 Regeln zum guten Vortragen" |
| 4c | **Freie Anwendung:** KL bittet TN, ein Gedicht in der Sprache ihrer Wahl für die nächste Stunde mitzubringen. In dieser wird dann eine Vorlesestunde organisiert. Die TN tragen ihr Gedicht vor. Wenn es in einer Sprache ist, die anderen TN unbekannt ist, erklären sie den Inhalt auf Deutsch. Sie begründen, warum sie dieses Gedicht ausgewählt haben. Die anderen TN stellen Fragen. | ▶ **Sprachenvielfalt** | |

**Prüfungsvorbereitung:** *telc Deutsch B1+ Beruf* (Mündlicher Ausdruck 2: Gespräch über ein Thema), *Goethe-Zertifikat B2* (Sprechen 1: monologisches Sprechen über ein Thema)

| | TN-/KL-Aktivitäten | Hinweise (▶ führt zum didaktischen Glossar) | Material |
|---|---|---|---|
| 5a | **Lesen und berichten:** TN lesen sorgfältig die Arbeitsanweisung. Gemeinsam werden die Redemittel durchgesprochen. Anschließend liest jede/r der beiden Partner/innen den eigenen Text und betrachtet die dazugehörenden Fotos. Danach werden gemeinsam die Tipps auf S. 79 gelesen. TN A fängt an und berichtet, wovon der Text handelt. TN B hört erst zu und berichtet dann vom eigenen Text. Dabei benutzt er/sie die Redemittel zur Gegenüberstellung der Texte.<br>Ggf. werden die Tipps wiederholt. Haben die TN die Tipps beachtet? | ▶ **Prüfungsvorbereitung (*telc Deutsch B1+ Beruf*):** Beim mündlichen Teil der *telc Deutsch B1+ Beruf*-Prüfung müssen zwei Gesprächspartner in PA drei Aufgaben lösen. Im Teil 2, um den es hier geht, erhalten die Partner unterschiedliche Texte. Sie sollen dem Partner / der Partnerin berichten, wovon ihr Text handelt, ihre persönliche Meinung zum Text äußern und über das angesprochene Thema diskutieren. Anders als bei den schriftlichen Teilen der Prüfung, die selbstständig eingeübt werden können, sollten die TN für diesen Prüfungsteil zusammen mit einem/einer anderen TN trainieren. | |
| 5b | **Diskussion:** Auch hier werden erst die Redemittel, die in der anschließenden Diskussion helfen, gelesen und erklärt. Darauf diskutieren die Partner/Partnerinnen über das Thema. | Beim Prüfungstraining im Unterricht schreibt KL die Tipps auf einen Flipchart-Bogen oder an die Tafel und weist während der Bearbeitung der Seiten auf den entsprechenden Tipp hin. | Flipchartpapier |
| 6 | **Sprechen:** Im Plenum werden die Arbeitsanweisung und die Fragen gelesen. Die TN üben paarweise. Jede/r liest seinen/ihren Text und präsentiert ihn dem Gesprächspartner / der Gesprächspartnerin unter Beachtung der drei Fragen. | ▶ **Prüfungsvorbereitung (*Goethe-Zertifikat B2*):** Diese Aufgabe bereitet auf das *Goethe-Zertifikat B2* ("Sprechen 1") vor. Sie prüft die Fähigkeit, sich mündlich frei auszudrücken. Die TN sollen einen kurzen Text zusammenfassen, Beispiele aus ihrer eigenen Erfahrung geben und zum Text Stellung nehmen. | |

# Testtraining 2

**Prüfungsvorbereitung:** *telc Deutsch B1+ Beruf* (Leseverstehen 1: Geschäftsbriefe, Leseverstehen 3: Anzeigen, Hörverstehen 1: Aussagen, Hörverstehen 3: Informationstexte, Sprachbausteine 1); *Goethe-Zertifikat B2* (Lesen 2: Zeitungsartikel, Schreiben: Briefkorrektur)

| | TN-/KL-Aktivitäten | Hinweise (▶ führt zum didaktischen Glossar) | Material |
|---|---|---|---|
| LV<br>P B1+ | **Lesen (Globalverstehen):** Die TN lesen zuerst die zehn Formulierungen für den Betreff (a–j). Danach lesen Sie die fünf Texte und ordnen den jeweils passenden Betreff zu. | ▶ **Prüfungsvorbereitung (*telc Deutsch B1+ Beruf*):** Diese Aufgabe dient zur Vorbereitung auf den Prüfungsteil „Leseverstehen 1" der Prüfung *telc B1+ Beruf.* Für jede richtige Lösung gibt es 5 Punkte. Insgesamt können 25 Punkte erreicht werden.<br>**Lösung LV:**<br>1 – a, 2 – g, 3 – d, 4 – e, 5 – b | |
| LV<br>P B1+ | **Lesen (selektives Verstehen):** Die TN lesen zuerst die zehn Situationen und markieren Schlüsselwörter. Danach lesen sie die Anzeigen und ordnen zu. Jede Anzeige darf nur einmal benutzt werden. Nicht zu allen Situationen findet man eine passende Anzeige. | Diese Aufgabe dient zur Vorbereitung auf den Prüfungsteil „Leseverstehen 3" der Prüfung *telc Deutsch B1+ Beruf.* Für jede richtige Lösung gibt es 2,5 Punkte. Insgesamt können 25 Punkte erreicht werden.<br>**Lösung LV:**<br>1 – x, 2 – j, 3 – k, 4 – h, 5 – b, 6 – f, 7 – a, 8 – d, 9 – e, 10 – x | |
| LV 2<br>P B2G | **Lesen (Detailverstehen):** Die TN lesen zuerst die fünf Fragen und unterstreichen Schlüsselwörter. Dann lesen sie den Text und lokalisieren die Schlüsselwörter der Fragen im Text und markieren die entsprechende Stelle. Beim zweiten Lesen vergleichen die TN die lokalisierten Schlüsselwörter des Textes mit den Items a, b, c jeder Aufgabe und finden die entsprechende Lösung. | ▶ **Prüfungsvorbereitung (*Goethe-Zertifikat B2*):** Die Aufgabe 2 im Teil „Lesen" der Prüfung *Goethe-Zertifikat B2* prüft das Verstehen eines informativen Textes hinsichtlich der enthaltenen Hauptaussagen sowie die Fähigkeit zur gezielten Entnahme von wichtigen Einzelheiten. Die Items folgen in der Anordnung dem Textaufbau. Für jede richtige Lösung gibt es 1 Punkt, insgesamt können TN hier also 5 Punkte bekommen.<br>**Lösung LV:**<br>1 – b, 2 – a, 3 – c, 4 – c, 5 – b | |
| HV<br>P B1+ | **Hören (Globalverstehen):** TN lesen zuerst die Aussagen. Dazu haben sie 30 Sekunden Zeit. Dann hören sie die Aussagen einmal und entscheiden, ob sie richtig oder falsch sind. | ▶ **Prüfungsvorbereitung (*telc Deutsch B1+ Beruf*):** In Aufgabe 1 des Teils „Hörverstehen" *von telc Deutsch B1+ Beruf* hören die TN Aussagen von fünf Personen. Die Texte werden nur einmal gehört. Für jede richtige Lösung gibt es 5 Punkte, insgesamt können TN hier also 25 Punkte bekommen.<br>**Lösung HV:**<br>1 – +, 2 – –, 3 – +, 4 – –, 5 – – | CD: Track 3.33–37 |
| HV<br>P B1+ | **Hören (selektives Verstehen):** TN hören fünf kurze Texte, zu denen sie Richtig/Falsch-Aufgaben lösen müssen. | Im Prüfungsteil „Hörverstehen 3" der Prüfung *telc Deutsch B1+ Beruf* sollen TN zeigen, dass sie selektiv Inhalte eines gehörten Textes und die Funktion seiner Aussagen verstehen. Auch hier können die TN maximal 25 Punkte bekommen. Der Hörtext wird zweimal abgespielt.<br>**Lösung HV:**<br>1 – +, 2 – –, 3 – +, 4 – +, 5 – + | CD: Track 3.38–42 |
| SB<br>P B1+ | **Sprachbausteine:** TN lesen die Anweisung und den Text. Sie entscheiden, welche der Antworten aus den Dreier-Multiple-Choice-Optionen in die Lücken passen. | Um das Einbetten von grammatischen und lexikalischen Bausteinen in berufssprachliche Textzusammenhänge geht es im Prüfungsteil „Sprachbausteine 1" der Prüfung *telc Deutsch B1+ Beruf.* Je Aufgabe gibt es 1,5 Punkte; insgesamt kann man also 15 Punkte erhalten.<br>**Lösung SB:**<br>1 – c, 2 – b, 3 – b, 4 – c, 5 – b, 6 – c, 7 – a, 8 – c, 9 – b, 10 – c | |

| | | | |
|---|---|---|---|
| SA<br>P B2G | **Schreiben (Briefkorrektur):** TN lesen die Aufgabenstellung. In einem Brief müssen zehn Fehler gefunden und korrigiert werden. Sie arbeiten nach dem vorgegebenen Muster und schreiben die Korrekturen an den Rand. | Der Testteil „Schreiben 2: Korrektur" der Prüfung *Goethe-Zertifikat B2* prüft, wie weit die TN syntaktische und semantische Fehler in einem vorgegebenen Brief erkennen und korrigieren können.<br>**Lösung SA:**<br>1. habe ich; 2. in der; 3. zu mir passt; 4. Jahre; 5. Seit; 6. verheiratet; 7. interessiert; 8. Kinder fördern; 9. meiner; 10. Meinen | |
| | Im Plenum werden nun die Ergebnisse besprochen. TN notieren die erreichte Punktzahl. Sie tauschen sich darüber aus, was sie noch üben müssen. | ▶ **Hausaufgaben:** Das Testtraining kann auch selbstständig bearbeitet werden. Dann werden im Kurs nur die Ergebnisse verglichen. | |

# Handel im Wandel 7

**Thematische Schwerpunkte:** Wirtschaft, Welthandel im Netz, Deutsche Post (DHL), schriftliche Beschwerden

## Lernziele

**Die TN können**

- über verschiedene Formen des Handels sprechen
- mündliche Aussagen zur Arbeit im Handel verstehen
- einen Text über Welthandel im Netz verstehen
- ein Unternehmensporträt verstehen
- Aufträge und Bitten verstehen
- einen Beschwerdebrief schreiben
- ein Beratungsgespräch führen

## Lerninhalte

**Wortschatz/Redemittel:**

- Handel *(die Ware, der Export, der Import* etc.*)*
- Bank und Börse *(riskant, der Kredit, der Wechselkurs* etc.*)*
- Wirtschaft allgemein *(die Globalisierung, der Konzern, die Weltwirtschaft* etc.*)*
- Welthandel im Internet *(der Internetauftritt, die kulturelle Flexibilität* etc.)
- Unternehmensporträt (*der Marktführer, die Logistikbranche* etc.)
- Schriftliche Beschwerden (*trotz wiederholter Mahnung/Aufforderung, nach Ihrer Aussage* etc.)
- Beratungsgespräche (*Womit kann ich Ihnen dienen? Der Vorteil dieses Modells ist, ...* etc.)

**Grammatik:**

- modale Nebensätze
- Partizipialkonstruktionen

**Lernziele:** TN können über verschiedene Formen des Handels sprechen und mündliche Aussagen zur Arbeit im Handel verstehen.
**Lerninhalte:** WS: Handel *(die Ware, der Export, der Import* etc.), Bank und Börse *(riskant, der Kredit, der Wechselkurs* etc.*)*, Wirtschaft allgemein *(die Globalisierung, der Konzern, die Weltwirtschaft* etc.*)*

| | TN-/KL-Aktivitäten | Hinweise (▶ führt zum didaktischen Glossar) | Material |
|---|---|---|---|
| 1a | **Einstieg:** TN sprechen allein oder in Gruppen über die Bilder, die sie interessieren, und sammeln mithilfe des Wörterbuchs Wortschatz dazu. | ▶ **Spielen (Wettbewerb):** Bei Gruppen, die Wettbewerbe mögen, kann KL hier ein Zeitlimit vorgeben und in GA thematisch passende Wörter sammeln lassen. Dabei bilden Vertreter aus den anderen Gruppen jeweils die Jury, die entscheidet, welche Wörter zum Thema gehören. | Wörterbücher der TN |
| 1b | **Semantisierung:** TN ordnen in GA die in 1a gesammelten Wörter und die Begriffe aus 1b den drei Themenbereichen zu. Mehrfachnennungen sind möglich. Im Plenum werden die Ergebnisse verglichen. | ▶ **Binnendifferenzierung:** Die Gruppe, die am schnellsten fertig ist, schreibt alle Wörter auf Kärtchen. Diese können dann gemeinsam im Plenum den Themenbereichen zugeordnet werden. | Kärtchen |

**(mögliche) Lösung 1b:**

| Handel | Bank/Börse | Wirtschaft allgemein |
|---|---|---|
| die Ware | der Kredit | die Webseite |
| der Import | riskant | die Globalisierung |
| der Export | der Wechselkurs | der Konzern |
| handeln | die Überweisung | die Weltwirtschaft |
| exportieren | die Aktie | die Produktion |
| die Frist | die Währung | das Finanzamt |
| der Rabatt | der Kurs | deklarieren |
| unterzeichnen | der Gewinn | der Konsum |
| die Geschäftsbeziehung | der Zins | die wirtschaftliche Lage |
| der Einzelhandel | die Börse | die Preiserhöhung |
| verhandeln | die Kontonummer | die Inflation |
| der Großhandel | die Summe | die Steuer |
| die Zollkontrolle | der Verlust | steuerfrei |
| der Zoll | | die Automatisierung |
| die Verhandlung | | |

| | | | |
|---|---|---|---|
| 1c | **Transfer:** TN formulieren in EA zu einem Themenbereich 3–5 Sätze. | ▶ **Methoden (stummer Dialog):** TN können auch in einen schriftlichen Dialog eintreten, indem sie ihre Sätze austauschen, gegenseitig kommentieren und die kommentierten Zettel wieder zurückgeben. | Zettel |
| 2a | **Präsentation:** Beim ersten Hören ordnen TN den fünf Aussagen die entsprechenden Bilder zu. | ▶ **Hörverstehen (global)**<br>**Lösung 2a:**<br>Bericht 1 – H, Bericht 2 – C, Bericht 3 – D, Bericht 4 – B, Bericht 5 – F | CD: Track 2.2–6 |
| 2b | **Verständnissicherung:** Vor dem zweiten Hören lesen TN die Fragen und entscheiden dann beim oder nach dem nochmaligen Hören, welche Aussagen richtig und welche falsch sind. Sie vergleichen im Plenum. | ▶ **Hörverstehen (selektiv)**<br>▶ **Prüfungsvorbereitung:** Die Aufgabe bereitet auf den Teil „Hörverstehen 1" der Prüfung *telc Deutsch B1+ Beruf* vor.<br>**Lösung 2b:**<br>1 – R, 2 – R, 3 – F, 4 – F, 5 – R | |
| 2c | TN sprechen über die Aussagen zu den Stichwörtern. Bei Bedarf können sie dazu die Texte nochmals hören. | **Lösung 2c:**<br>Frau Jusufis Onkel hatte Probleme wegen der hohen Inflationsrate. / Verhandeln ist eine Kunst, die Frau Jusufis Onkel bis zur Perfektion beherrschte. / Herr Siebert findet toll, was für Ideen manche Menschen haben. / Daniel Siebert berät Kunden bei der Finanzierung ihrer Firma. / Frau Muggenthaler musste bei einem großen Internethandel anrufen; sie sagt, da ging es zu wie in einem Callcenter. / Frau Muggenthaler findet es unbefriedigend, nicht individuell betreut worden zu sein – und das bei einer Firma, die mit ihrem persönlichen Service Werbung macht. / Herr Wieprecht sagt zu den Arbeitszeiten, dass es nach 18 Uhr und am Samstag problematisch ist, Mitarbeiterinnen zu bekommen. / Frau Plessen findet internationale Geschäftskontakte total spannend. | |
| 2d | **Transfer:** TN sammeln in PA Argumente und diskutieren, ob sie sich vorstellen können, in der Wirtschaft zu arbeiten und warum (nicht). | ▶ **Sprechen (Gespräch zum Text)** | |

**Lernziele:** TN können einen Text über Welthandel im Netz verstehen.
**Lerninhalte:** WS: Welthandel im Internet *(der Internetauftritt, die kulturelle Flexibilität* etc.); GR: modale Nebensätze

| | TN-/KL-Aktivitäten | Hinweise (▶ führt zum didaktischen Glossar) | Material |
|---|---|---|---|
| 3a | **Einstieg:** KL fragt TN, ob ihnen Unterschiede zwischen Webseiten in ihrer Kultur und deutschen Webseiten aufgefallen sind. TN sprechen im Plenum. KL schreibt die sechs Aspekte verteilt an die Tafel. TN äußern Vermutungen und notieren sie dazu. | ▶ **Neue Medien (Internet):** Ist ein internetfähiger PC im Kursraum vorhanden, so stellen TN Vergleiche anhand verschiedener Webseiten, die sie selbst gerne benutzen, an. | Internetfähiger PC, Beamer |
| 3b | **Präsentation:** TN lesen in EA erst einmal ohne Wörterbuch den Text. Im Plenum werden Verständnisfragen geklärt, Wörter nachgeschlagen und Vergleiche mit den Vermutungen angestellt. | ▶ **Leseverstehen (selektiv)**<br>▶ **Binnendifferenzierung:** TN, die vorpreschen und schnell mit 3b fertig sind, erhalten die Aufgabe, Fragen zum Text aufzuschreiben, die dann gemeinsam besprochen werden können. | Wörterbücher der TN |
| 3c | **Verständnissicherung:** TN lesen zuerst die Aufgaben und suchen dann im Text die richtigen Antworten. | ▶ **Leseverstehen (detailliert)**<br>▶ **Prüfungsvorbereitung:** Das Format der Aufgabe entspricht dem Teil „Lesen 2" der Prüfungen *Goethe-Zertifikat B2* und *telc Deutsch B2*.<br>**Lösung 3c:**<br>1 – b, 2 – c, 3 – a, 4 – c, 5 – a, 6 – b | |

| | | | |
|---|---|---|---|
| 3d | **Semantisierung:** TN ordnen – am besten erst einmal ohne Wörterbuch – den blauen Ausdrücken aus dem Text die entsprechenden Ausdrücke aus 3d zu. Bei Bedarf werden weitere Wörter geklärt. | ▶ **Wortschatzarbeit**<br>**Lösung 3d:**<br>2. flexibel sein; 3. Emotion; 4. lediglich; 5. etwas schätzen; 6. vertikal; 7. hervorrufen; 8. Effekte; 9. potenziell; 10. zuschneiden (auf); 11. mit einem Schlag; 12. sich zurechtfinden | Wörterbücher der TN |
| 4a | **Bewusstmachung:** TN suchen den ersten Satz als Beispiel gemeinsam und die weiteren Sätze in PA. Sie erkennen, wie die Sätze verbunden sind. KL notiert die Sätze an der Tafel. TN suchen weitere Beispiele im Text.<br>KL erläutert mithilfe der Grammatikübersicht auf Seite 89 die modalen Nebensätze und erklärt, dass diese auch, wie das Beispiel aus Zeile 71 ff., am Satzanfang stehen können. | ▶ **Grammatik:** Modale Nebensätze (Modalsätze) drücken aus, wie etwas (nicht) geschieht.<br>**Lösung 4a:**<br>1. indem; 2. dadurch, dass; 3. ohne dass; 4. ohne zu<br>Weitere Beispiele: Zeile 58: dadurch, dass; Zeile 70: indem | |
| 4b | **Üben:** TN bilden die modalen Nebensätze in EA und vergleichen zuerst in PA, dann im Plenum. | **(mögliche) Lösung 4b:**<br>1. Neue Kunden kann man nicht gewinnen, ohne zu investieren.<br>2. Kunden hält man, indem man ihnen gute Angebote macht.<br>3. Misserfolge in Geschäftsbeziehungen entstehen oft dadurch, dass man unbewusst die Werte einer fremden Kultur verletzt.<br>4. Wenn man Glück hat, macht man gute Geschäfte, indem man eine Marktlücke findet.<br>5. Man kann nicht gut verdienen, ohne dass man Werbung im Internet macht. | |
| 4c | **Transfer:** TN wenden die Modalsätze auf ihr eigenes Leben an. Sie schreiben drei Sätze, die auf sie persönlich zutreffen, ohne Namen auf einen Zettel. In dieser Phase geht KL herum, unterstützt und korrigiert. Die Zettel werden eingesammelt und gemischt. TN stehen auf und kommen zusammen. Jede/r zieht einen Zettel. TN suchen die Person, die den Zettel geschrieben hat, indem sie sich gegenseitig fragen. Zum Abschluss berichten TN im PL, was andere geschrieben haben: *Ich habe den Zettel von … Sie/Er …* | ▶ **Methoden (drei persönliche Sätze):** Die Zahl drei ist dabei nur ein Richtwert, schnelle TN können auch mehr, langsamere TN weniger Sätze schreiben. | ein Zettel pro TN |

**Lernziele:** TN können ein Unternehmensporträt verstehen. Sie können Aufträge und Bitten verstehen.
**Lerninhalte:** WS: Unternehmensporträt (*der Marktführer, die Logistikbranche* etc.)

| | TN-/KL-Aktivitäten | Hinweise (▶ führt zum didaktischen Glossar) | Material |
|---|---|---|---|
| 5a | **Einstieg:** TN tauschen sich in kleinen Gruppen darüber aus, wie in ihren Ländern Post verschickt wird. | TN tragen dabei Erfahrungen zusammen, die sie sowohl in ihrem Heimatland als auch in anderen Ländern gemacht haben.<br>▶ **Landeskunde (Post- und Paketdienste)** | |
| 5b | **Präsentation:** TN überfliegen den Text und ordnen die passende Textsorte zu. | ▶ **Leseverstehen (global)**<br>**Lösung 5b:**<br>B: Ein Unternehmensporträt | |

| | | | |
|---|---|---|---|
| 5c | **Verständnissicherung:** TN suchen in EA gezielt nach den Zahlen und Fakten und kontrollieren sich gegenseitig in PA. | ▶ **Leseverstehen (selektiv)**<br>**Lösung 5c:**<br>2. eigenständiger Versand von Dokumenten per Flugzeug von San Francisco nach Honolulu; dann stetige Vergrößerung des Netzwerks<br>3. Netzwerk verbindet über 220 Länder und Territorien in der Welt; einzigartiges Fachwissen<br>4. Anpassung an Kundenbedürfnisse; hervorragender Service; kundenspezifische Lösungen; Innovationen; ökologische Nachhaltigkeit; Flexibilität; Kooperationen mit Kunden und Partnern<br>5. Konzernmutter ist die Deutsche Post – DHL. Umsatz 2010 über 51 Milliarden Euro.<br>6. DHL nimmt an drei Programmen teil: GoGreen, GoHelp, GoTeach; unterstützt das gesellschaftliche Engagement der Mitarbeiter/innen | |
| 5d | **Semantisierung:** TN suchen zu den Formulierungen aus 5d die synonymen Formulierungen aus dem Text. | ▶ **Leseverstehen (detailliert)**<br>**Lösung 5d:**<br>1. Zeile 5: ist der globale Marktführer in der internationalen Express- und Logistikbranche.<br>2. Zeile 12–13: ..., bis es schließlich seine Kunden in jedem Winkel der Erde erreichte.<br>3. Zeile 31–32: Herzstück unseres Erfolgs sind unsere Mitarbeiterinnen und Mitarbeiter ...<br>4. Zeile 43–44: Die Mission von DHL Solutions & Innovations ist es, ...<br>5. Zeile 45–48: ... Logistiklösungen zu entwickeln, die ökologisch nachhaltig und flexibel sind und so die Herausforderungen der Zukunft meistern können.<br>Zeile 68–70: ... Beitrag für Menschen und Umwelt zu leisten ... GoGreen ...<br>6. Zeile 64: Als global tätiges Unternehmen ... | |
| 5e | **Semantisierung:** TN spielen mit den vorgegebenen Wörtern in Gruppen von 4 bis 5 Personen „Tabu". | ▶ **Spiele (Tabu)** | |
| 6 | **Präsentation:** TN lesen zuerst die Aufgaben und hören dann die Texte zweimal. | ▶ **Hörverstehen (selektiv)**<br>▶ **Prüfungsvorbereitung:** Die Aufgabe bereitet auf den Teil „Hörverstehen 3" der Prüfung *telc Deutsch B1+ Beruf* vor.<br>**Lösung 6:**<br>1 – F, 2 – F, 3 – F, 4 – R, 5 – F | CD: Track 2.7–11 |
| | **Projekt – Freie Anwendung:** TN wählen ein deutsches Unternehmen aus, das sie interessiert, recherchieren dazu und stellen es dann im Kurs vor. | ▶ **Projekte:** Sowohl die Sozialform als auch die Form der Präsentation sollte den TN dabei freigestellt werden. | |

**Lernziele:** TN können einen Beschwerdebrief schreiben/beantworten. Sie können ein Beratungsgespräch führen.
**Lerninhalte:** WS/Redemittel: Schriftliche Beschwerden (*trotz wiederholter Mahnung/Aufforderung, nach Ihrer Aussage* etc.), Beratungsgespräche: (*Womit kann ich Ihnen dienen? Der Vorteil dieses Modells ist, ...* etc.); GR: Partizipialkonstruktionen

| | TN-/KL-Aktivitäten | Hinweise (▶ führt zum didaktischen Glossar) | Material |
|---|---|---|---|
| | **Einstieg:** Im Plenum tauschen sich TN zur Frage aus, ob sie sich schon einmal beschwert haben und welchen Grund sie für die Beschwerde hatten. KL fragt auch, ob TN schon Beschwerdebriefe geschrieben oder beantwortet haben. | ▶ **Lernerorientierung:** Hier ist durchaus möglich, dass TN als Arbeitnehmer/innen Erfahrungen mit Kunden oder Patienten gemacht haben, die sich beschwerten. | |

**7**

**Präsentation/Verständnissicherung:** TN lesen in EA zuerst die Fragen, suchen in einem ersten Durchgang in dem Brief die Antworten darauf und vergleichen ihre Ergebnisse im Plenum. Beim zweiten Lesen erarbeiten sich TN neuen Wortschatz und erklären einander, welche Wörter für sie neu waren und was sie bedeuten.

▶ **Leseverstehen (global)**

**(mögliche) Lösung 7:**

1. Die Geschäftsführerin der Firma Ada Behagel Bauelektronikservice, Frau Ada Behagel, schreibt an die Firma BCD-Elektronik. Der Grund des Schreibens ist, dass ein bei BCD-Elektronik bestelltes Bauteil nicht geliefert wurde; Recherchen ergaben außerdem, dass bei der angeblich mit dem Versand beauftragten Firma DHL keinerlei Daten über einen entsprechenden Geschäftsvorgang vorliegen.
2. Frau Behagel möchte schnellstmöglich Ersatz für die verschwundene Ware, anderenfalls werde sie eine andere Firma beauftragen und der Firma BCD-Elektronik die entstehenden Kosten in Rechnung stellen.
3. Die Firma BCD-Elektronik sollte sofort Kontakt mit DHL und Frau Ada Behagel aufnehmen. Bei DHL sollte die Firma BCD-Elektronik nachforschen, was mit der Ware passiert ist. Bei Frau Behagel sollte sie sich entschuldigen und erklären, dass sie sich so schnell wie möglich um die Klärung des Problems bzw. um Ersatz kümmert.

---

**8a**

**Bewusstmachung:** TN analysieren zuerst in GA den Brief und identifizieren Standardelemente und häufig verwendete Formulierungen. Im Plenum werden die Ergebnisse zusammengetragen.

▶ **Schreiben (Geschäftsbriefe):** Standardelemente eines Beschwerdebriefs sind: Absenderadresse, Empfängeradresse, Datum, Betreff, Anrede, Text, Gruß, Unterschrift, evtl. Anlagen. Häufig verwendete Formulierungen finden sich in dem Brief und unter den Redemitteln auf Seite 88. Ein Muster findet sich unter www.muster-formular.de/beschwerdebrief/index.php.

Als zusätzliche Übung und Vorbereitung auf das Schreiben können anhand der Kopiervorlage zwei weitere Beschwerdebriefe zusammengesetzt werden.

Kopiervorlage 7a: „Schnipseltext – Beschwerdebriefe"

---

**8b**

**Transfer:** TN wählen eine der vorgegebenen Situationen aus (oder entscheiden sich für eine eigene) und schreiben den Beschwerdebrief. Sie tauschen die Briefe im Kurs und schreiben mögliche Antworten.

Als Unterstützung für das Schreiben der Antworten können TN vorab die Kopiervorlage bearbeiten.

Kopiervorlage 7b: „Redemittel Beschwerdebrief und Antwort"

---

**9a**

**Bewusstmachung/Systematisierung:** TN markieren in dem Brief die Formen von Partizip II und I. KL fragt, wie sie gebildet werden, und hält die Antwort an der Tafel fest. Anschließend überprüfen und rekapitulieren TN anhand der Tabelle auf S. 87 im Buch die Formen und deren jeweilige Bildung und Bedeutung.

▶ **Grammatik:** Partizip II und I kennen die TN schon aus der Grundstufe, hier wird es nochmals zusammenfassend dargestellt. Neu ist außerdem die Konstruktion mit *zu* beim Partizip I, die ein Modalverb (*sollen* oder *müssen*) ersetzt. Diese Struktur ist in berufsbezogenen Texten frequent.

**Lösung 9a:**

| Partizip II | Partizip I |
|---|---|
| das bei Ihnen [...] **gekaufte** [...] Ersatzteil<br>dieses **missglückten** Geschäftsvorgangs<br>Die [...] am Folgetag [...] **versandte** Ware<br>die original **verpackte** Ware<br>für die **verschwundene** Ware | das [...] zu **liefernde** Ersatzteil<br>die **entstehenden** Kosten |

| | | | |
|---|---|---|---|
| 9b | **Üben:** TN lösen in PA die Partizipien aus 9a in Relativsätze auf. Sie vergleichen ihre Ergebnisse im Plenum. | ▶ **Binnendifferenzierung:** TN, die schnell fertig sind, überlegen sich weitere Beispiele.<br>**Lösung 9b:**<br>dieses missglückten Geschäftsvorgangs = dieses Geschäftsvorgangs, der missglückt ist<br>die versandte Ware = die Ware, die versandt wurde<br>das dringend benötigte Ersatzteil = das Ersatzteil, das dringend benötigt wird<br>die original verpackte Ware = die Ware, die original verpackt wurde<br>die verschwundene Ware = die Ware, die verschwunden ist<br>die entstehenden Kosten = die Kosten, die entstehen | |
| 9c | **Üben:** TN schreiben – weiterhin in PA – nach den Vorgaben weitere Relativsätze. | **Lösung 9c:**<br>1. Die Lieferung meines Herds, den ich vor vier Wochen gekauft habe, ist bis heute nicht erfolgt.<br>2. Der Vertrag, den ich unterschreiben soll/sollte, liegt auf Ihrem Schreibtisch.<br>3. Der Betrag, den Sie zurückzahlen müssen, beläuft sich auf 2567 Euro.<br>4. Die Werkstattrenovierung, die wir planen, wird sehr teuer.<br>5. Den Termin, den wir mit Ihnen vereinbart haben, können wir leider nicht halten.<br>6. Die Kosten, die zusätzlich entstehen, trägt der Kunde. | |
| 10a | **Einstieg:** TN sprechen in Kleingruppen über die Frage, beim Kauf welcher Produkte sie sich gerne beraten lassen. Im Plenum werden die Produkte und Gründe für das Beratungsbedürfnis gesammelt.<br>**Präsentation:** TN hören das Gespräch ein erstes Mal und entscheiden, welches Foto dazu passt. | ▶ **Hörverstehen (global)**<br>**Lösung 10a:**<br>Foto 2 | CD: Track 2.12 |
| 10b | **Verständnissicherung:** TN hören das Gespräch mit Pausen nochmals und notieren typische Redemittel. Sie vergleichen ihre Ergebnisse mit den in der Rubrik „Auf einen Blick" (S. 88) aufgelisteten Redemitteln „Ein Beratungsgespräch führen". | ▶ **Hörverstehen (selektiv)**<br>**(mögliche) Lösung 10b:**<br>1. Es geht um den Kauf bzw. Verkauf eines neuen Autos.<br>2. Die Kunden möchten ein neues Auto, das nicht so reparaturanfällig ist wie ihr jetziges. Das neue Auto kann größer sein als das jetzige, soll aber nicht teurer sein. Sie würden eventuell den neuen Astra nehmen, aber sie möchten eine andere Farbe. Sie möchten ein Auto mit niedrigem Benzinverbrauch. Sicherheit ist ihnen sehr wichtig. Sie möchten wissen, wie sie das neue Auto finanzieren könnten.<br>3. Sie bekommen einen Astra angeboten: Benzinverbrauch auf dem neuesten Stand der Technik, Airbags vorne und hinten, Farbe nach Wunsch. Sie bekommen eine Probefahrt angeboten und ein Kaufangebot für ihr jetziges Auto. Sie werden einen Finanzierungsvorschlag per E-Mail erhalten.<br>4. Dazu wird nichts gesagt, aber die Kunden scheinen interessiert zu sein. | |
| 10c | **Freie Anwendung:** In PA spielen TN Beratungsgespräche. Dann spielen sie sich in Vierergruppen ihre Gespräche gegenseitig vor. | ▶ **Lernerorientierung:** Bei Bedarf wird zuerst mithilfe der Kopiervorlage ein Beratungsgespräch geübt. | Kopiervorlage 7c: „Dialoggerüst Beratungsgespräch" |

**Üben:** TN schreiben eine Reklamation als Diktat.
*Sehr geehrter Herr Schmitz, /*
*Ihre Lieferung vom 23.02. hat uns leider nicht zufrieden gestellt. / Der bestellte Büroschrank / war an der Vorderseite beschädigt. / Außerdem wurden die Schlüssel nicht mitgeliefert. /*
*Wir haben uns umgehend telefonisch / mit Ihrer Firma in Verbindung gesetzt. / Ihre Mitarbeiterin versprach, / sich sofort um die Angelegenheit zu kümmern. / Leider haben wir seitdem nichts von Ihnen gehört. / Wir benötigen den Büroschrank dringend / und möchten Sie nun bitten, / umgehend für Ersatz zu sorgen. / Teilen Sie uns mit, / wann wir mit der Zustellung rechnen können. /*
*Mit freundlichen Grüßen*

▶ Diktate; ▶ Schreiben (Geschäftsbriefe)

# Besondere Tage

**Thematische Schwerpunkte:** Feste, besondere Ereignisse, Veranstaltungen, Angebote einholen

## Lernziele

**Die TN können**

- über eine Veranstaltung sprechen
- von einschneidenden Erlebnissen erzählen
- Aussagen kommentieren
- ein Planungsgespräch verstehen
- eine Veranstaltung planen
- Angebote einholen und prüfen

## Lerninhalte

**Wortschatz/Redemittel:**

- Veranstaltungen (*das Stadtfest, das einschneidende Erlebnis, Das Schönste war, dass ...* etc.)
- starke Gefühle ausdrücken (*einfach unglaublich, total cool* etc.)
- Veranstaltungen (*der Veranstaltungstechniker, die Bühne, die Öffentlichkeitsarbeit* etc.)
- Angebote (*ein Angebot einholen/machen, Konditionen aushandeln* etc.)

**Grammatik:**

- weiterführende Nebensätze
- präpositionale Angaben
- Zusammenfassung Präpositionen

**Lernziele:** TN können über eine Veranstaltung sprechen und sich schriftlich zu einer Veranstaltung verabreden.
**Lerninhalte:** WS/Redemittel: Veranstaltungen (*das Stadtfest, das einschneidende Erlebnis, Das Schönste war, dass ...* etc.)

| | TN-/KL-Aktivitäten | Hinweise (▶ führt zum didaktischen Glossar) | Material |
|---|---|---|---|
| | TN berichten kurz in PA von ihrem letzten Wochenende: Was haben sie mit wem unternommen? | ▶ **Einstiegsaktivitäten:** Ggf. laufen TN im Kursraum herum und fragen einander anhand der Kopiervorlage. | Kopiervorlage 8a: „Finden Sie jemanden, der ...“ |
| 1a | **Einstieg:** TN betrachten das Foto mit den Namen und Pfeilen, lesen die Ereignisse im Kasten und die Sprechblase. Dann äußern sie ihre Vermutungen darüber, wer sich bei welchem Ereignis mit wem trifft. | ▶ **Lernerorientierung:** TN können Ereignisse aus ihrem Alltag ergänzen. | |
| 1b | **Üben:** TN lesen die Aufgabenstellung und das Beispiel und spielen dann im Kurs: Ein TN nennt ein Ereignis aus 1a. Der/Die nächste TN nennt ein Wort, das zu dem Ereignis passt, der/die nächste nennt wieder ein Wort, das zu dem vorher genannten passt usw. | ▶ **Spiele:** Zur Auflockerung können die TN aufstehen, sich in einen Kreis stellen und einen Ball verwenden. Der TN, der den Ball erhält, nennt ein passendes Wort. | weicher Ball oder Wollknäuel |
| 1c | **Üben:** TN sprechen im Plenum darüber, welche Medien sie nutzen, um sich mit Freunden zu verabreden (Telefon, SMS, E-Mail, soziale Netzwerke usw.).<br>KL kündigt an, dass die nächsten 10 Minuten nicht gesprochen wird und erklärt die Aufgabenstellung. TN verabreden sich schriftlich für Veranstaltungen aus 1a. Sie schreiben Nachrichten an andere TN auf Zettel, die diese schriftlich beantworten. Im Anschluss berichten TN kurz im Plenum. | ▶ **Binnendifferenzierung:** TN, die schon früher fertig sind, verabreden sich mehrfach. KL kann die TN auch vorab durch Namenszettel in etwa gleichstarke Paare einteilen, damit die Anfragen gleichmäßig verteilt sind: Schwächere TN schreiben SMS, stärkere TN E-Mails.<br>▶ **Neue Medien:** Der Austausch kann auch per E-Mail, SMS oder auf einer online-Plattform wie Facebook, moodle o. Ä. stattfinden. | Stifte, Zettel, evtl. auch Handy und PC |

| | | | |
|---|---|---|---|
| 2a | **Einstieg:** TN berichten im Plenum von besonderen Tagen, Ereignissen oder Festen in ihrer Stadt. | ▶ **Interkulturelle Perspektive:** KL bittet die TN, eine Veranstaltungen zu wählen, die für ihre Stadt bzw. ihre Kultur repräsentativ ist.<br>▶ **Lernerorientierung:** Kommen alle oder viele TN aus einer Stadt, können Sie in Gruppen jeweils eine Veranstaltung oder ein Fest aus ihrer Stadt vorstellen. Alternativ können sie auch ein typisch deutsches Fest vorstellen, das mit einer Stadt oder Region in Verbindung steht (Karneval im Rheinland, Bochum Total o. Ä.).<br>▶ **Neue Medien (Präsentationswerkzeuge):** Ein multimediales Plakat kann als Hausaufgabe mit prezi (www.prezi.com) oder glogster (www.glogster.com) erstellt und online präsentiert und kommentiert werden. | Kopiervorlage 8b: „Bei uns feiert man …" |
| 2b | **Präsentation:** KL schreibt die Namen der Personen an die Tafel:<br>*Hamid, Liu, Mirko*<br>TN hören die Aussagen einmal und notieren zu jeder Person das passende Fest und wie es gelaufen ist (+/-). Anschließend tauschen TN sich in PA und im Plenum aus. | ▶ **Hörverstehen (global)**<br>▶ **Binnendifferenzierung:** Schwächere TN können sich beim Hören auf eine Person konzentrieren, stärkere TN auf alle drei Personen.<br>**Lösung 2b:**<br>Hamid (Foto A) hat am Fußballturnier des Stadtfests teilgenommen, das wegen des schlechten Wetters aber nicht gut gelaufen ist. Er war frustriert, weil er auf dem nassen Boden ständig ausgerutscht ist und nur wenige Zuschauer auf der Tribüne saßen.<br>Liu (Foto C) hat sich das chinesische Feuerwerk zum Abschluss des Stadtfests angeschaut und fand es sehr gelungen.<br>Mirko (Foto B) hat einigen Musikbands auf der Bühne vor dem Rathaus zugehört. Er hatte großen Spaß, obwohl er keine der Bands kannte. | CD: Track 2.13–15 |
| 2c | **Verständnissicherung:** TN lesen die Aufgabe, hören die Aussagen dann noch einmal und ordnen die Sätze den Personen zu. Anschließend Vergleich im Plenum. | ▶ **Hörverstehen (selektiv)**<br>**Lösung 2c:**<br>Hamid: 1, 5; Liu: 3, 4; Mirko: 2 | |
| 2d | **Transfer:** TN lesen die Aufgabe und machen sich in EA Notizen zu einer Veranstaltung, die besonders gut gelungen oder total schief gegangen ist. Anschließend berichten sie davon im Plenum und nutzen dabei die Redemittel aus dem Redemittelkasten. | ▶ **Hörverstehen (selektiv)**<br>▶ **Sprachbewusstheit (Anglizismen):** Sollten sich TN über den Gebrauch des Englischen im Deutschen wundern (*Highlight, Flop*), kann KL anhand der Kopiervorlage Anglizismen im Deutschen thematisieren. | Kopiervorlage 8c: „Anglizismen" |

**Lernziele:** TN können von einschneidenden Erlebnissen erzählen. Sie können Aussagen durch weiterführende Nebensätze kommentieren.
**Lerninhalte:** WS: starke Gefühle ausdrücken (*einfach unglaublich, total cool* etc.), GR: weiterführende Nebensätze

| | TN-/KL-Aktivitäten | Hinweise (▶ führt zum didaktischen Glossar) | Material |
|---|---|---|---|
| 3a | **Einstieg/Präsentation:** KL fragt einführend, was für eine Textsorte ein Forumsbeitrag ist. TN lesen die dem Text vorangestellten Begriffe und die Forumsfrage und klären ggf. Wortschatz. Sie sammeln im PL Vermutungen über mögliche Antworten zur Forumsfrage. Anschließend lösen sie die Aufgabe und begründen ihre Entscheidung in PA und dann im PL. | ▶ **Leseverstehen (global)**<br>▶ **Binnendifferenzierung:** KL schreibt die Begriffe (Gefühle) und die Forumsfrage zu Aufgabe 3a an die Tafel. Die TN arbeiten in vier Gruppen. Jede Gruppe erhält einen Forumsbeitrag und einigt sich auf ein passendes Gefühl. Anschließend berichten die Gruppen kurz im PL von ihrem Forumsbeitrag und begründen ihre Entscheidung. | Kopiervorlage 8d: „Schnipseltext Forumsbeiträge" |

| | | | |
|---|---|---|---|
| 3b | **Verständnissicherung:** TN lesen die Aufgabenstellung. Jede/r TN wählt einen Forumsbeitrag und sucht sich einen Partner / eine Partnerin. Jedes Paar arbeitet also an zwei Texten und formuliert richtige und falsche Aussagen dazu. Anschließend tauscht das Paar Richtig/Falsch-Aufgaben mit einem Paar, das die anderen beiden Texte bearbeitet hat. TN lösen die Aufgaben. KL geht herum und hilft bei Verständnisfragen. | ▶ **Leseverstehen (detailliert)**<br>▶ **Lernen durch Lehren**<br>▶ **Hausaufgaben:** KL kann alle Aufgaben einsammeln und auf ein Arbeitsblatt schreiben, das die TN als Hausaufgabe oder zu Beginn der nächsten Stunde als Wiederholungsaufgabe erhalten. | Zettel mit den Forenbeiträgen (Kopiervorlage 8d) in der Anzahl der TN |
| 3c | **Bewusstmachung:** KL weist auf das Beispiel hin. TN markieren in EA Ausdrücke für starke Gefühle in den Texten. KL sammelt Ergebnisse auf Zuruf an der Tafel und weist auf Adverbien hin, die als Verstärker dienen. Ggf. ergänzen TN weitere Ausdrücke. | ▶ **Hausaufgaben:** Bei Interesse erhalten TN die Kopiervorlage mit der Aufgabe, den sachlichen Text in einen emotionalen Text umzuwandeln.<br>**Lösung 3c:**<br>**Sten**: wild entschlossen (Zeile 4), unheimlich imponiert (Zeile 4), sehr froh (Zeile 7)<br>**Rapper**: total cool (Zeile 1), extrem sauer (Zeile 3)<br>**Mama41**: unendlich traurig (Zeile 3), unglaublich glücklich (Zeile 6)<br>**Bernhard**: der absolute Horror (Zeile 2), unendlich lange Zeit (Zeile 4), radikal verändert (Zeile 4) | Kopiervorlage 8e: „Bitte mit Gefühl!" |
| 3d | **Freie Anwendung:** In GA berichten TN einander von einem besonderen Ereignis oder Tag, an dem sich ihr Leben verändert hat. Sie verwenden dabei Ausdrücke aus 3c. | ▶ **Spiele (Wettbewerb):** In den Gruppen notiert jeweils ein/e TN alle Ausdrücke aus 3c, die der/die jeweilige Erzählende verwendet. Für jeden verwendeten Ausdruck aus 3c gibt es einen Punkt, für Adjektive mit Verstärker 2 Punkte. Die Gruppe mit den meisten Punkten gewinnt.<br>▶ **Schreiben:** TN schreiben einen Forumsbeitrag über ein Ereignis, das ihr Leben verändert hat. | |
| 4a | **Bewusstmachung:** KL schreibt an die Tafel:<br>*was*<br>*wo + Präposition*<br>*weshalb/weswegen*<br>TN lesen die Texte in 3a noch einmal und suchen und markieren passende Sätze in EA. Anschließend schreibt KL die Sätze auf Zuruf an die Tafel, macht auf die Verbposition aufmerksam und führt den Begriff „weiterführender Nebensatz" ein. KL fragt TN, worauf sich die Nebensätze beziehen, und verdeutlicht mit einem Pfeil und Markierung des Hauptsatzes, dass sie sich auf den kompletten vorangegangenen Hauptsatz beziehen. | ▶ **Grammatik:** Die Pronominaladverbien mit den dazugehörigen Fragewörtern und das Adverb *deshalb* kennen TN schon aus *Berliner Platz 3 NEU*, Kapitel 31 und Kapitel 34. Zur Vorentlastung kann der KL dies als Einleitung wiederholen. Neu ist hier die Satzstruktur mit dem weiterführenden Nebensatz.<br>**Lösung 4a:**<br>Trotzdem war sie wild entschlossen, Estnisch zu lernen, **was** mir unheimlich imponiert hat.<br>Seit 2011 können wir Esten ja überall in der EU arbeiten, **worüber** ich natürlich sehr froh bin.<br>Wir sind in der Turnhalle live aufgetreten, **wobei** uns irgendjemand gefilmt hat.<br>Ich war drauf und dran, meine Ausbildung abzubrechen und nur noch Musik zu machen, **was** mir aber meine Eltern verboten haben.<br>Meine Ärztin war sicher, dass ich keine Kinder bekommen könnte, **weswegen** ich dann auch nicht sofort zum Arzt gegangen bin …<br>Ich … fahre mittlerweile sogar wieder Fahrrad, **womit** wirklich keiner gerechnet hatte. | |

| | | | |
|---|---|---|---|
| 4b | **Systematisierung:** KL schreibt den ersten Satz an die Tafel, markiert *darüber* und fragt TN, worauf sich das Wort bezieht. Die restlichen Sätze bearbeiten TN in PA, vergleichen dann im PL. KL weist auf den Grammatikkasten hin und zeigt noch einmal, dass weiterführende Nebensätze sich auf den gesamten Hauptsatz beziehen. Sie können mit *was* eingeleitet werden, bei Verben mit Präpositionen mit *wo* + Präposition und mit *weshalb/weswegen*, wenn eine Folge ausgedrückt wird. | ▶ **Grammatik (weiterführende Nebensätze):** Relativsätze, die TN bereits aus *Berliner Platz 3 NEU*, Kapitel 30 kennen, beziehen sich auf ein einzelnes Wort oder Satzglied im Hauptsatz. Im Gegensatz dazu beziehen sich die weiterführenden Nebensätze auf den gesamten Hauptsatz. Die Aussage des Hauptsatzes wird kommentiert oder weitergeführt. Weiterführende Nebensätze können nur hinter dem Hauptsatz stehen. | |
| 4c | **Üben:** TN lesen die Aufgabenstellung und das Beispiel und verbinden schriftlich in EA die Sätze. Anschließend fragen und antworten TN sich gegenseitig in PA und/oder im Plenum. | **Lösung 4c:**<br>1. Das Baby ist gesund, worüber Silvie sehr glücklich ist.<br>2. Bernhard hatte einen Motorradunfall, woran er sich nicht mehr erinnern kann.<br>3. Esten können in der EU arbeiten, worüber sich Sten freut.<br>4. Rapper produziert einen neuen Song, weshalb er keine Zeit für Fußball hat.<br>5. Peter hat eine neue Freundin, was ich schon lange vermutet habe.<br>6. Meine Freundin möchte nach Köln ziehen, wozu ich keine Lust habe. | |
| 4d | **Üben:** In PA schreiben TN weiterführende Nebensätze zu den vorgegebenen Hauptsätzen und vergleichen ihre Sätze anschließend im Plenum. | ▶ **Binnendifferenzierung:** TN, die schnell fertig sind, überlegen sich eigene Satzanfänge und dazu weiterführende Nebensätze.<br>▶ **Spiele (Satzanfänge):** Im Plenum wird ein Satzanfang erfunden und an die Tafel geschrieben. In GA versuchen TN in drei Minuten dazu so viele weiterführende Nebensätze wie möglich zu finden. Die Gruppe mit den meisten Sätzen hat gewonnen. Man kann auch mehrere Runden spielen. | Kopiervorlage 8f: „Satzanfänge“ |

**Lernziele:** TN können ein Planungsgespräch verstehen und eine Veranstaltung planen.
**Lerninhalte:** WS: Veranstaltungen (*der Veranstaltungstechniker, die Bühne, die Öffentlichkeitsarbeit* etc.); GR: präpositionale Angaben, Zusammenfassung Präpositionen und Kasus

| | TN-/KL-Aktivitäten | Hinweise (▶ führt zum didaktischen Glossar) | Material |
|---|---|---|---|
| 5a | **Einstieg:** TN sammeln im PL Berufe, die bei Organisation und Durchführung einer Veranstaltung eine Rolle spielen. Anschließend betrachten sie die Bilder und ordnen in PA die Berufsbezeichnungen zu. | **Lösung 5a:**<br>Bild A: 7, 12, 14; Bild B: 2, 5, 6; Bild C: 8, 9; Bild D: 4, 13; Bild E: 11; Bild F: 1, 3, 10 | |
| 5b | **Üben:** TN ordnen die Tätigkeiten den Berufen aus 5a zu und schreiben damit Sätze, bei denen sie auch eine Zeitangabe ergänzen können. Im PL werden dann die Tätigkeiten zeitlich geordnet in *vor, während* und *nach dem Fest.* | ▶ **Binnendifferenzierung:** Je nach Tempo schreiben TN zu allen Berufen Sätze oder wählen nur 3–5 Berufe aus. Alternativ kann KL auch die Bilder aufteilen, TN suchen dazu jeweils passende Berufe und Tätigkeiten. | |
| 5c | **Präsentation:** TN lesen die Aufgabe und klären Wortschatz im PL. KL spielt die Teambesprechung einmal vor und TN bringen a–f in die richtige Reihenfolge. | ▶ **Hörverstehen (global)**<br>**Lösung 5c:**<br>1 – c, 2 – e, 3 – f, 4 – d, 5 – b, 6 – a | CD: Track 2.16 |

| | | | |
|---|---|---|---|
| 5d | **Verständnissicherung:** Der Text wird ein zweites Mal vorgespielt, TN notieren in EA, welche Person wofür zuständig ist. | ▶ **Hörverstehen (selektiv)**<br>▶ **Binnendifferenzierung:** KL gibt einzelnen TN die Aufgabe, sich speziell auf eine der Personen zu konzentrieren. Fortgeschrittene Lerner bearbeiten mehrere oder alle Personen.<br>**Lösung 5d:**<br>**Yvonne:** Öffentlichkeitsarbeit, Entwurf Flyer, Veranstaltung fotografieren, Presseinterview geben, Begrüßungsrede halten<br>**Klaus:** Absprachen mit Polizei, Sicherheitsfirma kontaktieren, Absperrgitter und Sicherheitsleute organisieren<br>**Sandra:** Veranstaltungstechnik, Bühnenaufbau, Licht- und Tontechnik organisieren<br>**Günther:** Verköstigung, Anbieter kulinarischer Spezialitäten koordinieren, Reinigung, Müllentsorgung, Klohäuschen und Putztrupp organisieren<br>**Lucy:** Künstler und Referenten kontaktieren, Unterkünfte für die Künstler organisieren | |
| 5e | **Transfer:** TN vergleichen ihre Notizen aus 5d in PA oder GA und schreiben einen kurzen Bericht bzw. ein Ergebnisprotokoll zu der Sitzung. | ▶ **Berufsorientierung:** Ein Ergebnisprotokoll ist in der Arbeitswelt eine wichtige Form des klassischen Berichts. KL erläutert die formalen Anforderungen (Informationen dazu z. B. unter www.uni-due.de/~lge292/trainer/trainer/start.html). TN füllen die Vorlage mithilfe ihrer Notizen aus 5c und d aus. | Kopiervorlage 8g: „Ergebnisprotokoll zum Ausfüllen" |
| 6a | **Bewusstmachung/Systematisierung:** In PA ordnen TN die Präpositionen in die Tabelle. Anschließend wird das Ergebnis von den TN an die Tafel geschrieben und bei Bedarf die Bedeutung der Präpositionen anhand der Beispielsätze geklärt. | ▶ **Grammatik:** Die meisten Präpositionen sind bereits aus *Berliner Platz 1–3 NEU* bekannt. Bei Bedarf wiederholt KL die Begriffe temporal, kausal, lokal aus Kapitel 2 anhand der Fragewörter.<br>**Lösung 6a:**<br>**temporal:** zwischen dem ersten und dritten September, gegen Abend, ab morgen, bei den Veranstaltungen, außerhalb meiner Arbeitszeit, während der Sommermonate, innerhalb von zwei Wochen<br>**kausal:** durch die Verspätung, aufgrund des Wetters, anlässlich der Eröffnungsfeier<br>**lokal:** innerhalb der Absperrung, gegenüber dem Supermarkt, gegen die Wand, außerhalb des Gebäudes, zwischen den Ständen, bei den Veranstaltungen | |
| 6b | **Üben:** TN ordnen die Präpositionen in EA den passenden Angaben zu. Anschließend Vergleich im PL. | **Lösung 6b:**<br>Es gibt mehrere Möglichkeiten:<br>1d/e: Ab drei Uhr nachmittags / Ab der nächsten Woche haben wir mittags geschlossen.<br>2b/f: Aufgrund der Geschäftszeiten / Aufgrund des Fehlers können wir den geplanten Termin nicht einhalten.<br>3b: Außerhalb der Geschäftszeiten wenden Sie sich bitte an den Notdienst.<br>4g: Beim Aufbau des Festzelts gab es einige Probleme.<br>5j: Durch das schlechte Wetter / Aufgrund des schlechten Wetters sind die Besucherzahlen in diesem Jahr stark gesunken.<br>6d: Gegen drei Uhr nachmittags hörte ich einen lauten Schrei.<br>7h: Ich habe mein Fahrrad gegen die Mülltonne gelehnt.<br>8c: Gegenüber dem Besprechungsraum befindet sich der Kopierraum.<br>9j: Die Toiletten liegen zwischen dem Büro und der Teeküche.<br>10a: Zwischen dem 24. und 28. April haben wir nachmittags geschlossen. | |

| | | | |
|---|---|---|---|
| | **Projekt – Freie Anwendung:** TN lesen die Aufgabenstellung und bilden Gruppen. In GA einigen sie sich auf eine Veranstaltung und planen dann dazu die einzelnen Schritte. Dabei wenden die TN das zuvor Gelernte frei an: Eine Besprechung durchführen, Zuständigkeiten absprechen, Ergebnisse festhalten und präsentieren. | ▶ **Handlungsorientierung (Task):** TN können dazu auch eine Veranstaltung aus ihrem (beruflichen) Alltag wählen.<br>▶ **Sprechen (Präsentation von Gruppenergebnissen):** Die Präsentationsmethoden sind frei wählbar, z. B. Ergebnisprotokoll, Vortrag, Mindmap o. Ä.<br>▶ **Neue Medien (Präsentationswerkzeuge):** Die Ergebnisse aus der Gruppenarbeit können auch mithilfe digitaler Medien, z. B. Powerpoint oder prezi (www.prezi.com) dargestellt werden. | |

**Lernziele:** TN können Angebote einholen und prüfen.
**Lerninhalte:** WS/Redemittel: Angebote (*ein Angebot einholen/machen, Konditionen aushandeln etc.*)

| | TN-/KL-Aktivitäten | Hinweise (▶ führt zum didaktischen Glossar) | Material |
|---|---|---|---|
| 7a | **Einstieg:** In EA sammeln TN Fragen an den Anbieter und tauschen sich dann in GA aus. | ▶ **Berufsorientierung** | |
| 7b | **Freie Anwendung:** TN lesen die Aufgabe und schreiben in GA eine Anfrage für ein Angebot. Dabei verwenden sie die Redemittel aus dem Kasten. | ▶ **Fehlerkorrektur (gegenseitige Fehlerkorrektur):** Im Anschluss tauschen die Gruppen ihre Texte und korrigieren jeweils den Text einer anderen Gruppe. KL geht herum und hilft bei Bedarf. | |
| 8a | **Präsentation:** TN lesen die Sprechblase und die Überschrift des Zeitungsartikels und sammeln im PL Tipps für die Auswahl eines Angebots. Anschließend lesen sie den Text in EA und markieren die drei Tipps, die ihnen am wichtigsten erscheinen. Anschließend bringen die TN in GA die Tipps in eine Reihenfolge nach Wichtigkeit. | ▶ **Leseverstehen (selektiv)**<br>Bei Bedarf arbeiten TN mit dem Wörterbuch. | Wörterbücher der TN |
| 8b | **Verständnissicherung:** In PA wählen die TN einen Tipp und sprechen darüber, was schief gehen könnte, wenn man diesen Tipp nicht beachtet. KL achtet darauf, dass sie konkrete Beispiele nennen und ihre Erfahrungen mit einbringen. | ▶ **Binnendifferenzierung:** Interessierte TN können auch ein Rollenspiel zu einer Panne machen oder eine kleine Pannengeschichte erfinden. Die anderen TN raten bei der Präsentation, welcher Tipp passt. | |
| 8c | **Transfer:** TN lesen in EA die Angebotsschreiben und vergleichen sie und markieren Unterschiede im Angebot. Anschließend diskutieren sie in PA, für welches Angebot sie sich entscheiden. | Als Argumentationshilfe können TN die Tipps aus 8b verwenden. | |
| 9a | **Präsentation:** TN hören das Telefongespräch einmal und entscheiden, welches Angebot passt. Dazu nennen sie die entscheidenden Signalwörter. | ▶ **Hörverstehen (global)**<br>**Lösung 9a:**<br>Herr Kupfer ruft bei der Firma Pizza, Pasta & Co. an. | CD: Track 2.17 |

| | | | |
|---|---|---|---|
| 9b | **Verständnissicherung:** TN hören das Telefongespräch noch einmal und notieren Fragen und Vorschläge. | ▶ **Hörverstehen (selektiv)**<br>▶ **Binnendifferenzierung:** Einzelne TN können sich auch nur auf die Fragen oder die Vorschläge konzentrieren.<br>**Lösung 9b:** (siehe Tabelle unten) | |
| 9c | **Transfer:** KL schreibt das Dialoggerüst an die Tafel (oder nutzt die Kopiervorlage am OHP). Im PL sammeln TN passende Redemittel. Anschließend wählen sie in PA ein Angebot aus 8c und schreiben und spielen dazu Dialoge. | ▶ **Spiele (Rollenspiel)** | Kopiervorlage 8h: „Dialoggerüst – Konditionen aushandeln" |
| | **Üben:** TN schreiben eine Anfrage als Diktat.<br>*Sehr geehrte Frau Bisch, /*<br>*mit großem Interesse / haben wir uns Ihren Internetauftritt angeschaut / und können uns gut vorstellen, / Sie zu beauftragen, / unsere Hochzeit zu planen. / Wir haben aber besondere Wünsche und noch viele Fragen. / Dieser Tag soll nämlich ein ganz besonderer Tag sein, / weswegen wir uns etwas Kreatives und Ausgefallenes wünschen. / Wir rechnen mit ungefähr 120 Gästen. / Bitte rufen Sie uns an, / damit wir einen Beratungstermin vereinbaren können. /*<br>*Vielen Dank für Ihre Bemühungen. /*<br>*Mit freundlichen Grüßen*<br>*Elfriede und Klaus Bitzel* | ▶ **Diktate;** ▶ **Schreiben (Geschäftsbriefe)** | |

**Lösung 9b:**

| Fragen | Vorschläge |
|---|---|
| Cocktailspieße möglich? | Cocktailspieße leider nicht<br>Alternative: Vorspeisenplatte |
| Würde sich das auf den Preis auswirken? | Ja, wegen hochwertiger Zutaten pro Person 2 Euro mehr. Aber: etwas Mengenrabatt möglich |
| Sind die Anlieferung und Abholung im Preis enthalten? | Leider nein. Für Lieferung der Speisen kommt Pauschale von 50 Euro dazu. Darin sind Geschirr und Besteck enthalten. |

**Thematische Schwerpunkte:** Medien- und Medienverhalten, Reklamation, Jobsuche mithilfe sozialer Netzwerke

## Lernziele

**Die TN können**

- über Grafiken zum Thema „Mediennutzung" sprechen
- eine Pro-und-Kontra-Diskussion führen
- eine Gesprächsnotiz anfertigen
- eine Reklamation schreiben und beantworten
- über Jobsuche mithilfe der *Social Media* sprechen

## Lerninhalte

**Wortschatz/Redemittel:**

- Medien und Medienverhalten (*der Tablet-PC, internetfähig, die Mediennutzung* etc.)
- eine Grafik beschreiben (*Thema der Grafik ist …, Direkt danach kommt …* etc.)
- digitaler Entzug (*der Selbstversuch, erreichbar sein, stumm stellen* etc.)
- Reklamation (*der Gerätefehler, die Fehlerbeschreibung, beilegen* etc.)
- Jobsuche und *Social Media* (*digitale Spuren, verlinken, die Initiativ-Bewerbung* etc.)

**Grammatik:**

- Proportionalsätze mit *je …, desto/umso …*
- feste Nomen-Verb-Verbindungen

**Lernziele:** TN können über eine Grafik zum Thema „Mediennutzung" sprechen.
**Lerninhalte:** WS/Redemittel: Medien (*der Tablet-PC, digital, internetfähig* etc.), Medienverhalten (*die Mediennutzung, verzichten, nutzen* etc.), eine Grafik beschreiben (*Thema der Grafik ist …, Direkt danach kommt …* etc.)

| | TN-/KL-Aktivitäten | Hinweise (▶ führt zum didaktischen Glossar) | Material |
|---|---|---|---|
| 1a | **Einstieg:** KL bittet TN darum, sich die Cartoons anzuschauen und die dargestellten Situationen kurz zu beschreiben. Im Anschluss daran berichten die TN über bereits selbst erlebte Situationen. | KL kann die Abbildungen auf Folie kopieren (Kopiervorlage) und eine nach der anderen am OHP zeigen und diskutieren lassen. <br>▶ **Interkulturelle Perspektive:** Die Cartoons könnten je nach Herkunftsland und Alter der TN zu ganz unterschiedlichen Diskussionen führen. | Kopiervorlage 9a: „Die Welt der Medien – Cartoons" auf Folie, OHP |
| 1b | **Üben:** TN sammeln in Gruppen Wörter und Wendungen zum Thema „Medien" und tragen sie in eine Tabelle ein. An der Tafel werden anschließend die Ergebnisse gesammelt, sodass alle Gruppen die Möglichkeit haben zu ergänzen. | | |
| 1c | **Freie Anwendung:** TN wählen einen Cartoon aus und schreiben, ggf. in PA, eine kurze Geschichte dazu. Die Geschichten werden anschließend im Kurs vorgelesen. | ▶ **Schreiben (zu einem Bildimpuls):** KL sollte vorher dafür sorgen, dass möglichst zu jedem Cartoon eine Geschichte geschrieben wird. <br>▶ **Binnendifferenzierung:** Es steht den TN frei, zu zwei oder mehreren Cartoons zu schreiben. Sie können sich aber auch zu ein und derselben Abbildung eine weitere Perspektive überlegen, z. B. die des Mitfahrers in A, der Oma in B oder der Ex-Ehefrau des Mannes in C. | |
| 2a | **Einstieg:** TN sehen sich in kleinen Gruppen die Grafik 1 an und ordnen die Bezeichnungen für die Medien zu. Sie präsentieren und begründen ihre Zuordnung (vielleicht auch unterschiedliche Meinungen dazu) im Plenum. | | |

| | | | |
|---|---|---|---|
| 2b | **Präsentation:** TN hören die Beschreibung der Grafik zweimal und vergleichen bzw. korrigieren ihre Zuordnung. | ▶ **Hörverstehen (selektiv)**<br>**Lösung 2b:**<br>1. Platz: Internet<br>2. Platz: TV<br>3. Platz: Radio<br>4. Platz: Tageszeitungen<br>5. Platz: Zeitschriften<br>6. Platz: Smartphone<br>7. Platz: Tablet-PC | CD: Track 2.18 |
| 2c | **Üben:** TN überlegen, wie die Grafik in ihrem Land aussehen würde (Kopiervorlage) und präsentieren ihre Überlegungen im Kurs. Dabei sollten sie mögliche Unterschiede zur abgebildeten Grafik begründen. | ▶ **Interkulturelle Perspektive:** Die Akzeptanz der Medien kann je nach Nationalität sehr unterschiedlich sein (z. B. Zensur des Internets). Hier sollte der/die KL mit Fingerspitzengefühl nachfragen.<br>▶ **Binnendifferenzierung:** In national gemischten Kursen ergeben sich möglicherweise national homogene Gruppen, in denen sich TN über die Mediennutzung in ihrem Land austauschen können. | Kopiervorlage 9b: „Mediennutzung" |
| 2d | **Transfer:** TN betrachten die zweite Grafik. Gemeinsam werden die Redemittel gelesen und geklärt. Dann erarbeiten TN in EA jeweils einen Kurzvortrag, den sie einem Partner / einer Partnerin oder im Plenum präsentieren. | ▶ **Sprechen (Redemittel):** KL kann die auf Folie kopierte Vorlage nutzen, um am OHP die Redemittel zu ergänzen und den Rubriken „Einleitung", „Hauptteil" und „Schluss" zuordnen zu lassen.<br>▶ **Hörverstehen (Transkripte):** Zuvor kann KL auch das kopierte Transkript zum Hörtext aus 2b austeilen. TN analysieren, welche Redemittel zur Beschreibung der Grafik verwendet wurden.<br>▶ **Hausaufgaben:** Der Kurzvortrag kann schriftlich zu Hause vorbereitet werden. | Kopiervorlage 9c: „Redemittel zum Beschreiben einer Grafik (Kurzvortrag)", auf Folie, OHP |
| 2e | **Freie Anwendung:** TN sollen kurz monologisch berichten, welche digitalen Medien sie im Alltag benutzen und wie wichtig sie ihnen sind. | | |

**Lernziele:** TN können eine Pro-und-Kontra-Diskussion führen.
**Lerninhalte:** WS: digitaler Entzug (*der Selbstversuch, erreichbar sein, stumm stellen* etc.); GR: *je … umso/desto …*

| | TN-/KL-Aktivitäten | Hinweise (▶ führt zum didaktischen Glossar) | Material |
|---|---|---|---|
| 3a | **Einstieg/Präsentation:** KL projiziert das Foto von S. 102 (Kopiervorlage) an die Tafel und lässt TN Vermutungen über das Medienverhalten der jungen Frau anstellen. TN lesen dann die Aufgabe und die vier Sätze und überlegen sich, was für einen Selbstversuch Irene Blomer macht. Sie hören den Anfang des Interviews und kreuzen die richtige Lösung an. | ▶ **Hörverstehen (global)**<br>**Lösung 3c**<br>Irene Blomer verzichtete beruflich und privat zwei Monate auf Internet, Handy und Co. | Kopiervorlage 9d: „Selbstversuch", auf Folie, OHP<br>CD: Track 2.19 |
| 3b | TN lesen die Wörter und Ausdrücke. Sie hören das Interview weiter und bringen die Wörter und Ausdrücke in die richtige Reihenfolge. | ▶ **Hörverstehen (selektiv)**<br>**Lösung 3b:**<br>1. das Festnetztelefon, 2. das Handy, 3. abhängig sein, 4. einsam, 5. persönlicher Kontakt, 6. erreichbar, 7. etwas verpassen, 8. offline, 9. der Wecker, 10. stumm stellen, 11. viel entspannter | CD: Track 2.20 |

| | | |
|---|---|---|
| 3c | **Verständnissicherung:** TN lesen die Fragen, hören sich das Interview ein weiteres Mal, ggf. zweimal, an und notieren die gesuchten Informationen. Im Plenum werden die Ergebnisse verglichen. | ▶ **Binnendifferenzierung:** KL erklärt, dass das Interview relativ lang ist und TN sich deshalb vor dem Hören entscheiden können, wie viele bzw. welche Fragen sie beantworten wollen. Sie müssen sich dann hauptsächlich auf diese Textpassagen konzentrieren.<br>▶ **Hörverstehen (selektiv)**<br>**Lösung 3c:**<br>1. Irene Blomer hat zwei Monate darauf verzichtet, im Internet zu surfen oder Verabredungen über ihr Handy zu treffen. Computer, Laptop, Internet und Handy waren absolut tabu.<br>2. Anfangs fühlte Irene sich sehr einsam, weil es schwierig war, ohne Handy mit ihren Freunden zu kommunizieren.<br>3. Der Selbstversuch hat Irenes persönlichen Kontakt zu ihren Freunden wieder verstärkt.<br>4. Irenes Arbeitskollegen haben nicht daran geglaubt, dass sie diesen Selbstversuch lange durchhält.<br>5. Irene hat es sehr genossen, nicht jederzeit erreichbar zu sein und mal wieder mehr Zeit für sich zu haben.<br>6. Sie empfiehlt jedem, diesen Selbstversuch einmal für einen oder mehrere Tage durchzuführen. Außerdem rät sie den Zuhörern, ihrem Internetkonsum durch einen Wecker ein Limit zu setzen. Sinnvoll ist es ihrer Meinung nach auch, den Signalton für eingehende SMS auszustellen. |
| 3d | **Gespräch zum Text:** TN tauschen sich kurz mit ihren Nachbarn darüber aus, was sie überrascht hat. | |
| 3e | **Üben:** In EA oder PA wählen TN mindestens drei Wörter aus dem Interview und schreiben damit einen kurzen Text.<br>Jede/r TN sucht sich einen Partner / eine Partnerin und lässt den eigenen Text von ihm/ihr korrigieren. | ▶ **Wortschatzarbeit**<br>▶ **Schreiben:** In eher leistungshomogenen Kursen schreiben TN um die Wette. Sie bekommen 15 Minuten Zeit. In dieser Zeit müssen sie so viele der Wörter und Ausdrücke in einem Text verarbeiten, wie möglich. Nach 15 Minuten fragt KL, wer die meisten Wörter sinnvoll und logisch in seinem Text untergebracht hat. Die drei TN mit den meisten Wörtern lesen ihre Text vor.<br>▶ **Fehlerkorrektur (gegenseitige Fehlerkorrektur)** |
| 4 | **Freie Anwendung:** TN lesen die Arbeitsanweisung und besprechen vor der Diskussion die Redemittel. Sie gehen wie in der Arbeitsanweisung beschrieben vor und führen eine Pro- und Kontra-Diskussion. | ▶ **Sprachbewusstheit (formelle/informelle Sprache):** Die aufgelisteten Redemittel sind in einem relativ formellen, höflichen Register gehalten, das sich für die Prüfungen sehr eignet, aber in einer Diskussion unter Freunden stellenweise unüblich ist. Punkt für Punkt werden die Redemittel durchgesprochen, in die *du*-Form bzw. eine umgangssprachlichere Form gesetzt, um den TN ein Gefühl für die sprachliche Angemessenheit zu geben.<br>**Beispiel:**<br>formell: Dürfte ich dazu bitte etwas sagen?<br>umgangssprachlicher: Kann ich dazu etwas sagen? |

| | | | |
|---|---|---|---|
| 5a | **Bewusstmachung:** TN lesen den ersten Satz gemeinsam. KL fragt die TN, was besonders in diesem Satz ist (*je* + Komparativ und *desto* + Komparativ) und was der Satz bedeutet.<br>TN lesen die weiteren Sätze und sagen, wo der Hauptsatz und wo der Nebensatz steht. KL bittet sie, in den Sätzen jeweils das Verb zu unterstreichen, und thematisiert noch einmal die Verbposition im Hauptsatz und Nebensatz. | ▶ **Grammatik:** In *je* + Komparativ und *desto* (oder *umso*) + Komparativ-Sätzen werden zwei Aussagen verglichen. Dabei hat eine Änderung der Aussage des Nebensatzes eine Änderung der Aussage des Hauptsatzes zur Folge.<br>*Je* leitet einen Nebensatz, *desto/umso* einen Hauptsatz ein.<br>**Lösung 5a:**<br>Der Nebensatz steht immer vor dem Hauptsatz. | |
| 5b | **Üben:** In GA schreiben die TN mithilfe der Komparative Satzteile wie im Beispiel auf zehn Kärtchen. | ▶ **Methoden (lebendige Sätze):** Gibt es noch Unsicherheiten mit der Wortstellung im Satz, so lässt KL ein oder zwei lebendige Sätze stellen (Kopiervorlage). | Kärtchen<br>Kopiervorlage 9e: „Lebendige Sätze mit *je – desto*“ |
| 5c | **Üben:** Gruppen tauschen ihre Satzteilkärtchen untereinander und schreiben zehn Sätze wie in Aufgabe 5a. | ▶ **Spiele (Kettenspiel):** Im Anschluss bietet sich ein Kettenspiel an. Ein/e TN beginnt: *Je mehr E-Mails ich lesen muss, umso länger muss ich im Büro bleiben.* Der/Die nächste TN nutzt den umso- oder desto-Satz als Hauptsatz und ergänzt einen Nebensatz: *Je länger ich im Büro bleiben muss, desto weniger Zeit habe ich für meine Freundin.* usw. | |
| | **Projekt – Freie Anwendung:** TN lesen die Anweisung und besprechen anhand der Abbildungen, auf was sie evtl. eine Weile verzichten könnten. In GA planen sie, welchen Selbstversuch sie wie durchführen wollen. Nach einer Woche präsentieren die TN, die einen Selbstversuch durchgeführt haben, ihre Erfahrungen im Kurs. | ▶ **Projekte:** KL weist darauf hin, dass die Gruppen auch besprechen sollen, wie die Erfahrungen während des Selbstversuchs dokumentiert werden können. | |

**Lernziele:** TN können eine Gesprächsnotiz anfertigen. Sie können eine Reklamation schreiben und beantworten.
**Lerninhalte:** WS: Reklamation (*der Gerätefehler, die Fehlerbeschreibung, beilegen* etc.); GR: feste Nomen-Verb-Verbindungen

| | TN-/KL-Aktivitäten | Hinweise (▶ führt zum didaktischen Glossar) | Material |
|---|---|---|---|
| 6a | **Einstieg:** TN hören den Beginn des Telefongesprächs und beantworten die Fragen. | ▶ **Berufsorientierung**<br>▶ **Hörverstehen (global):** Der Hörtext wird nur einmal und ohne Unterbrechung vorgespielt.<br>**Lösung 6a:**<br>Herr Hartmann ruft den Kundenservice eines Elektrohandels an, in dem seine Firma mehrere Drucker gekauft hat. Da einer der Drucker kaputt ist, möchte er ihn reklamieren. | CD: Track 2.21 |
| 6b | **Präsentation:** TN hören das Gespräch weiter. Sie ergänzen während des Hörens und danach die Stichpunkte auf dem Notizzettel und vergleichen mit ihrem Nachbarn / ihrer Nachbarin. KL spielt das Telefongespräch in Abschnitten, sodass die TN ihre Ergebnisse kontrollieren und korrigieren können. | ▶ **Hörverstehen (selektiv)**<br>**Lösung 6b:**<br>1. Originalrechnung, 2. auf der Rückseite des Druckers und auf der Rechnung, 3. kostenlos, 4. 62 €, 5. Originalrechnung und Reklamationsschreiben, 6. ca. 2 Wochen | CD: Track 2.22 |
| 6c | **Verständnissicherung:** In PA überlegen die TN, was zu einem Reklamationsschreiben gehört und markieren die entsprechenden Elemente. | ▶ **Hörverstehen (selektiv)**<br>**Lösung 6c:**<br>Datum, Absender, Betreff, Ort des Kaufs, Fehlerbeschreibung, Unterschrift, Adresse, Typenbezeichnung, Produktbezeichnung | |

| | | | |
|---|---|---|---|
| **6d** | **Üben:** TN lesen das Reklamationsschreiben und überlegen, welches Wort in jeder Zeile am Rand fehlt. Sie besprechen ihre Ergebnisse mit einem Partner / einer Partnerin. | ▶ **Prüfungsvorbereitung:** Diese Aufgabe bereitet auf die Aufgabe „Lesen 4" der Prüfung zum *Goethe-Zertifikat B2* vor. Sie prüft die Fähigkeit, semantische Zusammenhänge so zu rekonstruieren, dass die gewählte Lösung in die Struktur des Textes passt und der Lexik des Textes angemessen ist.<br>**Lösung 6d:**<br>0. hiermit, 1. darin, 2. sein, 3. auf, 4. Sie, 5. sich, 6. gegen, 7. so, 8. Brief/Schreiben, 9. zu, 10. sollte | |
| **7a** | **Bewusstmachung:** TN lesen den Brief noch einmal und ergänzen dann die entsprechenden Infinitive. | ▶ **Grammatik (feste Nomen-Verb-Verbindungen):** Funktionsverbgefüge sind verbale Streckformen, bestehend aus Substantiv(gruppe) oder Präpositionalgruppe und Funktionsverb. Sie sind oft einem einfachen Vollverb bzw. einer Konstruktion mit Adjektiv + *sein* äquivalent (z. B. *zur Anwendung bringen = anwenden, Nachsicht üben = nachsichtig sein).*<br>**Lösung 7a:**<br>Bezug nehmen auf — in Betracht kommen<br>in Erfahrung bringen — in Kenntnis setzen<br>sich in Verbindung setzen — in Betrieb nehmen | |
| **7b** | **Üben:** TN lesen die Sätze und unterstreichen die Nomen-Verb-Verbindungen. Anschließend finden sie das entsprechende einfache Verb und formulieren den Satz neu. | **Lösung 7b:**<br>1. eine Frage stellen: Ich möchte Sie noch etwas fragen.<br>2. die Entscheidung treffen: Sie müssen sich entscheiden, ob Sie reklamieren wollen.<br>3. Kritik üben: Ich möchte Ihren Service kritisieren.<br>4. übernimmt die Verantwortung: Wer verantwortet den Schaden?<br>5. einen Vorschlag machen: Darf ich noch etwas vorschlagen?<br>6. Wahl getroffen: Ich habe diesen Drucker gewählt.<br>7. zur Anwendung kommen: In diesem Drucker dürfen nur Originalpatronen angewendet werden.<br>8. Beachtung schenken: Sie sollten die Anleitung des Geräts mehr beachten. | |
| **7c** | **Freie Anwendung:** TN lesen die Aufgabe und die E-Mail. Sie schreiben eine Antwort auf die Reklamation unter Nutzung der angegebenen Nomen-Verb-Verbindungen. | KL weist zuerst auf die Liste „Feste Nomen-Verb-Verbindungen" im Anhang auf S. 249–250 hin, die TN ebenfalls für ihren Antwortbrief nutzen können.<br>▶ **Hausaufgaben:** Drängt die Zeit, so kann die Antwort auf das Reklamationsschreiben auch zu Hause geschrieben und in der nächsten Stunde vorgelesen werden. | |

**Lernziele:** TN können über Jobsuche mithilfe der *Social Media* sprechen.
**Lerninhalte:** WS: Jobsuche und *Social Media* (*digitale Spuren, verlinken, die Initiativ-Bewerbung* etc.)

| | TN-/KL-Aktivitäten | Hinweise (▶ führt zum didaktischen Glossar) | Material |
|---|---|---|---|
| | **Einstieg:** TN tauschen sich über das Foto auf der rechten Seite aus. | KL hat das Foto ggf. auf Folie kopiert (Kopiervorlage), zeigt es am OHP und ergänzt die den TN bekannten sozialen Netzwerke. | Kopiervorlage 9f: „Soziale Netzwerke" auf Folie, OHP |
| **8a** | TN lesen die Fragen und berichten kurz im Plenum von persönlichen Erfahrungen mit dem Medium Internet bei der Arbeitssuche. | ▶ **Landeskunde (Arbeitssuche)** | |

| | | | |
|---|---|---|---|
| **8b** | TN lesen die Überschrift zum Text auf S. 106 und die Angaben der Autorin im Kasten unter dem Text. Sie stellen Vermutungen an, worum es in dem Text gehen könnte. | | |
| **8c** | **Präsentation:** TN machen sich während des Lesens Notizen zu dem Text und beantworten die Fragen. Anschließend berichten sie von eigenen Erfahrungen und geben Tipps. | ▶ **Leseverstehen (selektiv)**<br>▶ **Kooperatives Lernen:** TN erarbeiten den Text in GA, wobei jede/r Einzelne nur einen Textabschnitt liest und den anderen die Informationen weitergibt, die er/sie dem Text entnommen hat. Gemeinsam werden dann weitere Tipps – oder aber auch skeptische Reaktionen auf den Text – gesammelt.<br>**Lösung 8c:**<br>Die Autorin hat gute Erfahrungen mit digitalen Bewerbungen gemacht. Sie war schon zweimal mit Initiativ-Bewerbungen über *Xing* erfolgreich und nutzt auch *Twitter* gerne zur Jobsuche.<br>Sie rät den Bewerbern, sich ein aussagekräftiges Profil bei *Xing* einzurichten, das dem möglichen Arbeitgeber wichtige Informationen über den Arbeitsuchenden gibt. Einen besonderen Eindruck kann man hinterlassen, indem man zusätzlich zu den üblichen Daten ein Video von sich einstellt. Die Autorin empfiehlt außerdem, neue Gesprächspartner sofort zu seinem Netzwerk hinzuzufügen, um leichter in Kontakt zu bleiben. Auch lohnt es sich, direkt auf den Profilseiten von interessanten Unternehmen nach Stellenangeboten zu suchen. | |
| **8d** | **Semantisierung:** In PA lesen die TN die sieben Sätze und suchen die Stellen im Text, für die diese Umschreibungen gelten. KL weist TN darauf hin, dass die Formulierungen in der gleichen Reihenfolge erscheinen, wie sie in der Aufgabe aufgeführt sind. Im Plenum werden die Ergebnisse verglichen. | ▶ **Leseverstehen (detailliert)**<br>**Lösung 8d:**<br>1. Zeile 3: Initiativ-Bewerbung<br>2. Zeile 14–15: ausgeschriebene Stelle<br>3. Zeile 20–21: ein aussagekräftiges Profil ( zum Beispiel auf Xing)<br>4. Zeile 22–23: beruflicher Werdegang<br>5. Zeile 46: sich im besten Licht präsentieren<br>6. Zeile 47: versteht sich von selbst<br>7. Zeile 52: die erweiterte Suche<br>▶ **Binnendifferenzierung;** ▶ **Sprachbewusstheit (Anglizismen):** KL bittet TN, die schneller fertig sind, im Text englische Wörter zu suchen und sich deutsche Äquivalente zu überlegen. | |
| **8e** | **Gespräch zum Text:** TN suchen in GA im Text passende Textstellen zu den drei Fragen und diskutieren sie. Sie notieren ihre Ergebnisse und präsentieren sie anschließend im Plenum. | ▶ **Neue Medien (soziale Netzwerke):** Bei Interesse überprüfen und aktualisieren TN ihre Profile im Netz im Hinblick auf die eigene berufliche Präsentation. | |
| **8f** | **Freie Anwendung:** TN schreiben mit ihren Argumenten aus der Diskussion einen Kommentar zu dem Artikel und vergleichen und korrigieren diesen zusammen mit einem Partner / einer Partnerin (anhand der Kopiervorlage). | ▶ **Schreiben (Meinungsäußerung)**<br>▶ **Hausaufgaben:** Diese Aufgabe eignet sich als Hausaufgabe.<br>▶ **Fehlerkorrektur (Selbstkorrektur)** | Kopiervorlage 9g: „Checkliste zur Selbstkorrektur“ |

**Üben:** TN schreiben eine Antwort auf eine Reklamation als Diktat.

*Sehr geehrter Herr Braun, /*
*ich nehme Bezug auf Ihre E-Mail, / in der Sie den am 23.04. gekauften Fernseher reklamieren. / Innerhalb der Garantiezeit haben Sie / selbstverständlich die Möglichkeit, / das Gerät zur Überprüfung zurückzusenden. / Bitte gehen Sie dazu folgendermaßen vor: / Verpacken Sie den Artikel sorgfältig, / am besten in den Originalkarton. / Legen Sie eine genaue Fehlerbeschreibung bei. / Drucken Sie das angehängte Rücksende-Etikett aus / und kleben Sie es auf das Paket. / Bringen Sie das Paket zur Post. / Das Rücksende-Etikett ist vorfrankiert, / sodass Ihnen keine Kosten entstehen. / Wir werden Sie über die Ursache des Defekts / zeitnah informieren. / Falls der Defekt nicht behoben werden kann, / erhalten Sie selbstverständlich ein Ersatzgerät. /*
*Mit freundlichen Grüßen*
*Christine Baur*
*Serviceteam*

▶ Diktate; ▶ Schreiben (Geschäftsbriefe)

# Raststätte

**Wiederholung:** alltagssprachlicher und berufsbezogener Wortschatz von *Berliner Platz 4 NEU, Kap. 7–9*

| | TN-/KL-Aktivitäten | Hinweise (▶ führt zum didaktischen Glossar) | Material |
|---|---|---|---|
| 1a | **Wiederholung:** TN bilden Gruppen. Sie blättern in den zurückliegenden Kapiteln und sammeln wichtige oder interessante Wörter und schreiben sie auf Kärtchen. Gemeinsam klären sie deren Bedeutung. | ▶ **Wortschatzarbeit** | Kärtchen |
| 1b | Nun diskutieren die Gruppen, welche die wichtigsten Wörter sind, und einigen sich auf fünf Wörter. | Die anderen Wort-Kärtchen bewahrt KL für eine spätere Wiederholung auf. | |
| 1c | Die gesammelten wichtigsten Wörter bilden nun den Korpus für das Spiel. TN lesen die Spielanleitung, mischen die Wort-Karten und legen den Stapel umgekehrt auf den Tisch. In einem zweiten Stapel liegen zuvor beschriftete Aktivitätskarten:<br>**E** Erklärung / **Z** Zeichnung / **P** Pantomime<br>Ein/e TN hebt nun jeweils eine Karte von jedem Stapel ab und erklärt das gezogene Wort auf die vorgegebene Weise, ohne aber dieses zu nennen. Ist das Wort erraten, so ist der/die nächste Spieler/in dran. | ▶ **Spiele (Tabu):** Je nach Kursgröße wird das Spiel im Plenum oder in Kleingruppen gespielt. | beschriftete Kärtchen |
| 2a | TN lesen gemeinsam die Spielanleitung und schreiben nicht mehr als sechs Oberbegriffe aus den behandelten beruflichen Handlungsfeldern auf Kärtchen. In Gruppen spielen die TN gegeneinander. Es gibt so viele Runden, wie Oberbegriffe gesammelt wurden. | ▶ **Spiele (Wortschwall):** Lebendiger wird die Aktivität, wenn TN die Wörter nicht aufschreiben, sondern sie – möglichst nacheinander – nennen. | Kärtchen |
| 2b | In einer zweiten Runde oder Variante geht es mehr um Wortbildung. Nach dem oben beschriebenen Verfahren müssen die TN von den Oberbegriffen abgeleitete Nomen, Verben oder Adjektive finden. | | |

**Lesen:** Shantel – Balkanpop aus Frankfurt

| | TN-/KL-Aktivitäten | Hinweise (▶ führt zum didaktischen Glossar) | Material |
|---|---|---|---|
| | **Einstieg:** KL bittet zuerst die TN, Vermutungen darüber anzustellen, was die Überschrift „Hinter jedem Lied steckt eine Geschichte" bedeuten mag. | | |
| 3a | **Präsentation/Verständnissicherung:** Im Plenum wird die Geschichte zum „Planet Paprika" gelesen. Die TN ordnen die Fragen den Textabschnitten zu. Nach erneutem Lesen fassen Sie die Geschichte noch einmal mit eigenen Worten zusammen. | ▶ **Leseverstehen (selektiv)**<br>**Lösung 3a:**<br>1 – b, 2 – c, 3 – a | |

| | | | |
|---|---|---|---|
| 3b | **Freie Anwendung:** Paarweise schreiben die TN (am besten auf halbe Flipchartbögen) kurze Texte über das Erlebnis an der Grenze und hängen ihre Texte im Unterrichtsraum auf. Alle TN gehen herum und lesen die Texte. Jede/r TN hat von dem/der KL drei Klebepunkte erhalten, die an die besten Berichte geklebt werden. | ▶ **Textkompetenz (Reaktion auf den Text)**<br>▶ **Methoden (Punkten):** Auf das Punkten sollte verzichtet werden, wenn die Gefahr besteht, dass sich schwächere TN durch das Prämieren der besten Texte entmutigt fühlen. In diesem Fall lesen die Paare nacheinander ihre Texte vor. Die Zuhörer applaudieren. | Flipchartpapier, Klebepunkte |
| 4a | **Präsentation:** TN lesen den Text und beantworten die Frage nach den beruflichen Tätigkeiten, die der Musiker schon oder lieber doch nicht ausgeübt hat. | ▶ **Leseverstehen (selektiv)**<br>▶ **Textkompetenz:** Ist weitere Arbeit mit den Texten gewünscht, so schreiben TN Meinungsäußerungen unterschiedlicher beteiligter Personen auf (z. B. Musiker im Tourenbus, Grenzbeamter, Fan von Shantel, Shantels Großmutter usw.). | |
| 4b | **Gespräch zum Text:** KL lässt den ersten Abschnitt des Texts noch einmal lesen. In GA oder im Plenum wird über das Thema „Mein Kind will einen Musikberuf ergreifen" diskutiert. | | |
| 5 | **Freie Anwendung:** TN lesen und klären zunächst die Adjektive. Dann stellen Gruppen oder Paare anhand mitgebrachter CDs oder mithilfe von Videoclips ihre Lieblingsmusik vor. Alle TN sind aufgefordert ihre Empfindung der Musik mithilfe der Adjektive auszudrücken. | TN sollten die Möglichkeit haben, sich außerhalb des Unterrichts in Gruppen oder mit einem Partner / einer Partnerin (unter Nutzung der Kopiervorlage) auf die Aufgabe vorzubereiten.<br>▶ **Neue Medien:** Es sollte neben dem CD-Player auch ein internetfähiger PC zur Verfügung stehen. | Kopiervorlage Raststätte 3a: „Lieblingsmusik"<br>PC, Internetanschluss, Beamer, CD-Player |

**Prüfungsvorbereitung**: *Goethe-Zertifikat B2* (Sprechen 2: Interaktion ), *telc Deutsch B2* (Mündlicher Ausdruck 3: Problemlösung)

| | TN-/KL-Aktivitäten | Hinweise (▶ führt zum didaktischen Glossar) | Material |
|---|---|---|---|
| 6a | **Sprechen:** TN lesen zuerst die Aufgabe und überlegen, was die Aufgabe erfordert. | ▶ **Prüfungsvorbereitung (*Goethe-Zertifikat B2*):** Bei Aufgabe 2 der mündlichen Prüfung führen zwei TN (Paarprüfung) ein Gespräch, in dem sie auf der Grundlage einer Vorgabe eine handlungsbezogene Aufgabe lösen, wie z. B. ein geeignetes Foto für einen Beitrag in der Lokalzeitung auszuwählen. Die TN sollen zeigen, dass sie in der Lage sind, die Aufgabenstellung zu sichten sowie Stellung dazu zu nehmen, Vorschläge zu machen und zu begründen, auf Gegenvorschläge des Gesprächspartners zu reagieren, ihm Ratschläge zu geben und gemeinsam Alternativen abzuwägen und schließlich zu einer Entscheidung zu kommen. | |
| 6b | Aus den Überlegungen der Aufgabe 6a leiten die TN ab, welche sprachlichen Teilaufgaben sie bewältigen müssen und ergänzen die Tabelle. | **Lösung 6b:**<br>einen Vorschlag machen \| etwas begründen \| widersprechen \| eine Entscheidung treffen | |

| | | | |
|---|---|---|---|
| 6c | KL hat die Tabelle der Aufgabe 6b an die Tafel geschrieben. TN ordnen im Plenum die Redemittel in die Tabelle ein und suchen nach weiteren Beispielen für die sprachlichen Teilaufgaben. | **Lösung 6c:** (siehe Tabelle unten) Ggf. werden anhand der Kopiervorlage noch weitere Redemittel zur sprachlichen Interaktion geübt. | Kopiervorlage Raststätte 3b: „Redemittel zur sprachlichen Interaktion“ |
| 6d + e | TN ordnen die Fotos den Rubriken „Gefahr“ und „Nutzen“ zu und führen im Anschluss mit einem Partner / einer Partnerin ein Gespräch, bei dem sie sich am Ende einigen. | | |
| 7a | TN lesen zuerst das Plakat und werten es inhaltlich aus. | ▶ **Prüfungsvorbereitung (*telc Deutsch B2*):** Zu zweit lösen TN ein Problem, zu dem sie in der Vorbereitung Informationen erhalten. Sie sollen zeigen, dass sie ein Problem verstanden haben, Lösungsvorschläge machen und auf Vorschläge des Partners angemessen reagieren können, um am Ende zu einer gemeinsamen Lösung zu kommen. | |
| 7b | TN lesen die Aufgabe. Sie notieren sich die Punkte, die sie für wichtig halten und über die sie mit ihrem Partner / ihrer Partnerin sprechen wollen. | Die Aufgaben 7 a–d können auch in PA erledigt werden. | |
| 7c | TN notieren zu den Punkten Probleme bzw. Fragen, die geklärt werden müssen. | | |
| 7d + e | In Aufgabe 6c wurden Redemittel bereits eingeordnet. Die TN überlegen, welche weiteren Redemittel zur Lösung der Aufgabe notwendig sind, und führen im Anschluss mit einem Partner / einer Partnerin das Gespräch. | | |

**Lösung 6c:**

| einen Vorschlag machen | etwas begründen | widersprechen | eine Entscheidung treffen |
|---|---|---|---|
| Ich glaube, wir sollten … | Ich denke so, weil … | Da bin ich anderer Meinung. | Könnten wir uns darauf einigen, dass …? |
| Wenn ich einen Vorschlag machen darf: … | Aus diesem Grund … | Das finde ich nicht gut. | Ich denke, wir sind uns einig. |

# Testtraining 3

**Prüfungsvorbereitung:** *telc Deutsch B2* (Leseverstehen 2: Zeitungsartikel, Sprachbausteine 2: Zuordnungsaufgabe, Hörverstehen 3: Radiomeldungen und Ansagen, Hörverstehen 2: Detailverstehen); *Goethe-Zertifikat B2* (Lesen 1: selektive Informationsentnahme, Schreiben 1: freies Schreiben nach Vorgaben)

| | TN-/KL-Aktivitäten | Hinweise (▶ führt zum didaktischen Glossar) | Material |
|---|---|---|---|
| **LV** P B2T | **Lesen (Detailverstehen):** TN lesen zuerst, die Überschriften der beiden Texte sowie die Aufgaben 1–5 und überlegen kurz, worum es in den beiden Texten geht. Dann lesen sie die beiden Texte, während des Lesens entscheiden sie, welche Fortsetzung der Aufgaben 1–5 jeweils richtig ist. Die Aufgaben sind in der Reihenfolge im Text angeordnet. | Im *telc Deutsch B2*-Prüfungsteil „Leseverstehen 2" geht es um das Verstehen einzelner Details in meist populärwissenschaftlichen Texten. Es gibt fünf Aufgaben mit jeweils drei Antwortmöglichkeiten, von denen nur jeweils eine richtig ist. TN müssen wissen, dass sie sich auf jeden Teil der Aussage konzentrieren müssen, denn wenn nur eine Information falsch ist, ist die ganze Aussage falsch. Wichtig ist es auch auf Negationen zu achten. TN müssen genau und sehr konzentriert lesen. Stellen, auf die sich die Aufgaben beziehen, sollten sie unterstreichen und mehrfach lesen, um sicher zu gehen, dass sie sie wirklich verstanden haben.<br>**Lösung LV:**<br>1 – a, 2 – c, 3 – b, 4 – b, 5 – c | |
| **SB** P B2T | **Sprachbausteine:** TN lesen zuerst den Tipp, der ihnen hilft, die Aufgabe zu bewältigen. Dann lesen sie den Text und entscheiden, welches Wort aus dem Kasten (a–o) in die Lücken 1–10 passt. Sie schreiben die entsprechende Ziffer in den Kasten unter dem Text. | In der Regel wird in „Sprachbausteine 2" ein Zeitungstext mit zehn Lücken präsentiert. Unter dem Text stehen 15 Wörter (a–o) und Ausdrücke. Aus diesen wählt der/die TN zehn aus, die in die Lücken im Text passen. Fünf Wörter passen nicht. Die TN können jedes Wort nur einmal verwenden. Es können alle Wortarten vorkommen. Wichtig ist, dass die TN zu jeder Lücke ein Wort zuordnen und nichts leer lassen.<br>**Lösung SB:**<br>1 – a, 2 – m, 3 – b, 4 – o, 5 – n, 6 – c, 7 – f, 8 – l, 9 – h, 10 – k | |
| **LV** P B2G | **Lesen (selektives Verstehen):** TN lesen zuerst die Aufgabenbeschreibung, anschließend die fünf Personenbeschreibungen, für die sie ein passendes Buch finden sollen. Hierbei markieren sie in den Personenbeschreibungen die Schlüsselwörter. Dann lesen sie die Buchbeschreibungen (A–H) und markieren hier die Schlüsselwörter, die zu den Personen passen könnten. Am Ende lesen die TN die Buchbeschreibungen ein zweites Mal, entscheiden sich jeweils für eins der Bücher und notieren den passenden Buchstaben neben die Personenbeschreibung. | Aufgabe 1 des Prüfungsteils „Lesen" im *Goethe-Zertifikat B2* besteht aus der Zuordnung von fünf Personen mit bestimmten Interessen zu Texten (hier Buchbeschreibungen). TN können für jede richtige Lösung einen Punkt erhalten.<br>**Lösung LV:**<br>1 – H, 2 – A, 3 – B, 4 – F, 5 – C | |
| **HV** P B2T | **Hören (selektives Verstehen):** TN lesen die fünf Aussagen und markieren Schlüsselwörter (meist Zahlen oder Namen). Dann hören sie die fünf Ansagen und markieren, ob die Aussage richtig oder falsch ist. Beim Hören achten sie vor allem auf die Schlüsselwörter, das hilft ihnen die richtige Information herauszufiltern. | Im Teil „Hörverstehen 3" der *telc Deutsch B2*-Prüfung hören TN fünf Radiomeldungen und Ansagen (hier: Verkehrsnachrichten, Wetterbericht, Veranstaltungshinweise und Werbung) einmal. Dazu gibt es fünf Aussagen, die in der gleichen Reihenfolge auch im Hörtext vorkommen.<br>**Lösung HV:**<br>1 – +, 2 – –, 3 – –, 4 – +, 5 – + | CD: Track 4.13–17 |

| | | | |
|---|---|---|---|
| SA<br>P B2G | **Schriftlicher Ausdruck (freies Schreiben nach Vorgaben):** Die TN lesen zuerst die beiden Themen und wählen eines aus. Dann lesen sie ihre gewählte Aufgabe mit den vier Leitpunkten und den entsprechenden Text dazu und schreiben den Leserbrief. | Aufgabe 1 des Prüfungsteils „Schreiben" im *Goethe Zertifikat B2* prüft die Fähigkeit zum Verfassen eines schriftlichen Textes zu einem vorgegebenen Thema. Dabei sollen sich die TN ausführlich, kohärent sowie partner- und situationsadäquat schriftlich äußern. Auf der Basis eines Textes und vier Leitpunkten sollen die TN einen Leserbrief von ca. 200 Wörtern Länge verfassen. Das Thema wählen sie aus zwei kurz charakterisierten Angeboten aus. | |
| HV<br>P B2T | **Hören (Detailverstehen):** Die TN hören den Text einmal und kreuzen die entsprechende Lösung an. | Im *telc Deutsch B2*-Prüfungsteil „Hörverstehen 2" hören die TN ein Radiointerview. Dazu sollen sie zehn Aufgaben lösen. Der Text wird nur einmal gehört.<br>**Lösung HV:**<br>1 – r, 2 – f, 3 – r, 4 – r, 5 – f, 6 – f, 7 – r, 8 – r, 9 – f, 10 – r | CD: Track 4.18 |

# Die Welt – ein Dorf 10

**Thematische Schwerpunkte:** Globalisierung, Fernbeziehungen, Sprache der Wirtschaft, Arbeitsalltag

**Lernziele**
**Die TN können**
- über Globalisierung diskutieren
- einen Text über Fernbeziehungen verstehen
- einen Text über die Sprache in der Wirtschaft verstehen
- über den Arbeitsalltag sprechen

**Lerninhalte**
**Wortschatz/Redemittel:**
- Globalisierung (*die Weltbank, das Niedriglohnland, bevölkern* etc.)
- Diskussion (*Ich bin der Auffassung, dass … Da muss ich Ihnen widersprechen* etc.)
- Partnerschaft auf Distanz (*die Fernliebe, das Kernproblem, die Machtverschiebung* etc.)
- Manager und Sprache (*die Selbstdarstellung, schummeln, nichtssagend* etc.)
- Arbeitsalltag (*die Bürokleidung, der Urlaubsantrag, diplomatisch etc.)*

**Grammatik:**
- Verben, Nomen, Adjektive mit Präpositionen
- Umschreibung von Modalverben mit synonymen Konstruktionen

**Lernziele:** TN können über Globalisierung diskutieren.
**Lerninhalte:** WS: Globalisierung (*die Weltbank, das Niedriglohnland, bevölkern* etc.); Redemittel: Diskussion (*Ich bin der Auffassung, dass … Da muss ich Ihnen widersprechen* etc.)

| | TN-/KL-Aktivitäten | Hinweise (▶ führt zum didaktischen Glossar) | Material |
|---|---|---|---|
| 1a | **Einstieg:** TN sehen die Weltkarte und die Weltwörter an und notieren in EA ihre Assoziationen. Im Anschluss tauschen sie sich in Gruppen dazu aus. | ▶ **Methode (Platzdeckchen):** Jede/r TN schreibt seine/ihre Gedanken in das eigene Feld. Die Gruppenmitglieder tauschen sich über ihre Gedanken aus und notieren in der Mitte des Blattes die Gruppenmeinung. | ein großer Bogen Papier je Gruppe |
| 1b | **Präsentation:** TN hören die vier Aussagen und notieren, welche Person über welches „Weltwort" spricht. Sie vergleichen ihre Ergebnisse im Plenum. | ▶ **Hörverstehen (global)**<br>**Lösung 1b:**<br>1. Person: Weltreise; 2. Person: Weltfrieden; 3. Person: Weltwirtschaft/Welthandel; 4. Person: Weltbevölkerung | CD: Track 2.23–26 |
| 1c | **Gespräch zum Text:** TN hören die Aussagen noch einmal und machen sich Notizen. Danach tauschen sie sich in GA darüber aus, welchen Aussagen sie zustimmen und welchen sie widersprechen möchten. | ▶ **Hörverstehen (selektiv)** | |
| 1d | **Semantisierung:** Nun wählen die TN ein Wort aus und erklären dieses Wort im Kurs oder in Gruppen, ohne es zu nennen. Die anderen TN raten, um welches es sich handelt. | ▶ **Spiele (Tabu):** TN können die Wörter auf verschiedene Weise erklären: mithilfe einer Umschreibung, anhand von Beispielen, mit ähnlichen Wörtern.<br>▶ **Methoden (stummer Dialog):** TN wählen ein Wort aus und schreiben auf ein Blatt Papier, warum sie dieses Wort gewählt haben und was es für sie bedeutet. Dann lassen sie das Blatt vor sich auf dem Tisch liegen. Alle TN gehen nun von Aussage zu Aussage, lesen diese und schreiben Kommentare dazu. (In schreibfreudigen Gruppen werden Din-A3-Papiere verwendet). | weiße Blätter |

<table>
<tr>
<td>2a</td>
<td>Einstieg: TN betrachten das Bild und sprechen in GA oder im Kurs darüber, welche Wörter aus Aufgabe 1 dazu passen.</td>
<td>▶ Einstiegsaktivitäten: TN sehen zuerst zwei Minuten lang das Bild an und versuchen sich so viele Begriffe und Assoziationen wie möglich zu merken. Nach zwei Minuten schließen TN das Buch und notieren alles, woran sie sich erinnern können. Danach vergleichen sie im Kurs, wer hat sich an die meisten Wörter erinnert?<br>▶ Binnendifferenzierung: Bei Interesse überlegt sich eine Gruppe parallel, welche Wörter auf der anderen Seite des Globus herumschwirren könnten.<br>(mögliche) Lösung 2a:<br>Weltreise, Weltwirtschaft, Welthandel, Weltkriege, Weltkulturerbe, Weltnaturerbe, Weltmeer</td>
<td>Kopiervorlage 10a: „Globalisierung“</td>
</tr>
<tr>
<td>2b</td>
<td>Präsentation: TN lesen die Thesen und sortieren sie nach Gewinn oder Gefahr. Dann ergänzen sie eigene Thesen, die vom KL an der Tafel gesammelt werden.</td>
<td>▶ Lernerorientierung: KL erstellt für je vier TN ein Kärtchen-Set (Kopiervorlage). TN sortieren die Thesen, wie in der Aufgabe beschrieben, nach Gewinn und Gefahr.<br>Lösung 2b:
<table>
<tr><th>+ Gewinn</th><th>– Gefahr</th></tr>
<tr><td>1. Demokratie und Menschenrechte werden weltweit verbreitet.<br>2. Moderne Kommunikationsmittel ermöglichen es, örtlich und zeitlich unabhängig zu arbeiten.<br>4. Wer miteinander handelt, führt keine Kriege.<br>7. Die Kulturen wachsen zusammen.</td><td>3. Arbeitsplätze werden in Niedriglohnländer verlagert.<br>5. Wer nicht über die entsprechenden Kommunikationsmittel verfügt, hat wenig Chancen.<br>6. Die Umweltzerstörung nimmt zu.<br>8. Soziale und wirtschaftliche Probleme sind nicht mehr national zu lösen.</td></tr>
</table></td>
<td>Kopiervorlage 10b: „Globalisierung – Gewinn oder Gefahr“</td>
</tr>
<tr>
<td>2c</td>
<td>Freie Anwendung: TN lesen die Redemittel und wählen aus jeder Kategorie zwei aus, die sie in der folgenden Diskussion anwenden wollen. Dann diskutieren sie in Gruppen über die Vor- und Nachteile der Globalisierung. Jede/r TN muss seine/ihre sechs Redemittel mindestens einmal in die Diskussion einbringen.</td>
<td>▶ Sprechen (Redemittel)<br>▶ Neue Medien: Ggf. zeigt KL einen Youtube-Clip zum Thema „Die Welt ist ein Dorf“, z. B.: www.youtube.com/watch?v=lVJTt4s1yDg&feature=endscreen&NR=1.<br>▶ Lieder: Auch das Lied von Tim Bendzko „Nur noch kurz die Welt retten“ unter www.youtube.com/watch?v=4BAKb2p450Q bietet sich bei diesem Thema an. Ein Austausch darüber, wie die TN selbst die Welt retten würden, kann sich anschließen.</td>
<td>Kopiervorlage 10c: „Redemittel Diskussion“</td>
</tr>
</table>

**Lernziele:** TN können einen Text über Fernbeziehungen verstehen.
**Lerninhalte:** WS: Partnerschaft auf Distanz (*die Fernliebe, das Kernproblem, die Machtverschiebung* etc.)

| | TN-/KL-Aktivitäten | Hinweise (▶ führt zum didaktischen Glossar) | Material |
|---|---|---|---|
| 3a | **Einstieg:** TN klären im Plenum den Begriff *Partnerschaft auf Distanz* und sammeln an der Tafel mögliche Gründe dafür, dass Menschen eine solche Partnerschaft führen. | ▶ **Sprechen (autobiografisches Erzählen):** TN sind möglicherweise mit dem Phänomen der Partnerschaft auf Distanz sehr gut vertraut. KL gibt Raum für persönliche Berichte. | |

| | | |
|---|---|---|
| 3b | **Präsentation:** Anschließend lesen TN in EA den Text und vergleichen ihre Meinungen und Gründe mit denen an der Tafel. | ▶ **Leseverstehen (selektiv)** |
| 3c | **Verständnissicherung:** TN lesen die Fragen. Danach lesen sie den Text noch einmal und markieren die Antworten im Text. Anschließend formulieren sie mit eigenen Worten Antworten auf die Fragen. Sie vergleichen mit einem Partner / einer Partnerin. | ▶ **Leseverstehen (selektiv):** Auch wenn TN bei der Beantwortung der Fragen auf eigene Erfahrungen zurückgreifen können, ist hier doch wichtig, dass sie zuerst schauen, welche Informationen im Text gegeben werden.<br>**(mögliche) Lösung 3c:**<br>1: – Fernliebe ist eine Beziehungsform, bei der die Partner oft weit voneinander getrennt leben (Zeilen 2–4). Unter Fernliebe kann man aber auch eine Art Völkerverständigung verstehen, wenn Menschen in gemischten Beziehungen leben (Zeilen 51–56).<br>2 – Hauptproblem ist, dass die Partner in verschiedenen Lebenswelten leben und den Alltag nicht teilen. Das kann konfliktreich sein, wenn sie sich sehen (Zeilen 26–30).<br>3 – Das Gute an einer Fernbeziehung ist, dass sie Freiräume schafft und die Partner sich nicht im Alltagstrott miteinander langweilen (Zeilen 47–50).<br>4 – An einer Fernliebe verdienen die Fluggesellschaften und die Bahn (Zeilen 40–42).<br>5 – Transnationale Ehen müssen viele rechtliche, emotionale und interkulturelle Schwierigkeiten überwinden. Die Behörden denken oft, dass transnationale Ehen Scheinehen sind. Wenn man z. B. heiraten will, gibt es viel Bürokratie. Es kann kulturelle Missverständnisse geben und außerdem können die Machtverhältnisse in der Partnerschaft schwierig sein (Zeilen 60–75). |
| 3d | **Üben:** TN lesen in EA die fünf Formulierungen aus dem Text und unterstreichen die Wörter bzw. Wendungen, die eine Wertung ausdrücken. Anschließend markieren sie „positiv + " oder „negativ/skeptisch – ". Sie vergleichen ihre Ergebnisse im Plenum. | **Lösung 3d:**<br>1 – –, 2 – –, 3 – +, 4 – +, 5 – – |
| 3e | TN lesen den Text unter dem Aspekt der Prüfungsaufgabe. Dabei müssen sie die einzelnen Items im Text auffinden und wertende Elemente erkennen. Im Plenum wird gemeinsam besprochen, an welcher Formulierung die Einstellung des Autors zu erkennen ist. | ▶ **Prüfungsvorbereitung:** In der Leseverstehen-Aufgabe 3 der Prüfung *Goethe-Zertifikat B2* wird das genaue Verstehen eines kommentierenden Textes hinsichtlich der darin enthaltenen expliziten und impliziten Meinungen oder Standpunkte geprüft. Die TN sollen bei fünf Alternativ-Aufgaben entscheiden, ob der Autor die jeweilige Aussage positiv oder negativ/skeptisch beurteilt.<br>**Lösung 3e:**<br>1 – –, 2 – +, 3 – +, 4 – –, 5 – + |
| 3f | **Freie Anwendung:** TN lesen die Prüfungsaufgabe und schreiben einen Leserbrief auf der Grundlage des Zeitungsartikels und der vier Items. | ▶ **Prüfungsvorbereitung:** Im Teil „Schreiben" der Prüfung *Goethe-Zertifikat B2* wird die Fähigkeit zum Verfassen eines schriftlichen Textes zu einem vorgegebenen Thema geprüft. Auf der Basis eines Textes und vier Leitpunkten sollen die TN einen Leserbrief von ca. 200 Wörtern Länge verfassen. |

# Die Welt – ein Dorf

**Lernziele:** TN können einen Text über die Sprache in der Wirtschaft verstehen.
**Lerninhalte:** WS: Manager und Sprache (*die Selbstdarstellung, schummeln, nichtssagend* etc.); GR: Nomen und Adjektive mit Präpositionen

| | TN-/KL-Aktivitäten | Hinweise (▶ führt zum didaktischen Glossar) | Material |
|---|---|---|---|
| 4a | **Präsentation:** TN lesen den Text und markieren die im Text enthaltenen Themen und vergleichen ihre Ergebnisse im Plenum. | ▶ **Berufsorientierung:** Die Sprache der Wirtschaft ist in vielen Berufen insbesondere rezeptiv sehr wichtig.<br>▶ **Leseverstehen (global)**<br>**Lösung 4a:**<br>Manipulation mit Sprache, missverständliche Sprache, Formulierungsschwierigkeiten | |
| 4b | **Üben:** TN ordnen die einzelnen Teile zu und bringen die Sätze dann in die richtige Reihenfolge, sodass eine kleine Textzusammenfassung entsteht. Im Plenum werden die Ergebnisse verglichen. | ▶ **Leseverstehen (selektiv)**<br>**Lösung 4b:**<br>1 – f, 2 – d, 3 – a, 4 – g, 5 – b, 6 – c, 7 – e, 8 – h<br>Reihenfolge: 1, 6, 4, 3, 5, 7, 8, 2 | |
| 4c | **Semantisierung:** TN wählen in PA einen Textabschnitt und markieren darin alle Komposita. Anschließend umschreiben sie in eigenen Worten die Bedeutung der Wörter. | ▶ **Leseverstehen (detailliert)**<br>▶ **Binnendifferenzierung:** Paare, die schneller fertig sind, erhalten die zusätzliche Aufgabe, Adjektive zu suchen, die aus zwei Wörtern zusammengesetzt sind.<br>**Lösung 4c:**<br>Komposita (Nomen) Zeilen 1–44: Selbstdarstellung, Geschäftsberichte, Managersprache, Anpassungsmaßnahme, Freisetzen, Entlohnungssysteme, Lohnkürzung, Sprachwissenschaftler, Schönreden<br>Komposita (Nomen) Zeilen 45–80: Führungskräfte, Telefonkonferenzen, Investmentbank, Finanzvorstand<br>Komposita (Adjektive) Zeilen 1–44: vielversprechend, nichtssagend, geschäftsspezifisch<br>Komposita (Adjektive) Zeilen 45–80: großartig, emotionsgeladen, nachfolgend | |
| 4d | **Bewusstmachung:** TN suchen im Text jeweils fünf Nomen und Adjektive mit Präpositionen. An der Tafel werden die gefundenen Ausdrücke gesammelt. | ▶ **Binnendifferenzierung:** TN können auch entweder Nomen oder Adjektive mit Präpositionen suchen.<br>**(vollständige) Lösung 4d:** (siehe Tabelle unten) | |

| Nomen mit Präpositionen | Adjektive mit Präpositionen |
|---|---|
| die Fähigkeit zu + D | erfahren in + D |
| die Hilfe bei + D | wichtig für + A |
| die Einsparung von + D | typisch für + A |
| die Notwendigkeit von + D | charakteristisch für + A |
| der Glaube an + A | reich an + D |
| die Angst vor + D | abhängig von + D |
| der Grund für + A | bereit zu + D |
| die Verantwortung für + A | verbunden mit + D |
| die Vorlage von + D | |
| die Wirkung auf + A | |
| die Verwendung von + D | |

| | TN-/KL-Aktivitäten | Hinweise | Material |
|---|---|---|---|
| 4e | **Systematisierung:** TN ergänzen die fehlenden Wörter in der Tabelle (Kopiervorlage). Dabei stellen sie fest, dass über die Wortarten hinweg die Präposition gleich bleibt. | ▶ **Selbstentdeckendes Lernen**<br>**Lösung 4e:** (siehe Tabelle unten) | Kopiervorlage 10d: „Verben, Nomen, Adjektive mit Präpositionen" |
| 4f | **Üben:** Mithilfe des Wörterbuchs suchen TN in kleinen Gruppen weitere Wörter, die über die Wortarten hinweg dieselbe Präposition benutzen. Sie schreiben diese auf Kärtchen, tauschen ihre Kärtchen mit denen einer anderen Gruppe und vermerken zu den Wörtern die passende Präposition und den Kasus. Im Plenum werden alle Kärtchen gesammelt und gemeinsam korrigiert. | ▶ **Hausaufgaben:** KL bittet TN, anhand der Liste „Verben, Nomen, Adjektive mit Präpositionen" im Anhang (S. 250–252) zu Hause weitere Beispiele aufzuschreiben. | Wörterbücher der TN<br>Kärtchen |

**Lösung 4e:**

| Verb mit Präp. | Nomen mit Präp. | Adjektiv mit Präp. |
|---|---|---|
| abhängen von + D | die Abhängigkeit von + D | abhängig von + D |
| sich verbinden mit + D | die Verbindung mit + D | verbunden mit + D |
| sich vorbereiten auf + A | die Vorbereitung auf + A | vorbereitet auf + A |
| sich entschließen zu + D | der Entschluss zu + D | entschlossen zu + D |
| sich spezialisieren auf + A | die Spezialisierung auf + A | spezialisiert auf + A |

**Lernziele:** TN können über den Arbeitsalltag sprechen.
**Lerninhalte:** WS: Arbeitsalltag (*die Bürokleidung, der Urlaubsantrag, diplomatisch etc.);* GR: Umschreibung von Modalverben mit synonymen Konstruktionen

| | TN-/KL-Aktivitäten | Hinweise (▶ führt zum didaktischen Glossar) | Material |
|---|---|---|---|
| 5a | **Einstieg:** TN stellen in Gruppen Vermutungen an bzw. sprechen über ihre Erfahrungen, was in deutschen Unternehmen anders ist als in ihrer Heimat (bzw. in Unternehmen im Ausland, die sie kennengelernt haben), und halten dies schriftlich fest. Anschließend lesen sie den Text und überprüfen, ob dieser ihre Vermutungen bestätigt. | ▶ **Einstiegsaktivitäten (angefangene Sätze):** KL kann auch zum Einstieg angefangene Sätze vervollständigen lassen und nutzt dazu die Kopiervorlage. | Kopiervorlage 10e: „Im Deutschen Arbeitsalltag – angefangene Sätze" |
| 5b | **Präsentation:** Vor dem eigentlichen Hören der Umfrage lesen TN die Begriffe, die verschiedene Aspekte des Arbeitsalltags in Deutschland bezeichnen. Dann hören TN die vier Aussagen und ordnen die Aspekte den Personen zu. Im Plenum werden die Ergebnisse verglichen. | ▶ **Hörverstehen (selektiv)**<br>**Alltagsorientierung:** Hier werden typische Aspekte des Arbeitsalltags in Deutschland angesprochen.<br>**Lernerorientierung:** In Gruppen mit TN, die Berufserfahrung in Deutschland haben, bietet es sich an, zuerst über die eigenen Erfahrungen mit den verschiedenen Aspekten des Berufsalltags zu sprechen.<br>**Lösung 5b:** (siehe Tabelle unten) | CD: Track 2.27–30 |

**Lösung 5b:**

| Nina Sorokin | Matteo Tozzi | Verónica Lopez Cruz | Ariana Sadiku |
|---|---|---|---|
| die Sprache<br>die Bürokleidung<br>du oder Sie? | die Gestik im Gespräch<br>die Work-Life-Balance<br>die Arbeitszeiten<br>die Urlaubsplanung<br>die Kommunikation | die Urlaubsplanung<br>das Feiern im Büro | die Bürokratie<br>die Bürokleidung<br>die Arbeitsbedingungen |

| | | | |
|---|---|---|---|
| 5c | TN lesen die vier Sätze und überlegen in PA, was von welcher Person gesagt wurde. | ▶ **Hörverstehen (selektiv)**<br>**Lösung 5c:**<br>1 – Verónica, 2 – Ariana, 3 – Nina, 4 – Matteo | |
| 5d | **Verständnissicherung:** Je zwei TN arbeiten zusammen. Sie erhalten unterschiedliche Höraufträge: Ein/e TN konzentriert sich auf Nina und Matteo, der/die andere auf Ariana und Véronica. Sie hören die Umfrage noch einmal und sammeln weitere Informationen zu den Aspekten des Arbeitsalltags ihrer Personen. | ▶ **Hörverstehen (detailliert)**<br>▶ **Kooperatives Lernen (Think-Pair-Share):** KL kann auch nach dem Think-Pair-Share-Prinzip vorgehen, bei dem jede/r TN erst einmal alleine Informationen zu den vier Personen sammelt und sich dann mit einem Partner / einer Partnerin austauscht. In einem dritten Schritt werden die Ergebnisse im Plenum vorgestellt. | |
| 5e | **Transfer:** TN bilden nun Gruppen und tauschen sich über die vier Personen aus. | In jeder Gruppe soll mindestens ein „Experte" / eine „Expertin" pro Person vertreten sein. | |
| 6a | **Bewusstmachung:** KL schreibt die Tabelle mit den Modalverben an die Tafel. KL präsentiert den ersten Satz ebenfalls an der Tafel. Ein/e TN liest den Satz laut vor. Gemeinsam überlegen die TN, welche Bedeutung dieser Satz hat und in welche Spalte der Tabelle er einzuordnen ist. In PA lesen die TN die anderen Sätze und ordnen sie den Modalverben zu. Im Anschluss werden die Infinitive ergänzt (*vorhaben, raten* usw.). | ▶ **Grammatik:** Bei den Ausdrücken in den Sätzen handelt es sich um synonymische Formen, die man statt der Modalverben benutzen kann.<br>Als Variante kann KL die zehn Sätze auf Kärtchen schreiben und sie austeilen. Er/Sie schreibt die Tabelle an die Tafel. TN überlegen sich in PA, welches Modalverb ersetzt wird, gehen an die Tafel und heften ihr Kärtchen mit Bluetack in die entsprechende Spalte<br>▶ **Hilfsmittel (Bluetack)**<br>▶ **Visualisierung (Lernplakat):** TN erstellen ein Lernplakat, auf dem sie den Modalverben die Ersatzformen gegenüber stellen, und hängen es im Kursraum auf.<br>**Lösung 6a:**<br>müssen: 3, 9 – sollen: 2, 6 – können: 4, 7, 8 – (nicht) dürfen: 4, 5, 7 – wollen: 1, 10 | Kärtchen mit den Sätzen<br>Bluetack |

**Lösung 6a:**

| müssen | sollen | können | (nicht) dürfen | wollen |
|---|---|---|---|---|
| 3, 9 | 2, 6 | 4, 7, 8 | 4, 5, 7 | 1, 10 |

**6b**

**Üben:** TN übertragen in PA die Sätze mit den Ersatzformen in Sätze mit passendem Modalverb. Im Plenum werden die Sätze kontrolliert und ggf. auf die Rückseite der in 6a angelegten Kärtchen geschrieben.

▶ **Fehlerkorrektur (gegenseitige Fehlerkorrektur):** Die TN geben ihre Sätze zuerst an den Nachbarn / die Nachbarin zur Korrektur weiter.

▶ **Wiederholung:** Die so doppelseitig beschrifteten Kärtchen können später zur Wiederholung genutzt werden. Jede/r TN zieht ein Kärtchen und sucht sich einen Partner / eine Partnerin: TN A liest den Satz mit Modalverb und bildet den Satz in der Ersatzform, TN B liest den Satz mit Ersatzform und bildet den Satz mit Modalverb. TN kontrollieren einander gegenseitig mithilfe der Lösung auf der Karte. Dann tauschen die beiden ihre Kärtchen und suchen neue Partner.

▶ **Binnendifferenzierung:** Gruppen, die schneller fertig sind als andere, schreiben eigene Sätze in beiden Formen auf Kärtchen und üben dann damit weiter.

**(mögliche) Lösung 6b:**

1. Petra wollte beruflich nach Asien reisen.
2. Seine Kollegin hat gesagt: „Du solltest die Prüfung machen."
3. Er musste einen Urlaubsantrag stellen.
4. Viktor konnte an einem interessanten Seminar teilnehmen.
5. Im Büro durfte nicht geraucht werden.
6. Ich soll das Protokoll bis heute Abend fertig haben.
7. Darf ich mich zu Ihnen setzen?
8. In dieser Situation konnte er nicht antworten.
9. In der Weihnachtszeit musste ich Überstunden machen.
10. Herr Peters wollte alle persönlichen Informationen öffentlich machen.

Kärtchen aus 6a

---

**6c**

KL thematisiert den Grammatikkasten. TN lesen die Sätze 1–5 und ersetzen das Modalverb jeweils durch eine passende Ersatzform. TN erkennen, dass nach den Umschreibungen der Infinitiv mit *zu*, ein *dass*-Satz mit *man* oder das Passiv stehen kann.

**Beispiele:**

Es ist notwendig, Deutsch zu verstehen.
Es ist notwendig, dass man Deutsch versteht.
Es ist notwendig, dass Deutsch verstanden wird.

▶ **Grammatik:** KL weist auf die Übersicht auf der Grammatikseite (S. 125) hin.

▶ **Arbeitsbuch:** Ist weiteres Üben erforderlich, so zieht KL hier die Übungen aus dem Arbeitsbuch hinzu.

**Lösung 6c:**

1. Es war notwendig, Deutsch zu verstehen und zu sprechen.
2. Ich war nicht in der Lage, mich daran zu gewöhnen.
3. Es wurde gebeten, dass ich meine Urlaubsplanung für das ganze Jahr angebe.
4. Wenn man vorhat, eine Party zu organisieren, lädt man die Kollegen ein.
5. Wenn nichts mehr zu tun ist, ist es erlaubt, früher zu gehen.

---

**6d**

**Transfer:** TN arbeiten in Gruppen und erstellen eine Tippliste für ausländische Mitarbeiter/innen in ihrem Land. Sie benutzen dabei die Ersatzformen aus 6a.

▶ **Lernerorientierung:** TN können auch Tipps zum Arbeitsalltag in einem Land geben, das sie kennengelernt haben.

---

**Projekt – Freie Anwendung:** TN bilden Gruppen nach Interesse für einen der Aspekte des Arbeitsalltags und bereiten eine Präsentation vor.

▶ **Sprechen (Präsentation von Gruppenergebnissen)**

▶ **Neue Medien (Internet):** TN recherchieren im Internet zu den unterschiedlichen Aspekten. Sie geben die Aspekte als Suchbegriffe ein.

**Üben:** TN schreiben einen Leserbrief als Diktat.
*Sehr geehrte Damen und Herren, /*
*ich bin ein langjähriger Leser Ihrer Zeitung / und war bislang meist zufrieden. / Als Geschäftsführer eines mittelständischen Unternehmens / möchte ich heute aber meine Empörung / über Ihren Artikel zum Thema / „Wie Manager mit Sprache umgehen" ausdrücken. / Sie schreiben von Tricksen und Schummeln, / von Vertuschen und Schönreden. / So, wie Sie es darstellen, / wollen sich alle Manager / hinter schönen Worten verstecken / und Verantwortung von sich abschieben. / Auch Manager gehören zu Ihren Lesern, / das haben Sie wohl vergessen! / Ich überlege mir, / Ihre Zeitung abzubestellen. /*
*Gruß*
*Otto Krüger,*
*(Geschäftsführer)*

▶ **Diktate**

# Mit Herz und Verstand 11

**Thematische Schwerpunkte:** Paargeschichten, konstruktiv streiten, Männerrollen – Frauenrollen, Beziehungsprobleme im Beruf

## Lernziele

**Die TN können**

- über Streitanlässe sprechen und Streitgespräche führen
- einen Text zum Thema „Rollentausch" verstehen
- über Beziehungsprobleme und Mobbing im Beruf sprechen
- ein Beratungsgespräch verstehen
- einen Geschäftsbrief schreiben
- schwierige Kundengespräche führen

## Lerninhalte

**Wortschatz/Redemittel:**

- Paargeschichten (*die Liebe seines Lebens, wehmütig, die Beziehung* etc.)
- Streitgespräche (*jmd. in die Enge treiben, der Vorwurf, die Lösung* etc.)
- Rollentausch (*die Paarberatung, einer Rolle nicht gerecht werden, die Verfügungsgewalt* etc.)
- Beziehungsstress im Beruf (*das Mobbing, die Diskriminierung, Anforderungen bewältigen* etc.)
- Geschäftsbriefe (*Sehr geehrte Damen und Herren, …, Für heute grüßt Sie freundlich …* etc.)
- Schwierige Kundengespräche (*Als Entschädigung kann ich Ihnen anbieten, …, Bitte haben Sie Verständnis dafür, dass …* etc.)

**Grammatik:**

- Relativsätze im Genitiv
- irreale Bedingungen und Wünsche in der Vergangenheit

**Lernziele:** TN können über Streitanlässe sprechen und Streitgespräche führen.
**Lerninhalte:** WS: Paargeschichten (*die Liebe seines Lebens, wehmütig, die Beziehung* etc.), Streitgespräche (*jmd. in die Enge treiben, der Vorwurf, die Lösung* etc.)

| | TN-/KL-Aktivitäten | Hinweise (▶ führt zum didaktischen Glossar) | Material |
|---|---|---|---|
| | **Einstieg:** KL weist auf das Kapitelthema hin. Bei Interesse wird im Kurs kurz diskutiert, welche Rolle allgemein das Herz und welche der Verstand in menschlichen Beziehungen spielen. | ▶ **Einstiegsaktivitäten:** In Kursen, in denen eine vertrauensvolle Atmosphäre herrscht, stellen sich TN in zwei Reihen gegenüber auf, je nachdem, ob sie sich mehr als „Herz-Menschen" oder als „Verstand-Menschen" verstehen. Sie gehen auf einen Partner / eine Partnerin zu und finden drei Unterschiede und drei Gemeinsamkeiten. | |
| **1a** | TN wählen je zu zweit ein Foto aus und erfinden eine Geschichte dazu, die sie in Stichworten notieren. Dann bilden diejenigen eine Gruppe, die sich für dasselbe Foto entschieden hatten, erzählen sich gegenseitig ihre Geschichten und entscheiden, welche letztlich im Plenum vorgestellt werden soll, oder erfinden aus den Geschichten eine neue. | Falls ein Foto nur von einem Paar gewählt wurde, schließt sich dieses der kleinsten Gruppe an.<br>▶ **Sprechen (Präsentation von Gruppenergebnissen):** Durch die Auswahl von maximal fünf Geschichten wird eine zu lange Vortragsphase vermieden. | |
| **1b** | **Präsentation:** TN hören die Geschichten ein erstes Mal und ordnen sie den Fotos zu. | ▶ **Hörverstehen (global)**<br>**Lösung 1b:**<br>Geschichte 1 – Foto E: Sebastian ist genervt davon, dass er seit der Geburt seiner Tochter nicht mehr ausschlafen kann. Er findet es auch schade, dass er und seine Frau kaum noch Zeit zu zweit verbringen können.<br>Geschichte 2: – Foto C: Silke ist sauer, weil Fred sich nicht an die Absprache gehalten hat. Ihm ist der Fernseher wichtiger als der Haushalt. | CD: Track 2.31–32 |

| | | | |
|---|---|---|---|
| 1c | **Verständnissicherung:** Beim zweiten Hören konzentrieren sich TN auf die Satzanfänge und ergänzen diese. Ein TN notiert verdeckt mit. Anhand dieser Notizen erfolgt dann im Plenum eine gemeinsame Kontrolle. | ▶ **Hörverstehen (selektiv):** KL spielt die Hörtexte zweimal und gibt TN Zeit, während des Hörens und im Anschluss daran die Satzanfänge zu ergänzen.<br>▶ **Binnendifferenzierung:** TN können wählen, ob sie sich entweder auf Geschichte 1 oder 2 konzentrieren. TN, die mehr Herausforderung brauchen, beenden die Satzanfänge für beide Geschichten.<br>**(mögliche) Lösung 1c:**<br>1. … nur seine Ruhe.<br>2. … kamen sie sonntags selten vor 11 Uhr aus dem Bett.<br>3. … sitzen seine Schwägerin, sein Bruder und vier weitere Erwachsene am Tisch.<br>4. … sie zu Seyrans Eltern zum Abendessen gehen.<br>5. … das Abendessen, das Fred vorbereitet hat.<br>6. … schallt ihr laut der Fernseher entgegen.<br>7. … ist auch niemand, nur Berge von Geschirr von gestern.<br>8. … „Schatz, ist er nicht toll, der Fernseher?“ | |
| 1d | **Gespräch zum Text:** TN diskutieren in Kleingruppen ihre persönlichen Haltungen zu den Geschichten. | ▶ **Interkulturelle Perspektive:** Hier können sich in kulturell heterogen zusammengesetzten Gruppen unterschiedliche Wertungen ergeben, die mit gegenseitigem Respekt diskutiert und reflektiert werden sollten. In kulturell homogenen Gruppen können Erfahrungen mit anderen Kulturkreisen angesprochen werden. KL geht herum und hilft, wenn nötig.<br>▶ **Spiele (Rollenspiel):** Wenn Interesse besteht, wählen TN dann in PA eine Geschichte aus und spielen sie nach oder variieren sie. | |
| 2a | **Einstieg:** KL bittet TN, Partner/innen für Kleingruppenarbeit zu suchen. In den Gruppen tragen sie zusammen, welche Streitanlässe sie kennen. An der Tafel werden die Streitanlässe zusammengetragen. | ▶ **Umgang mit heiklen Themen/Situationen:** Das Thema kann TN an persönliche Streitsituation erinnern. Gerade deshalb ist es wichtig, dass KL den TN bei der Gruppenbildung freie Wahl lässt, so dass sich Gruppen nach Sympathie bzw. Vertrauen bilden können. | |
| 2b | **Üben:** TN klären die Bedeutung der Stichwörter und schreiben zu zweit Aussagen oder Ratschläge auf Zettel. | ▶ **Binnendifferenzierung:** Bei dieser Aufgabe sind je nach Sprachstand und Persönlichkeit der TN Aussagen unterschiedlicher sprachlicher oder inhaltlicher Komplexität zu erwarten. KL macht keine Vorgaben, damit jede/r TN die Aufgabe auf seine Weise erledigen kann.<br>▶ **Interkulturelle Perspektive:** Anschließend ergibt sich möglicherweise eine Diskussion zum Stichwort „interkulturelle Unterschiede“. KL gibt dafür ausreichend Zeit und moderiert. | Wörterbücher der TN<br>Zettel |
| 2c | **Transfer:** TN hängen ihre Zettel im Kursraum auf. Alle stehen auf, gehen herum, lesen die Zettel und kommen darüber ins Gespräch. | ▶ **Methoden (stummer Dialog):** TN können die Zettel auch gegenseitig schriftlich kommentieren. | |
| 2d | **Freie Anwendung:** TN wählen einen Partner / eine Partnerin, schreiben und spielen gemeinsam mithilfe der Redemittel einen Dialog. KL weist auf die Wichtigkeit von Tonfall, Gestik und Mimik hin und gibt einige übertriebene Beispiele dazu. Wer möchte, kann seine Szene im Plenum vorspielen. | ▶ **Schreiben (Dialoge):** Gerade in Kursen, in denen es vielen TN noch schwerfällt, korrekt zu sprechen, ist das vorherige Schreiben zu empfehlen, da sich die TN beim Schreiben besser auf die sprachliche Korrektheit konzentrieren können. | |

**Lernziele:** TN können einen Text zum Thema „Rollentausch" verstehen.
**Lerninhalte:** WS: Rollentausch (*die Paarberatung, einer Rolle nicht gerecht werden, die Verfügungsgewalt* etc.); GR: Relativsätze im Genitiv

| | TN-/KL-Aktivitäten | Hinweise (▶ führt zum didaktischen Glossar) | Material |
|---|---|---|---|
| 3a | **Einstieg:** KL zeichnet das Frauensymbol ♀ und das Männersymbol ♂ an die Tafel. TN übernehmen die Symbole ins Heft und assoziieren zuerst in EA, dann in PA dazu. Im Plenum werden die Assoziationen gesammelt und diskutiert. | ▶ **Einstiegsaktivitäten (Männer und Frauen):** KL hängt ein großes Foto einer Frau an die linke Seite der Tafel und ein entsprechendes Foto eines Mannes an die rechte Seite. In zwei Gruppen schreiben TN Assoziationen zu „Männerrolle" und „Frauenrolle" zu den Fotos auf. | große Fotos einer Frau / eines Mannes aus Illustrierten |
| 3b | **Präsentation:** TN lesen zuerst die Stichwörter und dann den Text, wobei sie gezielt zu Informationen nach den Stichwörtern suchen und den Rest erst einmal vernachlässigen. Im Plenum vergleichen sie ihre Ergebnisse. | ▶ **Leseverstehen (selektiv)**<br>▶ **Binnendifferenzierung:** TN können wählen, auf wie viele Stichworte sie sich konzentrieren wollen.<br>▶ **Sprechen:** Diskussionsfreudige Gruppen führen anschließend eine Pro-und-Contra-Diskussion zum Thema „Rollentausch".<br>▶ **Neue Medien (Internet):** Kurse, die sich für das Thema „Familienernährerin" interessieren, d. h. für Frauen, die den Hauptanteil für die Familienkasse verdienen, finden interessante Informationen unter www.familienernaehrerin.de. | |
| 3c | **Verständnissicherung:** TN lesen zuerst die Fragen und beantworten diese dann in PA. Im Plenum wird verglichen und analysiert, anhand welcher Äußerungen man auf die Haltung der Autorin schließen kann. | ▶ **Leseverstehen (selektiv)**<br>▶ **Prüfungsvorbereitung:** Das Format bereitet auf den Teil „Lesen 3" im *Goethe-Zertifikat B2* vor.<br>**Lösung 3c:**<br>1. + (Zeile 33–35); 2. – (Zeile 38–49); 3. + (Zeile 55–59) ; 4. – (Zeile 68–70); 5. + (Zeile 82) | |
| 3d | **Semantisierung und Transfer:** TN suchen zunächst die Ausdrücke 1–5 in der Reportage. Dann überlegen sie sich im Plenum andere Formulierungen. Sie wenden die Ausdrücke im Beschreiben selbst erlebter Situationen an. | ▶ **Methoden (drei persönliche Sätze):** TN können sich auch anhand der auf Zettel geschriebenen „drei persönlichen Sätze" gegenseitig befragen. | Zettel |
| 3e | **Diskussion:** TN diskutieren in kleinen Gruppen über die Situation in ihren Herkunftsländern bzw. Ländern, in denen sie gelebt haben oder die sie über Dritte kennen. Sie können, wenn sie mögen, Ergebnisse ihrer Diskussion anschließend ins Plenum tragen. | ▶ **Interkulturelle Perspektive:** Sowohl in kulturell gemischten als auch homogenen Kursen können die „Geschlechterrollen" ein sensibles Thema sein. KL geht daher herum und moderiert ggf. im Hinblick auf eine Wertschätzung aller Positionen. | |
| 4a | **Bewusstmachung:** TN suchen die Entsprechungen der Sätze 1–4 im Text. KL erklärt mithilfe der Übersicht die Relativsätze im Genitiv und führt die Relativpronomen im Genitiv *dessen* (maskulin und neutrum) und *deren* (feminin und plural) ein. | ▶ **Lernerorientierung:** Je nach Kenntnisstand der Gruppe empfiehlt es sich, eine Wiederholung der Relativsätze im Nominativ, Akkusativ und Dativ voranzustellen. Dazu können die Übersicht auf S. 135 und die Kopiervorlage genutzt werden.<br>**Lösung 4a:**<br>1. ..., deren Frauen mehr Geld verdienen als sie selbst, ...<br>2. ..., deren Lebenspartner weniger verdienen, ...<br>3. ..., auf deren Hilfe die beiden angewiesen waren, ...<br>4. ..., in deren Alltag es kaum Netzwerke gibt, ... | Kopiervorlage 11a: „Wiederholung Relativpronomen" |
| 4b | **Üben:** TN schreiben Satzpaare wie in 4a auf Zettel und reichen sie weiter. Der Nächste verbindet die Sätze, der übernächste kontrolliert, ob der so entstandene Relativsatz korrekt ist. | ▶ **Spiele (Schnipp-Schnapp):** Vor Übung 4b kann man mithilfe der auseinander geschnittenen Relativsätze der Kopiervorlage „Schnipp-Schnapp" spielen. | Kärtchen<br>Kopiervorlage 11b: „Schnipp-Schnapp" |

# Mit Herz und Verstand

**Lernziele:** TN können über Beziehungsprobleme und Mobbing im Beruf sprechen. Sie können ein Beratungsgespräch verstehen.
**Lerninhalte:** WS: Beziehungsstress im Beruf (*das Mobbing, die Diskriminierung, Anforderungen bewältige* etc.); GR: irreale Bedingungen und Wünsche in der Vergangenheit

| | TN-/KL-Aktivitäten | Hinweise (▶ führt zum didaktischen Glossar) | Material |
|---|---|---|---|
| 5a | **Einstieg:** TN sprechen in GA über zwischenmenschliche Probleme im Arbeitskontext und überlegen, wie man sie lösen kann. | ▶ **Berufsorientierung** | |
| 5b | **Präsentation/Verständnissicherung:** TN lesen die fünf Anzeigen, klären den zum Verstehen notwendigen Wortschatz und sammeln in GA zu den Anzeigen passende Situationen. Diese präsentieren sie sich einander in Wirbelgruppen. | ▶ **Leseverstehen (detailliert)**<br>▶ **Methoden (Wirbelgruppen)**<br>▶ **Landeskunde (Antidiskriminierungsgesetz)** | |
| 5c | **Freie Anwendung:** Die TN gehen wieder in die Ursprungsgruppen zurück und überlegen sich andere Lösungen als die in den Anzeigen vorgeschlagenen. Im Plenum werden die Ideen dann besprochen. | ▶ **Lernerorientierung:** Falls TN nur wenig Berufserfahrung haben, kann man diese Aktivität auch ins Plenum verlegen. | |
| 6a | **Einstieg:** TN sehen sich die Zeichnung an. Sie thematisiert das Thema „Mobbing" und stellt dar, wie ein Kollege von anderen systematisch klein gemacht wird. Falls es die Atmosphäre im Kurs zulässt, kann KL hier nachfragen, ob TN schon Erfahrungen mit Mobbing gemacht haben und wie sie damit umgegangen sind. | ▶ **Umgang mit heiklen Themen/Situationen:** Da Mobbing ein sehr heikles Thema ist, ist es einerseits wichtig, hier nicht zu insistieren, andererseits aber auch den Raum zu geben, wenn TN persönlich Erlebtes erzählen wollen. | |
| 6b | **Präsentation:** TN hören ein erstes Mal und notieren, von welchen Problemen Herr Gellert spricht. TN tauschen sich zuerst in PA aus und vergleichen dann im Plenum. | ▶ **Hörverstehen (global)**<br>**Lösung 6b:**<br>Herr Gellert arbeitet seit einem halben Jahr in der Firma. Anfangs lief alles gut, aber seit ein neuer Mitarbeiter da ist, fühlt er sich gemobbt. Die Kollegen meiden ihn und der Chef gibt ihm keine interessanten Aufträge mehr. | CD: Track 2.33 |
| 6c | **Verständnissicherung:** TN hören das Gespräch bei Bedarf mit Pausen noch einmal und machen sich Notizen zu den Fragen. Sie vergleichen ihre Antworten in Kleingruppen. Im Plenum werden dann Wortschatz- und Verständnisfragen geklärt. | ▶ **Hörverstehen (selektiv)**<br>**Lösung 6c:**<br>1. seit etwa vier Monaten<br>2. „Der ist wahnsinnig ehrgeizig und will unbedingt sofort eine supersteile Karriere machen."<br>3. Sie hören auf zu reden, wenn Herr Gellert den Raum betritt, und gehen auch nicht mehr mit ihm essen.<br>4. Er bekommt vom Chef keine interessanten Aufträge mehr, sondern nur noch Routinearbeiten.<br>5. Er soll erst mal ganz konkret nach der Arbeit fragen und um interessantere Aufträge bitten. Wenn wieder ein Vertrauensverhältnis hergestellt ist, kann er dann vielleicht auch das Problem mit dem Kollegen ansprechen. | |
| 7a | **Bewusstmachung:** TN lesen die Sätze 1–4 und ordnen sie den Umschreibungen a–d zu. | **Lösung 7a:**<br>1 – d, 2 – a, 3 – b, 4 – c | |

| | | | |
|---|---|---|---|
| 7b | **Systematisierung:** TN machen sich klar, was in den Sätzen jeweils Wunsch bzw. Bedingung und was Folge ist, und markieren entsprechend. Anhand der Erklärungen im Grammatikkasten und auf S. 135 erarbeiten sich TN Funktion und Bildung der irrealen Konditionalsätze. | Bei Bedarf werden vorab die Formen des Konjunktiv II wiederholt.<br>▶ **Grammatik (irreale Konditional- und Wunschsätze in der Vergangenheit):** In den Beispielen sind die irrealen Konditional- und Wunschsätze vorangestellt; sie können aber genauso gut nachgestellt werden. KL erklärt, dass im irrealen Wunschsatz die Partikel *doch, nur, doch nur, bloß* ebenso wie das Ausrufezeichen dem Wunsch Nachdruck verleihen.<br>**Lösung 7b:**<br>___ = Bedingung oder Wunsch, ..... = Folge<br>1. Wenn Sie mit Ihren Kollegen gesprochen hätten, hätten Sie weniger Probleme bekommen.<br>2. Wären Sie doch schon früher zu Ihrem Chef gegangen! Dann wären Sie schneller befördert worden.<br>3. Wenn Sie sich während der Elternzeit nicht weitergebildet hätten, hätten Sie den Anschluss an die Entwicklungen in Ihrem Beruf schnell verloren.<br>4. Hätte ich doch gleich eine Berufsausbildung gemacht und nicht zuerst studiert! Dann hätte ich nicht so viel Zeit verschwendet. | |
| 7c | **Üben:** TN formulieren in EA die irrealen Konditionalsätze und korrigieren sich dann gegenseitig. | ▶ **Fehlerkorrektur (gegenseitige Fehlerkorrektur)**<br>**Lösung 7c:**<br>1. Wenn Sie gleich zu einer Beratung gegangen wären, hätten Sie das Problem in den Griff bekommen.<br>2. Wenn Sie pünktlich zur Besprechung gekommen wären, hätten die Kunden einen guten Eindruck bekommen.<br>3. Wenn Sie die Präsentation gut gestaltet hätten, hätten Sie den Auftraggeber von unserem Angebot überzeugt.<br>4. Wenn Sie das Computernetzwerk rechtzeitig installiert hätten, wären Sie mit der Arbeit nicht in Verzug gewesen. | |
| 7d | **Transfer:** Jede/r TN formuliert mindestens drei irreale Konditionalsätze, die auf ihn/sie zutreffen. | ▶ **Binnendifferenzierung:** KL gibt fortgeschritteneren TN ein Maximalziel, z. B. acht Sätze, das diesen die für sie wichtige Herausforderung gibt.<br>Ist weiteres Üben an dieser Stelle erforderlich, so zieht KL die entsprechenden Übungen aus dem Arbeitsbuch und/oder die Kopiervorlage hinzu. | Kopiervorlage 11c: „Angefangene irreale Wunsch- und Konditionalsätze" |
| | **Projekt – Freie Anwendung:** TN recherchieren online und im Bekannten-, Kollegen- und Freundeskreis und erstellen einen kleinen Konfliktratgeber. | ▶ **Handlungsorientierung (Task)** | |

# Mit Herz und Verstand

**Lernziele:** TN können einen Geschäftsbrief schreiben. Sie können schwierige Kundengespräche führen.
**Lerninhalte:** WS: Geschäftsbriefe (*Sehr geehrte Damen und Herren, …, Für heute grüßt Sie freundlich …* etc.), schwierige Kundengespräche (*Als Entschädigung kann ich Ihnen anbieten, …, Bitte haben Sie Verständnis dafür, dass …* etc.)

| | TN-/KL-Aktivitäten | Hinweise (▶ führt zum didaktischen Glossar) | Material |
|---|---|---|---|
| 8a | **Präsentation:** TN lesen die Tipps und diskutieren vergleichend die Standards für Geschäftsbriefe in ihren Ländern. | ▶ **Leseverstehen (detailliert)**<br>▶ **Interkulturelle Perspektive**<br>▶ **Lernerorientierung:** Wenn es im Kurs TN gibt, die mit den geschäftlichen Gepflogenheiten in ihrem Herkunftsland nicht ausreichend genug vertraut sind, um diesen Vergleich anzustellen, hält KL den Austausch kurz. | |
| 8b | **Verständnissicherung/Systematisierung:** TN ordnen die Briefformeln zuerst in EA in die Tabelle ein und vergleichen dann zuerst in PA und anschließend im Plenum. | ▶ **Schreiben (Geschäftsbriefe)**<br>**(mögliche) Lösung 8b:**<br>(siehe Tabelle unten) | |
| 8c | **Transfer:** TN ordnen die Redemittel (Kopiervorlage) den Sprechintentionen zu und schreiben in EA einen Brief nach den Vorgaben. | ▶ **Schreiben (Geschäftsbriefe)**<br>▶ **Binnendifferenzierung:** Schwächere TN setzen den Brief aus Textschnipseln (Kopiervorlage) zusammen, stärkere TN schreiben den Brief selbstständig nach den Vorgaben. | Kopiervorlage 11d: „Redemittel Angebotsschreiben"<br>Kopiervorlage 11e: „Schnipseltext – Angebotsschreiben" |
| 8d | TN tauschen ihre Briefe und korrigieren sich gegenseitig. | ▶ **Fehlerkorrektur (gegenseitige Fehlerkorrektur):** KL regt an, in drei Farben zu korrigieren: eine Farbe für Wortstellung im Satz, eine für Endungen, eine für die kommunikative Gestaltung bzw. die Berücksichtigung der Tipps. | |
| | **Einstieg:** KL fragt, ob TN sich als Kunden schon einmal telefonisch beschwert haben und wie diese Gespräche verlaufen sind bzw. ob sie schon einmal mit schwierigen Kunden telefonieren mussten. | | |
| 9a | **Üben:** TN ordnen 1–7 und a–g zu, vergleichen mit einem Partner / einer Partnerin und schreiben dann die Tipps ins Heft. | **Lösung 9a:**<br>1 – f, 2 – d, 3 – b, 4 – g, 5 – c, 6 – e, 7 – a | |
| 9b | Zuerst erstellt jede/r TN eine persönliche Hitliste, dann werden die Tipps im Plenum diskutiert. | ▶ **Interkulturelle Perspektive:** Auch hier kann es eventuell wieder interessante Unterschiede geben, die zu diskutieren sich lohnen. | |
| 9c | **Präsentation:** TN hören das Telefongespräch, notieren während des Hörens und im Anschluss daran, an welche Tipps sich der Angestellte gehalten hat, und tauschen sich im Plenum aus. | ▶ **Hörverstehen (selektiv)**<br>**Lösung 9c:**<br>1 – f, 2 – d, 4 – g, 5 – c, 6 – e | CD: Track 2.34 |
| 9d | **Systematisierung:** Paarweise ordnen TN die Äußerungen den Kategorien und den beruflichen Rollen zu. | **Lösung 9d:**<br>A: 5 (K), 8 (K)<br>B: 2 (A), 3 (A), 12 (A), 13 (A)<br>C: 1 (A), 9 (A), 14 (A)<br>D: 6 (K), 11 (K)<br>E: 4 (A), 7 (A), 10 (A) | Kopiervorlage 11f: „Als Entschädigung kann ich …" |

Lösung 8b:

| | privat | beruflich, gut bekannt | beruflich, unbekannt |
|---|---|---|---|
| Anredeformeln | 1, 11 | 3, 4 | 7, 9 |
| Schlussformeln | 6, 10 | 2, 8 | 5, 12 |

| | | | |
|---|---|---|---|
| 9e | **Freie Anwendung:** TN arbeiten mit frei gewählten Partnern. Sie entscheiden sich für eine Situation, machen sich zuerst dazu Notizen und spielen dann das Telefonat. In größeren Gruppen spielen sich die TN dann gegenseitig ihre Telefonate vor. | ▶ **Spiele (Rollenspiel):** Um die Telefonsituation authentischer zu üben, setzen sich TN Rücken an Rücken und sprechen in ihre Handys. | |
| | **Üben:** TN schreiben eine Anfrage als Diktat.<br>*Sehr geehrte Frau Dr. Ströbele, /*<br>*mein Name ist Rosanna Konrad. / Ich bin Betriebsrätin bei der Firma „Krawack und Co". / Aufgrund erheblicher innerbetrieblicher Konflikte / im Zusammenhang mit neuen Sparmaßnahmen im Betrieb / haben wir uns in Absprache mit der Betriebsleitung / zu einer Mediation entschlossen. / Sie sind uns als kompetente Mediatorin empfohlen worden. / Ich würde mich freuen, / wenn Sie mit mir unter der Nummer 0511 – 3468222 / Kontakt aufnehmen könnten. / Ich kann Ihnen dann die Situation telefonisch schildern / und Sie können mir bei Interesse / ein Angebot unterbreiten. /*<br>*Ich freue mich von Ihnen zu hören / und verbleibe*<br>*mit freundlichen Grüßen*<br>*Rosanna Konrad* | ▶ **Diktate;** ▶ **Schreiben (Geschäftsbriefe)** | |

# Bildung – Fortbildung

**Thematische Schwerpunkte:** Bildungsbiografie, Ausbildung, Studium, Weiterbildung

## Lernziele

**Die TN können**

- die eigene Bildungsbiografie vorstellen
- Aussagen anderer wiedergeben
- sich nach Bildungsmaßnahmen erkundigen
- sich über Förderprogramme informieren
- irreale Vergleiche anstellen
- Rückmeldung zum Unterricht geben

## Lerninhalte

**Wortschatz/Redemittel:**

- Bildungsbiografie (*die Abendschule, berufsbegleitend, sich an der Fernuni einschreiben* etc.)
- Lernerfolge (*sozial engagiert, jemandem etwas zutrauen, gute Nerven haben* etc.)
- Fortbildung (*die Qualifizierung, das Stipendium, Förderung beantragen* etc.)
- sich nach Bildungsmaßnahmen erkundigen (*Stehen die Termine für das nächste Jahr schon fest? Gibt es noch Plätze?* etc.)
- Lernen und Emotionen (*die Lernblockade, die Leistungsfähigkeit, beeinflussen* etc.)
- Rückmeldungen (*Der Kurs war große Klasse! Für mich kam … zu kurz* etc.)

**Grammatik:**

- indirekte Rede mit Konjunktiv I und II
- irreale Vergleichsätze

**Lernziele:** TN können die eigene Bildungsbiografie vorstellen.
**Lerninhalte:** WS: Bildungsbiografie (*die Abendschule, berufsbegleitend, sich an der Fernuni einschreiben* etc.)

| | TN-/KL-Aktivitäten | Hinweise (▶ führt zum didaktischen Glossar) | Material |
|---|---|---|---|
| 1a | **Einstieg:** KL schreibt *Bildung* ins Zentrum eines Wortigels an der Tafel. TN sammeln bei geschlossenem Buch Begriffe dazu und erklären sie. | ▶ **Einstiegsaktivitäten:** TN können auch in Kleingruppen arbeiten und die Kopiervorlage zur Hilfe nehmen (Kopiervorlage). | Kopiervorlage 12a: „Wortigel Bildung" |
| 1b | TN betrachten die Bilder und tauschen sich mit einem Partner / einer Partnerin darüber aus, was auf diesen zu sehen ist. KL lässt anschließend abstimmen und kurz begründen, welches Bild am meisten interessiert und welche Bilder eher nicht. | ▶ **Sprechen:** Eine komplexere Sprache müssen TN verwenden, wenn sie in PA nach folgendem Prinzip arbeiten: TN A deckt die Seite 137 mit einem Blatt zu, TN B deckt die Seite 136 zu. Jede/r beschreibt dem anderen also die Bilder, die diese/r nicht sehen kann.<br>▶ **Hörverstehen (global)**<br>**Lösung 1b:**<br>Bild E | CD. Track 2.35 |
| 1c | KL lenkt die Aufmerksamkeit zurück auf die in 1a gesammelten Begriffe und Gedanken. Jede/r TN wählt nun eines der Bilder. In GA tauschen sich die TN über die gewählten Bilder aus. | ▶ **Lernerorientierung:** In Kursen, in denen das Schreiben noch besonders geübt werden muss, schreibt jede/r TN einen kurzen Text zum gewählten Bild. KL geht herum und hilft individuell.<br>TN können auch in EA zehn Dinge aufschreiben, die sie mit dem Thema „Bildung" assoziieren (z. B. *staatliche Förderung* oder *Motivation*) und eine gemeinsame Liste erstellen, auf der die Punkte nach Wichtigkeit sortiert sind.<br>▶ **Neue Medien (Video):** Ggf. zeigt KL zum Einstieg einen Video-Clip der Seite www.bildungskampagne.org (z. B. den Film „2 girls born on the same day"). | internetfähiger PC, Beamer |

| | | | |
|---|---|---|---|
| **2a** | **Präsentation:** TN lesen die Anweisung. KL spielt die Berichte einmal vor; TN machen sich schon hier während des Hörens Notizen. Im Plenum werden die Ergebnisse verglichen. | ▶ **Hörverstehen (global):** Ein einmaliges Hören sollte ausreichen, um die Einstellung der Personen zum Thema „Schule" einschätzen zu können.<br>**Lösung 2a:**<br>**Eray** – In der Grundschule hat Eray sich noch wohlgefühlt, aber am Gymnasium verlor er seine Motivation. An der Abendschule, an der er sein Abitur nachholt, kommt er besser zurecht.<br>**Jenny** – Jenny ist gern zur Schule gegangen.<br>**Jadwiga** – Jadwiga hat als Lehrerin sehr gern in der Schule gearbeitet.<br>**Thomas** – Für Thomas war die schulische Weiterbildung anstrengend, aber eine Rettung vor der Arbeitslosigkeit. | CD: Track 2.36–39 |
| **2b** | **Verständnissicherung:** TN hören ein weiteres Mal in Abschnitten und notieren alle wichtigen Informationen zu den Personen. | ▶ **Hörverstehen (selektiv)**<br>▶ **Binnendifferenzierung:** TN können sich während des Hörens auf nur eine Person ihrer Wahl konzentrieren.<br>**Lösung 2b:**<br>**Eray** – Eray hat die Schule in der zwölften Klasse abgebrochen; besucht berufsbegleitend die Abendschule, um das Abi nachzuholen; hat an der Abendschule Türkisch als erste Fremdsprache gewählt; will später Informatik studieren.<br>**Jenny** – Jenny hat den Hauptschulabschluss; nach der Ausbildung zur Einzelhandelskauffrau Heirat und erstes Kind; Arbeit im Supermarkt; vor drei Jahren Eignungstest, seitdem Studium der Bildungswissenschaften an der Fernuni; Berufsziel: Bildungsberaterin.<br>**Jadwiga** – Jadwiga hat zwölf Jahre in Russland als Sportlehrerin gearbeitet; in Deutschland wurde ihr russischer Abschluss nicht anerkannt; wollte nicht Altenpflegerin werden; arbeitet nun als selbstständige Gymnastiklehrerin in der Volkshochschule und in einem Sportverein.<br>**Thomas** – Thomas ist eigentlich Zimmermann; hatte ein eigenes Unternehmen; musste wegen einer Berufskrankheit umschulen; die Umschulung dauerte 1,5 Jahre; hat nun einen Schreibtischjob. | |
| **2c** | **Transfer:** KL teilt Kärtchen mit den Namen *Eray, Jenny, Jadwiga* und *Thomas* aus, anhand derer TN Gruppen bilden. Sie besprechen noch einmal den Bildungsweg der betreffenden Person, bilden dann neue Gruppen und diskutieren die in der Anweisung gestellte Frage. | ▶ **Methoden (Wirbelgruppen):** Nach kurzer Arbeit in den Gruppen „Eray", „Jenny", „Jadwiga" und „Thomas" werden neue Gruppen gebildet, in denen jeweils ein „Experte" zu jeder Person vertreten ist. | Kärtchen in der Anzahl der TN. |
| **2d** | **Freie Anwendung:** KL teilt Textschnipsel (Kopiervorlage) mit den Redemitteln aus dem Kasten aus. TN ziehen jeweils einen angefangenen Satz und ergänzen ihn.<br>Danach erstellt jede/r TN eine individuelle Bildungsspirale und präsentiert sie anschließend im Kurs. | ▶ **Sprechen (Redemittel)**<br>▶ **Lernerorientierung:** TN, die eine eher holprige Bildungsbiographie haben, werden von KL ermutigt, den Begriff weiter – im Sinne allgemeinen Lernens – zu interpretieren und z. B. auch den Führerschein u. Ä. zu ergänzen.<br>▶ **Hausaufgaben:** Zu Hause können TN dann die eigene Bildungsbiographie anhand ihrer Bildungsspirale aufschreiben. | Kopiervorlage 12b: „Redemittel Bildungsbiographie"<br>Flipchartbögen oder Kopiervorlage 12c: „Vorlage Bildungsspirale" |

# Bildung – Fortbildung

**Lernziele:** TN können Zeitungsmeldungen verstehen und Aussagen anderer wiedergeben.
**Lerninhalte:** WS: Lernerfolge (*sozial engagiert, jemandem etwas zutrauen, gute Nerven haben* etc.); GR: indirekte Rede mit Konjunktiv I und II

| | TN-/KL-Aktivitäten | Hinweise (▶ führt zum didaktischen Glossar) | Material |
|---|---|---|---|
| 3a | **Einstieg:** KL schreibt an die Tafel:<br>*Auf welchen Erfolg in Ihrem Leben sind Sie besonders stolz?*<br>TN befragen einander im Plenum mithilfe des Balls. | ▶ **Spiele (Ballspiel)** | weicher Ball oder Wollknäuel |
| 3b | **Präsentation:** TN lesen die Zeitungsmeldungen und überlegen sich in PA für jede Meldung eine Überschrift. Die Überschriften werden an der Tafel gesammelt und besprochen. | ▶ **Leseverstehen (global):** KL gibt zum Lesen eine Zeit von drei Minuten vor, damit die Texte schnell und kursorisch gelesen werden.<br>**(mögliche) Lösung 3b:**<br>A: Student mit 95 Jahren<br>B: Soziales Engagement als Sprachbotschafter<br>C: Als Frau im Männerberuf<br>D: Lehrerin aus Überzeugung | |
| 3c | **Semantisierung:** In PA oder kleinen Gruppen klären TN die Wörter und besprechen, zu welchen Personen die Adjektive am besten passen. KL weist darauf hin, dass möglicherweise nicht alle Adjektive zuzuordnen sind. | ▶ **Leseverstehen (detailliert)**<br>▶ **Wortschatzarbeit**<br>**(mögliche) Lösung 3c:**<br>A: gebrechlich, intellektuell, wissbegierig, diszipliniert, vorsichtig<br>B: sozial engagiert, intellektuell, diszipliniert, hilfsbereit<br>C: kämpferisch, mehrsprachig, mutig, ungewöhnlich<br>D: zäh, kämpferisch, selbstständig, intellektuell, mobil<br>Zu keiner der vier Personen passt: einzelgängerisch, intolerant, egoistisch, temperamentvoll | Wörterbücher der TN |
| 3d | **Freie Anwendung:** Jede/r TN wählt eine Meldung und schreibt zu dieser einen Leserbrief, in dem er/sie sich zu den vier aufgelisteten Punkten äußert. KL weist darauf hin, dass auch hier Anrede und Gruß wichtig sind. Im Anschluss schreibt KL die drei Bewertungskriterien an die Tafel:<br>*– alle 4 Inhaltspunkte berücksichtigt?*<br>*– Sätze und Abschnitte miteinander verknüpft?*<br>*– korrekt geschrieben?*<br>Paarweise besprechen TN ihre Leserbriefe und überprüfen sie hinsichtlich der Kriterien. | ▶ **Schreiben (Meinungsäußerung):** Sollten TN keine Leserbriefe kennen, so bringt KL einen Leserbrief aus der aktuellen Presse mit oder nutzt die Kopiervorlage.<br>▶ **Prüfungsvorbereitung:** Diese Aufgabe bereitet auf das *Goethe-Zertifikat B2*, „Schreiben Teil 1", vor, in dem ein formeller Leserbrief als Reaktion auf Artikel geschrieben wird. Bei der Beurteilung wird u. a. darauf geachtet, ob alle vier angegebenen Inhaltspunkte berücksichtigt wurden, wie gut Sätze und Abschnitte sprachlich miteinander verknüpft sind und wie korrekt geschrieben wurde. | Leserbrief aus der Presse<br>Kopiervorlage 12d: „Leserbrief" auf Folie, OHP |

| | | | |
|---|---|---|---|
| 4a | **Bewusstmachung:** TN suchen die Aussagen 1–10 im Text, schreiben die gefundenen Sätze an die Tafel und markieren und analysieren die Verben. | ▶ **selbstentdeckendes Lernen**<br>**Lösung 4a:**<br>1. Der alte Herr sitze meist am Schreibtisch, sagt sein Enkel Alok.<br>2. Der Kanzler der Universität erklärt begeistert, die Fähigkeit zu lernen habe offensichtlich nichts mit dem Alter zu tun.<br>3. Glücklicherweise sei immer alles gut gegangen, erzählt sie.<br>4. Sie habe jedenfalls viel für ihr Leben gelernt.<br>5. Maschinenbau sei ja immer noch ein Männerberuf, berichtet sie.<br>6. Mit den Chefs gebe es manchmal Probleme, fügt sie hinzu,<br>7. weil viele auch heute noch Frauen nichts zutrauen würden.<br>8. Michael wolle später aber kein Lehrer werden, lacht er.<br>9. Für den Job müsse man gute Nerven haben, meint sie.<br>10. Die Schüler würden ihr aber sehr viel zurückgeben.<br>▶ **Arbeitsbuch:** Zur weiteren Bewusstmachung zieht KL die Zeitungsmeldungen der Übung 4 aus dem Arbeitsbuch hinzu. | |
| 4b | **Systematisierung:** Gemeinsam werden die Informationen im Grammatikkasten gelesen. TN erkennen, dass in der indirekten Rede für die 3. Person Singular die Form des Konjunktiv I benutzt wird und dass diese vom Indikativ Präsens abgeleitet ist und in der Endung ein *-e* erhält (*er sitzt – er sitze*). | ▶ **Grammatik (Konjunktiv I in der indirekten Rede):** TN sollen den Konjunktiv I in der indirekten Rede in der Hauptsache verstehen, nicht unbedingt vollständig anwenden können. Heute werden nur noch wenige Konjunktiv I-Formen gebraucht, nämlich die 3. Person Singular, die 1. und 3. Person Singular der Modalverben und die Formen des Verbs *sein*. Ansonsten werden ersatzweise der Konjunktiv II und die *würde*-Form verwendet.<br>**Lösung 4b:**<br>1. sei; 2. könne; 3. habe; 4. gebe; 5. lache; 6. sei; 7. könne; 8. müsse; 9. stehe | |

**Lernziele:** TN können sich nach Bildungsmaßnahmen erkundigen und sich über Förderprogramme informieren.
**Lerninhalte:** WS: Fortbildung (*die Qualifizierung, das Stipendium, Förderung beantragen* etc.); Redemittel: sich nach Bildungsmaßnahmen erkundigen (*Stehen die Termine für das nächste Jahr schon fest? Gibt es noch Plätze?* etc.)

| | TN-/KL-Aktivitäten | Hinweise (▶ führt zum didaktischen Glossar) | Material |
|---|---|---|---|
| 5a | **Einstieg:** KL schreibt *Fort- und Weiterbildung* an die Tafel. Gemeinsam wird dazu ein Mindmap erstellt. Anschließend lesen TN die Aufgabenstellung und ordnen den Wörtern die Definitionen zu. | ▶ **Lernerorientierung:** Je nach Gruppe können TN zum Einstieg auch von ihren persönlichen Weiterbildungserfahrungen berichten.<br>▶ **Spiele (Ratespiel):** In PA können TN zu weiteren Worten aus dem Mindmap Erklärungen schreiben und diese im Plenum vortragen. Die anderen TN raten, welches Wort passt.<br>**Lösung 5a:**<br>1 – c, 2 – e, 3 – a, 4 – d, 5 – b | |
| 5b | **Üben:** TN sammeln in PA Kriterien, die für sie bei der Entscheidung für eine Weiterbildung eine Rolle spielen. Anschließend werden alle Kriterien im PL zusammengetragen. | ▶ **Berufsorientierung:** Die TN können hier auch auf Aspekte eingehen, die speziell für ihren Beruf eine Rolle spielen. | |

| | | | |
|---|---|---|---|
| 5c | **Präsentation/Verständnissicherung:** KL fragt TN, was der Betreff der E-Mail sein könnte. TN lesen die E-Mail einmal schnell und beantworten die Frage. Anschließend lesen TN die E-Mail noch einmal in EA und notieren sich, zu welchen ihrer Fragen aus 5b sie Informationen finden und welche Fragen offen bleiben. | ▶ **Leseverstehen (global und selektiv)** | |
| 5d | **Transfer:** TN wählen je zu zweit eine Rollenkarte und spielen in PA ein Telefongespräch. | ▶ **Lernerorientierung:** TN können auch eine Situation erfinden, die zu ihrem Erfahrungshintergrund/ Berufsfeld passt.<br>▶ **Binnendifferenzierung:** KL kann die TN in Paare einteilen, so dass etwa gleichstarke TN zusammenarbeiten. TN, die mit der vorgegebenen Situation schnell fertig sind, können eine weitere Situation erfinden. | |
| 6a | **Präsentation:** KL führt den Begriff *Förderprogramme* ein und fragt, ob die TN Förderprogramme für Weiterbildungen kennen. Anschließend schauen sich je zwei TN eines der Logos A–F an und sammeln Vermutungen zu Zielgruppe und Konditionen des jeweiligen Förderprogramms. Jedes Paar stellt seine Vermutungen im Plenum vor. Nun lesen die Paare die Texte 1–6 und ordnen die Logos zu. Anschließend vergleichen sie ihre Ergebnisse im Plenum. | ▶ **Leseverstehen (selektives Lesen):** Beim Lesen der Texte und Zuordnen der Überschriften markieren TN Schlüsselwörter.<br>**Lösung 6a:**<br>1 – E, 2 – A, 3 – D, 4 – B, 5 – C, 6 – F | |
| 6b | **Üben:** TN lesen die Sätze und ordnen den Personen die passenden Förderprogramme zu. | ▶ **Leseverstehen (selektives Lesen)**<br>▶ **Lernerorientierung (Kurse im Ausland):** Je nach Kurs können weitere Fördermöglichkeiten besprochen werden, die für die Zielgruppe interessant sind. TN in Auslandskursen können sich über Fördermöglichkeiten in ihrem Land unterhalten. Besonders interessant sind dabei Fördermöglichkeiten, die einen Auslandsaufenthalt in einem deutschsprachigen Land unterstützen.<br>**Lösung 6b:**<br>a – 5, b – 6, c – X, d – 1 oder 3, e – 3 oder 4 | |

**Lernziele:** TN können einen Text über Lernen und Emotionen verstehen. Sie können irreale Vergleiche anstellen sowie Rückmeldung verstehen und geben.
**Lerninhalte:** WS: Lernen und Emotionen (*die Lernblockade, die Leistungsfähigkeit, beeinflussen* etc.); Redemittel: Rückmeldungen geben (*Der Kurs war große Klasse! Für mich kam … zu kurz* etc.); GR: irreale Vergleiche

| | TN-/KL-Aktivitäten | Hinweise (▶ führt zum didaktischen Glossar) | Material |
|---|---|---|---|
| 7a | **Einstieg:** TN sprechen in GA darüber, was für sie wichtig ist, damit sie sich beim Lernen wohlfühlen, notieren mindestens fünf Tipps und präsentieren diese anschließend im Plenum. | ▶ **Lernerorientierung** | |

**7b**

**Präsentation:** TN lesen die Fragen und sammeln im PL Vermutungen zu möglichen Antworten im Text. Anschließend lesen sie den Text, markieren die passenden Stellen zu den Fragen und vergleichen sie mit ihren Vermutungen.

▶ **Leseverstehen (detailliert)**

**Lösung 7b:**

1. Wer Angst hat, kann nicht gut lernen.
2. Starker Stress kann zu Lernblockaden führen, leichte Anspannung hingegen kann die Leistungsfähigkeit erhöhen.
3. Positive Emotionen fördern das Lernvermögen.
4. Die Autorin empfiehlt eine angenehme Lernumgebung zu schaffen, realistische Ziele zu setzen, durchzuhalten, auch wenn es einmal nicht so gut läuft, mit anderen Leuten zusammen zu lernen, mit Freude an die Arbeit zu gehen.

---

**8a**

**Bewusstmachung:** KL fragt, wie sich Marco vor Prüfungen fühlt. TN suchen den passenden Satz im Text. KL schreibt den Satz an die Tafel und markiert *als ob* und die Verbposition:

*Kurz vor einer Prüfung fühle ich mich, als ob ich an einem Wettkampf teilnehmen würde.*

(Zeile 30–31)

TN suchen in EA weitere Satzbeispiele im Text. Diese werden an der Tafel gesammelt. KL markiert die Verbposition und macht auf den Unterschied aufmerksam: *als ob* = Verb am Satzende, *als* = Verb in zweiter Position.

**Beispiel:**

..., **als ob** ich an einem Wettkampf teilnehmen **würde**.
... **als würde** ich an einem Wettkampf teilnehmen.

In welcher Zeitform der irreale Vergleichssatz steht, hängt davon ab, ob Haupt- und Nebensatz gleichzeitig oder nicht gleichzeitig sind. KL lässt TN die Beispiele auf der Grammatikseite 145 lesen und verdeutlicht ggf. zusätzlich anhand der Kopiervorlage.

▶ **Grammatik (irreale Vergleichssätze):** Irreale Vergleichssätze drücken einen Vergleich aus, der nicht real ist. Der Hauptsatz stellt eine reale Feststellung dar und steht daher im Indikativ. Im Nebensatz wird ein irrealer Vergleich ausgedrückt, daher steht er im Konjunktiv II. Irreale Vergleichssätze stehen normalerweise nach Verben des persönlichen Befindens oder der persönlichen Wahrnehmung, wie z. B. *sich fühlen, tun, scheinen, aussehen* etc.

**Lösung 8a:**

Zeile 1–4: Bei einer Prüfung habe ich das Gefühl, als würde etwas ganz Schlimmes passieren.
Zeile 4–6: Mein Kopf ist dann ganz leer, als hätte ich überhaupt nichts gelernt.
Zeile 65–66: Gewöhnen Sie sich eine Haltung von Neugierde und Freude an, als könnten Sie nie genug lernen.

Kopiervorlage 12e: „Singe, als ob …"

---

**8b**

**Üben:** TN ordnen die Satzteile zu und schreiben irreale Vergleichsätze mit *als ob*.

▶ **Binnendifferenzierung:** TN, die schnell fertig sind, können die Sätze einmal als Hauptsatz mit *als* und einmal als Nebensatz mit *als ob* schreiben.

**Lösung 8b:**

1 – e, d oder c; 2 – c oder e; 3 – d oder e; 4 – a oder b; 5 – b

---

**8c**

**Transfer:** TN notieren in EA, wie sie sich in bestimmten Situationen gefühlt haben. Anschließend tauschen sie sich in GA darüber aus. Dabei verwenden sie irreale Vergleichsätze wie in 8a und b.

▶ **Spiele (Ballspiel):** Ein/e TN nennt eine Situation, die/der nächste TN bildet dazu eine irrealen Vergleichssatz:

**Beispiel:**

TN1: An meinem Hochzeitstag...
TN2: An meinem Hochzeitstag habe ich mich gefühlt, als wäre ich im Paradies. ... Letzte Woche beim Zahnarzt ...

weicher Ball oder Wollknäuel

▶ **Binnendifferenzierung:** Zur Vertiefung arbeiten TN mit der Kopiervorlage und bilden irreale Vergleichsätze mit den vorgegebenen Satzteilen. Dabei konzentrieren sie sich entweder nur auf Sätze mit *als* oder auf Sätze mit *als ob* oder auf beide Formen. Schnelle TN können weitere Sätze erfinden.

Kopiervorlage 12f: „Satzpuzzle Irreale Vergleichssätze"

---

**9a**

**Präsentation:** KL fragt, wie die Figuren auf dem Bild sich fühlen, und notiert Wörter oder Sätze, die die TN nennen, an der Tafel. Bei Bedarf arbeiten TN mit dem Wörterbuch.

KL achtet darauf, dass TN bei dieser Übung noch nicht über sich sprechen, sondern über die Figuren auf dem Bild. Die Selbstreflexion folgt erst im nächsten Schritt.

▶ **Binnendifferenzierung:** Zur Vorentlastung kann KL auch Ausdrücke zu unterschiedlichen Gefühlen vorgeben (Kopiervorlage) und TN diese den Bildern zuordnen lassen.

Kopiervorlage 12g: „Gefühle ausdrücken"

| | | | |
|---|---|---|---|
| 9b | **Freie Anwendung:** TN lesen die Fragestellung, wählen eine Figur auf dem Bild und machen sich dazu in EA Notizen. Anschließend tauschen sie sich in kleinen Gruppen aus. | ▶ **Sprechen:** KL achtet darauf, dass die Rückmeldungen der einzelnen TN respektiert werden und erinnert an folgende Regeln für die GA: Die Rückmeldungen der einzelnen TN werden nicht kommentiert oder diskutiert. Lediglich Verständnisfragen sind erlaubt (*Was genau meinst du mit …?*). | |
| | **Üben:** TN schreiben ein Feedback zu einer Fortbildung als Diktat.<br>*Liebe Frau Manotti, /*<br>*wie Sie wissen, / konnte ich aus familiären Gründen / am letzten Fortbildungstag nicht anwesend sein. / Ich möchte Ihnen aber doch / eine kurze Rückmeldung zum Seminar geben. /*<br>*Mein Gesamteindruck vom Seminar ist sehr positiv / und mehr als zufriedenstellend. / Sie waren als Referentin einfach klasse! / Ich habe sehr viel gelernt / und bin immer ganz beschwingt nach Hause gegangen. / Mir hat besonders die gelungene Verbindung / zwischen praktischen Übungen und Theorie gefallen. /*<br>*Ich wünsche Ihnen eine erholsame Zeit*<br>*und alles Gute. /*<br>*Ihre begeisterte Seminarteilnehmerin*<br>*Irena* | ▶ **Diktate** | |

**Wiederholungsspiele:** alltagssprachlicher und berufsbezogener Wortschatz von *Berliner Platz 4 NEU*, Kapitel 1–12

| | TN-/KL-Aktivitäten | Hinweise (▶ führt zum didaktischen Glossar) | Material |
|---|---|---|---|
| 1a | **Wiederholung:** TN lesen die Spielanleitung und zeichnen ihr Spielbrett auf einen großen Bogen Papier. Ein/e TN beginnt mit einem Wort seiner/ihrer Wahl (z. B. *Hobbymusiker*) und zeichnet den Anfangsbuchstaben (also *H*) in eines der Spielfelder. Der/Die nächste Spieler/in muss ein Wort finden, das mit dem nächsten Buchstaben im Alphabet beginnt ( z. B. *installieren*) oder mit dem Buchstaben davor (z. B. *Geld*), und fährt mit der Reihe fort. TN spielen wie vorgegeben. | ▶ **Spiele (Vier in einer Reihe):** Das Spiel können einzelne TN, Paare oder Gruppen gegeneinander spielen. | große Bögen Papier, ggf. Packpapier |
| 1b | Vor Spielbeginn werden im Plenum die Ausdrücke noch einmal gelesen und geklärt. Dann lesen die TN die Spielanleitung, bilden Paare und spielen wie vorgegeben. | ▶ **Spiele (Ausdrücke verstecken)** | |
| 2a | TN lesen die Spielanleitung und spielen in GA wie vorgegeben. | ▶ **Spiele (Flaschen drehen):** Dieses Spiel zum berufsbezogenen Wortschatz von *Berliner Platz 4 NEU* orientiert sich am Gesellschaftsspiel „Flaschen drehen". Statt der Glasflaschen werden Stifte oder Boardmarker verwendet. | große Bögen Papier, ggf. Packpapier, Stifte |
| 2b | Bei diesem Spiel geht es darum, Gemeinsamkeiten zwischen Berufen zu finden, die scheinbar nichts miteinander zu tun haben. TN lesen die Anweisung und spielen in GA. | ▶ **Spiele (Gemeinsamkeiten finden):** Um das Spiel visuell zu unterstützen, kann KL Fotos unterschiedlichster Berufe aus Zeitschriften ausschneiden und im Kursraum auslegen. | |

**Schreiben und Lesen:** Ein Herz für …

| | TN-/KL-Aktivitäten | Hinweise (▶ führt zum didaktischen Glossar) | Material |
|---|---|---|---|
| 3a | **Einstieg:** KL schreibt *Ein Herz für Herzen* an die Tafel und fragt TN, ob sie verstehen, was damit gemeint ist. Die Redewendung „ein Herz für etwas haben" wird geklärt. TN schauen sich die Herzen an und sprechen in Gruppen darüber, woran sie bei den einzelnen Herzen denken. | ▶ **Hilfsmittel (Realien):** KL bringt evtl. echte Herzen mit in den Unterricht (z. B. Marzipanherzen, Herz-Post-its, Anhänger, Bücher über Herzen, Zeitungsausschnitte, ...).<br>▶ **Spiele (Ratespiele):** KL hat TN gebeten, ein Herz eigener Wahl mitzubringen. TN legen ihre Herzen auf einen Tisch, ohne dass die anderen TN sehen, welches Herz von wem kommt. Dann organisiert KL ein Ratespiel mit den TN. | Herzen aller Art |

| | | | |
|---|---|---|---|
| 3b | **Freie Anwendung:** KL schneidet aus festerem Karton so viele Herzchen aus, wie es TN gibt (oder benutzt einen Herzchen-Zettelblock). Er/Sie erklärt, dass die TN nun kreativ werden und ein Gedicht schreiben werden, das die Struktur eines Elfchens hat. Jede/r TN nimmt ein Herz in der Farbe seiner/ihrer Wahl und schreibt ein Elfchen. Dabei bespricht er/sie sich mit einem Partner / einer Partnerin. Anschließend präsentieren alle TN ihre Elfchen im Kurs. Je nach Gruppenzusammenhalt und nur dann, wenn jede/r TN ein eigenes Elfchen geschrieben hat, schenken sich TN gegenseitig ihre Elfchen und nehmen sie als Andenken mit nach Hause. | ▶ **Schreiben (kreatives Schreiben):** Wichtig beim kreativen Schreiben ist, dass KL die TN motiviert, besonders fantasievoll zu sein, und ihnen deutlich macht, dass es um den Ausdruck ihrer Gefühle, also um den Inhalt geht und nur sekundär um die Form und die sprachliche Korrektheit.<br>▶ **Theaterelemente im Unterricht:** TN bekommen Zeit, um das Elfchen vor der Gruppe vorzutragen. Der Vortrag erfolgt vor der Gruppe in einem theatralischen Ambiente. Nach dem Vortrag applaudiert der ganze Kurs. | bunte Herzchen aus etwas festerem Karton |
| 3c | **Transfer:** TN tauschen sich mit anderen TN darüber aus, wofür diese jeweils ein Herz haben, und ergänzen dabei die Liste. Nach der Umfragephase bilden die TN einen Kreis. Ein TN beginnt und fragt: *Wofür hat <<Name eines/einer TN>> ein Herz?* Ein TN, der mit dem/der betreffenden TN gesprochen hat, antwortet und fragt nach dem nächsten TN usw., bis über alle TN einmal gesprochen wurde. | ▶ **Sozialformen (Paar- und Gruppenbildung):** Die Umfragephase kann nach der Methode „Atom 3, 4, 5" geschehen. TN gehen im Raum herum. KL sagt *Atom 3*, darauf bilden jeweils drei TN ein Atom aus drei Molekülen, also eine 3er-Gruppe. Nach einer Weile gibt KL ein Zeichen. TN gehen wieder durch den Raum. Auf den Befehl *Atom 5* bilden sich 5er-Gruppen. So gibt es immer wieder unterschiedlich große, neu gemischte Gruppen. | |
| 4a | **Einstieg:** TN schauen sich die Buchumschläge an und äußern spontan ihre Vermutungen und Lese-Vorlieben. | | |
| 4b | **Präsentation:** Den Klappentexten wird der jeweils passende Buchtitel zugeordnet. | ▶ **Leseverstehen (global)**<br>**Lösung 4b:**<br>Klappentext 1: Mein geteiltes Herz<br>Klappentext 2: Haltet euer Herz bereit<br>Klappentext 3: Das Herz der Puppe | |
| 4c | **Transfer:** TN lesen die Texte noch einmal genau und entscheiden sich für den Klappentext, der sie neugierig auf das Buch gemacht hat. Zu jedem Buch wird eine Gruppe gebildet, in der die TN über das Buch sprechen. Dann werden die Gruppen neu gemischt, so dass unterschiedliche Interessen vertreten sind und die TN sich über die Bücher austauschen können. | ▶ **Leseverstehen (detailliert)**<br>▶ **Methoden (Wirbelgruppen)**<br>▶ **Textkompetenz (Reaktion auf den Text):** TN erledigen diese Aufgabe ggf. auch schriftlich und schreiben kurze Einschätzungen zu einem der drei Bücher. | |
| 4d | **Freie Anwendung:** In GA erfinden und gestalten die TN selbst Buchumschläge. | ▶ **Handlungsorientierung (Task):** KL stellt Materialien für die Gestaltung der Buchumschläge zur Verfügung. | große Bögen Papier, ggf. buntes Papier, Stifte, Scheren |
| 4e | **Freie Anwendung:** In der nächsten Unterrichtsstunde stellen die TN ihre Lieblingsbücher vor. | | |

**Prüfungsvorbereitung**: *telc Deutsch B2* (Mündlicher Ausdruck 1: Präsentation, Mündlicher Ausdruck 2: Diskussion über ein Thema)

| | TN-/KL-Aktivitäten | Hinweise (▶ führt zum didaktischen Glossar) | Material |
|---|---|---|---|
| 5 | **Einstieg:** Im Plenum werden Ideen zu den verschiedenen Themen gesammelt. TN entscheiden sich für ein Thema und bereiten Stichpunkte dazu vor. In PA präsentieren sie einander ihre Themen und diskutieren darüber. | ▶ **Prüfungsvorbereitung (*telc Deutsch B2*):** Im Prüfungsteil „Mündlicher Ausdruck 1: Präsentation" der Prüfung *telc Deutsch B2* hat jede/r TN die Aufgabe, in ca. 90 Sekunden sein Thema zu präsentieren. Danach diskutieren die TN noch jeweils ca. zweieinhalb Minuten über die Präsentation. | |
| 6a | TN tragen Redemittel zusammen, die man in Diskussionen verwenden kann. | ▶ **Prüfungsvorbereitung (*telc Deutsch B2*):** Im Prüfungsteil „Mündlicher Ausdruck 2: Diskussion" der Prüfung *telc Deutsch B2* äußert sich jede/r TN kurz über seinen Text. Anschließend diskutieren die TN noch einige Minuten miteinander über das Thema. | |
| 6b | **Präsentation und Anwendung:** TN lesen die Aufgabe, die Tipps und den Text und diskutieren darüber. | Hier bietet es sich auch an, in 4er-Gruppen zu arbeiten: Ein Paar spielt das Gespräch, das andere hört zu und gibt anschließend konstruktive Tipps. Dann wird gewechselt. | |
| 7a | **Einstieg:** TN sehen die Bilder an und diskutieren, was für ein Prüfungstyp sie sind. Sie ordnen die Wörter und Ausdrücke zu. | (siehe Lösung 7a unten) | |

**(mögliche) Lösung 6a:**

| | |
|---|---|
| **eine Meinung äußern** | Meiner Ansicht nach …<br>Ich denke/finde/glaube, dass …<br>Ich bin der Meinung, dass … |
| **widersprechen/ abwägen** | Das sehe ich ganz anders …<br>Ich bin nicht der Ansicht, dass …<br>Ich glaube nicht, dass man das so sagen kann, denn …<br>Einerseits ist … schon wichtig, aber andererseits … |
| **zustimmen/ abwägen** | Ich stimme Ihnen da voll zu und meine, man sollte …<br>Ich bin da ganz Ihrer Meinung.<br>Ich sehe das genauso, denn …<br>Sie haben vielleicht teilweise recht, aber … |

**(mögliche) Lösung 7a:**

| Prüfungstiger | Prüfungsreh |
|---|---|
| ruhig sein • sich selbst vertrauen • selbstbewusst • offen • alles im Griff haben • erst aufgeregt und dann ganz ruhig • an sich selbst glauben • Stress brauchen • nur unter Druck gut lernen können • sich gut einschätzen können • … | nervös sein • Angst haben • sich nicht vertrauen • schüchtern • vorsichtig • ängstlich • sich gut vorbereiten • sich gut konzentrieren können • blockiert sein • Hilfe brauchen • am besten allein lernen • unsicher sein • nicht wissen, was man kann • … |

| | | | |
|---|---|---|---|
| 7b | **Präsentation:** TN hören die Berichte über unterschiedliche Prüfungserfahrungen, machen Notizen und tauschen sich anschließend aus. | **(mögliche) Lösung 7b:**<br>**Lernerin 1** – aus Japan, sehr leistungsorientiertes Schulsystem gewöhnt, sehr nervös bei Prüfungen, auch in Deutschland. Stressabbau durch Atemübungen, das funktioniert, findet Prüfungen aber jedes Mal furchtbar.<br>**Lerner 2** – Amerikaner, hatte nie große Probleme mit Tests, nur sehr nervös bei Eingangsprüfung zur Universität. Strategie: gute Vorbereitung. Typ, der planen muss. Findet, Prüfungsangst hängt vom Typ ab.<br>**Lernerin 3** – aus Ghana. Schulsystem dort von Kolonialzeit geprägt, viel Angst vor Tests, obwohl Lehrer ziemlich nett sind. Schriftliche Prüfungen besonders schlimm, manchmal ganz blockiert. In mündlichen Prüfungen präsent, ruhig und locker. Chaotische Lernerin, lernt in der Nacht vor der Prüfung, braucht den Druck. | CD: Track 2.40–42 |
| 7c | **Transfer:** TN lesen die Redemittel im Plenum, setzen sich in Gruppen zusammen und sprechen über eigene Prüfungserfahrungen. | Dieser Austausch soll dazu dienen, eventuell noch vorhandene Prüfungsängste auszuräumen. | |

# Testtraining 4

**Prüfungsvorbereitung**: *telc Deutsch B2* (Leseverstehen 3: Informationstexte, Hörverstehen 1: Radionachrichten, Schriftlicher Ausdruck: Bewerbung um einen Praktikumsplatz oder Beschwerdebrief, Sprachbausteine 2: Zuordnungsaufgabe), *Goethe-Zertifikat B2* (Lesen 3: Meinung und Standpunkte, Hören 2: Radiointerview)

| | TN-/KL-Aktivitäten | Hinweise (▶ führt zum didaktischen Glossar) | Material |
|---|---|---|---|
| LV<br>P B2T | **Lesen (selektives Verstehen):** TN lesen die zehn Situationen und 12 Info-Texte und ordnen Sie einander zu. | Dieser Trainingsteil dient der Vorbereitung auf den Prüfungsteil „Leseverstehen 3" der *telc Deutsch B2*-Prüfung. Die TN lernen, Informationstexte schnell auf ihre relevanten Informationen hin auszuwerten, auch beim flüchtigen Lesen gezielt wichtige Details herauszusuchen und Informationen aus verschiedenen Textteilen zusammenzutragen.<br>**Lösung LV:**<br>1 – k, 2 – b, 3 – f, 4 – c, 5 – a, 6 – d, 7 – j, 8 – e, 9 – h, 10 – i | |
| LV<br>P B2G | **Lesen (Detailverstehen):** TN entscheiden bei den fünf Alternativ-Aufgaben, ob der Autor / die Autorin die jeweilige Aussage positiv beziehungsweise negativ/skeptisch beurteilt. | In diesem Trainingsteil wird auf den Prüfungsteil „Lesen 3" des *Goethe-Zertifikats B2* vorbereitet. In Stellungnahmen bzw. Kommentaren sollen Meinungen oder Standpunkte erkannt werden.<br>**Lösung LV:**<br>1 positiv, 2 positiv, 3 negativ/skeptisch, 4 positiv, 5 positiv | |
| HV<br>P B2G | **Hören (Detailverstehen):** TN lesen vor dem ersten Hören die zehn Fragen (Teilaussagen) im Stamm der jeweiligen Multiple-Choice-Items. Der Text wird zweimal gehört, einmal ganz und einmal in Abschnitten. Beim zweiten Hören lesen sie vor jedem Textabschnitt die dazugehörigen Items und wählen beim Hören die Antwort aus, die den Textinhalt adäquat wiedergibt. | Die Aufgabe bereitet auf den Prüfungsteil „Hören 2" im *Goethe-Zertifikat B2* vor, der die Fähigkeit prüft, die in einem gesprochenen Text enthaltenen Hauptaussagen und wichtige Einzelheiten zu verstehen.<br>**Lösung HV:**<br>1 – c, 2 – b, 3 – c, 4 – a, 5 – b, 6 – a, 7 – b, 8 – a, 9 – a, 10 – b | CD: Track 4.32 |
| HV<br>P B2T | **Hören (Globalverstehen):** TN hören eine Nachrichtensendung. Sie entscheiden beim Hören, ob die Aussagen 1–5 richtig oder falsch sind, und kreuzen PLUS (+) oder MINUS (–) an. | Diese Aufgabe bereitet auf *telc Deutsch B2* (Hörverstehen 1: Radionachrichten) vor, bei der TN zeigen, dass sie Hauptaussagen von authentischen Nachrichtensendungen im Rundfunk verstehen können. Sie hören die Nachrichtensendung nur einmal.<br>**Lösung HV:**<br>1 – –, 2 – –, 3 – +, 4 – +, 5 – + | CD: Track 4.33–37 |
| SA<br>P B2T | **Schriftlicher Ausdruck (Brief):** Die TN lesen zuerst die beiden Themen und wählen eins aus. Dann lesen sie ihre gewählte Aufgabe mit den vier Leitpunkten und den entsprechenden Text dazu und schreiben den Brief. | Im Prüfungsteil „Schriftlicher Ausdruck" der Prüfung *telc Deutsch B2* können die TN zwischen zwei Briefanlässen wählen. Sie sollen einen halbformellen Brief von ca. 150–200 Wörtern schreiben. Es werden vier Leitpunkte gegeben, von denen drei ausgewählt werden sollen oder zwei ausgewählt werden und ein eigener Aspekt ergänzt wird. | |
| SB<br>P B2T | **Lesen und ergänzen:** Die TN lesen zuerst den ganzen Zeitungsartikel durch. Danach lesen sie den Text bis zur jeweiligen Lücke, lesen dann weiter bis zum Ende des Satzes und wählen das entsprechende Wort aus dem Kasten aus. | Im Prüfungsteil „Sprachbausteine 2" der Prüfung *telc Deutsch B2* lesen die TN einen Zeitschriftenartikel mit zehn Lücken. Unter dem Text befinden sich 15 Wörter, aus denen sie die richtigen Lösungen aussuchen müssen.<br>**Lösung SB:**<br>1 – n, 2 – j, 3 – l, 4 – h, 5 – i, 6 – e, 7 – g, 8 – f, 9 – d, 10 – k | |
| | Im Plenum werden nun die Ergebnisse besprochen. TN notieren die erreichte Punktzahl. Sie tauschen sich darüber aus, was sie noch üben müssen. | ▶ **Hausaufgaben:** Das Testtraining kann auch selbstständig bearbeitet werden. Dann werden im Kurs nur die Ergebnisse verglichen. | |

# Von A–Z – didaktisches Glossar

In diesem Teil werden die didaktischen Aspekte und Komponenten des Lehrwerks, auf die im Teil B, „Unterrichtsvorschläge“, in der Spalte „Hinweise“ verwiesen wird, in alphabetischer Reihenfolge aufgelistet. Neben einer allgemeinen Erläuterung werden hierbei ggf. Beispiele für die Unterrichtspraxis aufgeführt und relevante Internetseiten genannt.

## Alltagsorientierung

Im heutigen kommunikativen, handlungsorientierten Fremd- und Zweitsprachenunterricht ist der Bezug zum Alltag des Zielsprachenlands von großer Bedeutung. Für Deutschlernende in Deutschland ist er geradezu überlebensnotwendig und für die Integrationskurse, deren Ziel das B1-Niveau ist, sogar gesetzlich festgelegt: Der Deutschunterricht, so steht es im Zuwanderungsgesetz, soll Zugewanderten ermöglichen, ohne die Hilfe oder Vermittlung Dritter in allen Angelegenheiten des täglichen Lebens selbstständig zu handeln (▶ **Handlungsorientierung**). Aber auch Lernende auf einem höheren Niveau oder solche, die Kurse im Ausland besuchen, lernen die deutsche Sprache nicht losgelöst von pragmatischen Zielen, sondern um sie zu verwenden und sprachlich zu handeln. Für letztere ist mit dem Deutschlernen allerdings weniger die Orientierung in Deutschland als vielmehr eine Vielzahl von Aspekten landeskundlichen Lernens verknüpft. *Berliner Platz NEU* ist aus diesen Gründen ein ausgesprochen alltagsorientiertes Lehrwerk. Der Alltagsbezug war leitend bei der Auswahl der Themen und ausschlaggebend für zusätzliche Angebote. So finden die Lernenden z. B. auf der 5. Doppelseite jedes Kapitels unter der Überschrift „Im Alltag“ eine Zusammenstellung der im Kapitel eingeführten Redemittel, oft noch durch weitere, im Alltag wichtige Redemittel und Tipps zu einzelnen Aspekten des Lebens in Deutschland ergänzt.
In *Berliner Platz 4 NEU* liegt ein Schwerpunkt auf dem berufsbezogenen Deutsch (▶ **Berufsorientierung**), was dem Bedürfnis fortgeschrittener Lernender, Deutsch im beruflichen Alltag zu verwenden, entgegenkommt. Aufgenommen wurden für dieses Niveau auch die Rubriken „Im Beruf“ und „Nützliche Ausdrücke aus Texten“.

## Arbeitsbuch

Das Arbeitsbuch zu *Berliner Platz 4 NEU* (siehe „Das Lehr- und Arbeitsbuch“ auf S. 7) ist in das Lehrbuch integriert. Zu jedem Kapitel des Lehrbuchs gibt es ein Arbeitsbuchkapitel mit jeweils sechs Seiten und zu jeder Übung oder Aufgabe im Lehrbuchteil – leicht aufzufinden – eine entsprechende Übung im Arbeitsbuchteil; z. B. finden Sie zur Aufgabe 8 im Lehrbuchteil von Kap. 9 die entsprechenden bzw. ergänzenden Übungen 8 im Arbeitsbuchteil zu diesem Kapitel. Das soll nun aber nicht bedeuten, dass Sie im Anschluss an jede Aufgabe im Lehrbuch nach hinten blättern und die passende Übung im Arbeitsbuch bearbeiten lassen müssten. Das Übungsangebot im Arbeitsbuch ist vielmehr für die selbstständige Nacharbeit und Vertiefung gedacht (▶ **Hausaufgaben**). Wenn Sie einen zusätzlichen Übungsschritt, mehr Wiederholung oder Festigung brauchen, werden Sie möglicherweise an der einen oder anderen Stelle eine Übung aus dem Arbeitsbuchteil auch im Unterricht bearbeiten lassen. Dies sollte aber eher die Ausnahme sein.

Statt der „Raststätte“ nach jedem dritten Kapitel im Lehrbuchteil gibt es weiterhin im Arbeitsbuchteil ein „Testtraining“ zur Vorbereitung auf die Abschlussprüfungen (▶ **Prüfungsvorbereitung**).

## Aussprache

*Berliner Platz 1–3 NEU* bietet, auf jeweils zwölf Kapitel verteilt, eine systematische Ausspracheschulung an, in der die zentralen Ausssprachethemen von Intonation und Artikulation behandelt werden. Der vierte Band der Reihe setzt dieses intensive Training voraus und verzichtet auf eine explizite Ausspracheschulung. Bei Bedarf sollte aber die Aufmerksamkeit auf Aspekte der Aussprache gerichtet werden, z. B. auf Intonation und Akzent.

### Intonation

Die Satzmelodie fällt am Satzende im Aussagesatz (*Mein Name ist Jordan.* ↘), im Imperativsatz (*Sprechen Sie bitte lauter.* ↘) und im W-Frage-Satz (*Wie heißen Sie?* ↘), wenn diese sachlich gesprochen ist. Die Satzmelodie steigt am Satzende im Ja/Nein-Satz (*Heißen Sie Jordan?* ↗), bei der Rückfrage (*Jordan?* ↗), im W-Frage-Satz (*Woher kommen Sie?* ↗), wenn diese mit einer freundlichen, kontaktbetonten Sprecherintention gesprochen werden.
Bei W-Fragen findet man häufig den steigenden Melodieverlauf, der auf eine freundliche, zugewandte, kontaktbetonte Sprecherintention hindeutet oder auch Erstaunen ausdrücken kann. Fallender Melodieverlauf hingegen signalisiert bei W-Fragen eher eine distanzierte, sachliche, auf die Information gerichtete Sprecherintention.

Korrekturhilfen Satzmelodie:

- Bei steigender Melodie den Akzent etwas tiefer sprechen, die Melodie steigt – bei fallender Melodie den Akzent etwas höher sprechen, dann fällt die Melodie.
- Melodieverlauf gestisch unterstützen.
- Melodieverläufe summen oder den Satz in Nonsenssilben „sprechen“. Beispiel: *Woher kommen Sie? – na-na-na-na-na?*

### Akzent und Rhythmus

Der Sprechrhythmus bezeichnet das Verhältnis von betonten und unbetonten Silben in einem Wort, einer Wortgruppe oder einem Satz. Da der Akzent im Deutschen nicht immer auf der gleichen Silbe eines Wortes liegt, ist es besonders wichtig, eine Flexibilität im Rhythmus zu trainieren.

**Wortakzent:** *kaufen / einkaufen / verkaufen*

Da die Wortakzentregeln im Deutschen vielfältig und differenziert sind, haben wir uns auf einige allgemeine Regeln beschränkt. Der Akzent liegt

- bei einfachen deutschen Wörtern auf der Stammsilbe (*hören*, *Name*)
- bei nicht trennbaren Verben auf der Stammsilbe (*entschuldigen*, *verkaufen*)
- bei trennbaren Verben (+ Nomen) auf der Vorsilbe (*aufgeben*, *nachsprechen*, *Aufgabe*)

- bei der Nachsilbe *-ei* auf der letzten Silbe (*Bäckerei, Polizei, Türkei*)
- bei Buchstabenwörtern auf dem letzten Buchstaben (*BRD*)
- auf der Endung *-ion* (*Information, Nation*)
- auf der ersten Silbe der Endung *-ieren* (*funktionieren, reagieren*)
- bei den meisten Fremdwörtern auf der letzten bzw. vorletzten Silbe (*Dialog, Grammatik*)
- bei Komposita auf dem Bestimmungswort (*Stadt / zentrum, Wein / glas*)

**Wortgruppenakzent:** *in seinem Zimmer / mit Internetanschluss*
● ● ● • ● ● •● ●● ●

Der Wortgruppenakzent liegt auf der wichtigsten Information, in der Regel auf einem Inhaltswort. Da wichtige grammatische Informationen (Artikel, Präpositionen, Deklinations- und Konjugationsendungen) meist auf unbetonte Silben fallen, machen gerade Lernende, die sich sehr auf die Grammatik bzw. korrekte Formen konzentrieren, hier oft Fehler. Sie legen zu viel Betonung auf die Funktionswörter und verstoßen gegen die Akzentregeln, auch wenn sie formal korrekte Sätze bilden.

**Satzakzent:** *Er trinkt Kaffee. / Wann ist Mittagspause?*
● ● •● ● ● •● ● ●

Im Satz wird die neue Information hervorgehoben bzw. akzentuiert. Die Frage, auf welchem Wort der Satzakzent liegt, kann immer nur über den Kontext bestimmt werden. Es wird weiterhin das Wort betont,

- das die wichtigste Information enthält (*Tom geht heute ins Kino, nicht morgen.*)
- das einen Gegensatz ausdrückt (*Das ist nicht meine Mutter, das ist meine Schwester.*)
- auf das man besonders hinweisen möchte (*Die Frau ist aber interessant.*)

Korrekturhilfen Akzent:
Akzente werden mit erhöhter Sprechspannung/Energie gesprochen. Unterstützen Sie die Sprechspannung durch „Körperspannung" (Körperbewegung), indem Sie mit den Händen klatschen/klopfen, rhythmisch (energisch) laufen, mit dem Fuß aufstampfen, übertrieben laut und präzise sprechen etc.

## Berufsorientierung

Eine relativ große und nationalitäts- wie altersmäßig sehr heterogene Lernergruppe bringt dezidierte Bildungs- und Berufswünsche mit in den Deutschunterricht (vgl. „Rahmencurriculum für Integrationskurse Deutsch als Zweitsprache"). Ihr Ziel ist die Verbesserung der Chancen auf dem Arbeitsmarkt, die Bewältigung der Arbeitssituation oder die Vorbereitung auf berufliche Bildungsmaßnahmen. Das bedeutet für die Lehrkraft, dass sie bei Bedarf u. a.

- die Aufmerksamkeit der TN auf Aspekte lenkt, die für eine mögliche Berufstätigkeit relevant sein können, z. B. auf spezifische Berufe und ihre Anforderungen,
- TN auffordert, zu beruflichen Themen im Internet oder vor Ort zu recherchieren,
- im Inland beruflich tätige TN ermuntert, ihren eigenen Sprachbedarf zu recherchieren,
- auf sprachliche Besonderheiten, die sich im berufsbezogenen Deutsch häufen, eingeht, wie z. B. lange, zusammengesetzte Nomen,
- das Wahrnehmungsvermögen für betriebliche Bedingungen und angemessenes sprachliches Verhalten gegenüber Personen auf unterschiedlichen Ebenen der betrieblichen Hierarchie schärft,
- Strategien der Verständnissicherung trainiert,
- in Vorbereitung auf die spätere Teilnahme an Qualifizierungsmaßnahmen bzw. die Berufstätigkeit schriftsprachliche Fähigkeiten wie das Schreiben von Geschäftsbriefen und das Lesen von berufsbezogenen authentischen Texten einübt,
- den TN Lernstrategien vermittelt, so z. B. Techniken, mit deren Hilfe sie sich bei Bedarf beruflichen Wortschatz selbstständig aneignen können,
- auf Kommunikationsformen und -regeln, die am Arbeitsplatz gebraucht werden, eingeht,
- den TN Raum gibt, von beruflichen Erfahrungen zu berichten und berufliche Ziele zu formulieren und
- sich darüber bewusst ist, dass mit der Berufsorientierung ggf. auch alltägliche Probleme (unbezahlte Probezeiten, niedrige Entlohnung, Diskriminierungserfahrungen am Arbeitsplatz, Arbeitslosigkeit usw.) in den Unterricht geholt werden und dass je nach Kurs und Ausrichtung der TN Arbeitnehmer- und Arbeitgeberperspektive aufeinanderprallen können.

Der Berufsorientierung ist in *Berliner Platz 4 NEU* ein breiter Raum gegeben, da auf jeweils zwei Doppelseiten eines jeden Kapitels berufsbezogene Themen angesprochen werden:

| | |
|---|---|
| Kap. 1: | Bewerbungsunterlagen, die ersten Tage im neuen Job |
| Kap. 2: | Arbeitsräume, geschäftliche Briefe bzw. E-Mails schreiben |
| Kap. 3: | Stellenanzeigen, Arbeiten im Ausland |
| Kap. 4: | einen Arbeitsablauf beschreiben, Fehler melden, Verbesserungsvorschläge machen, die Zukunft des Handwerks |
| Kap. 5: | Gesundheit als Beruf, Probleme im Arbeitsablauf, der Pflegebericht, Qualitätsmanagement |
| Kap. 6: | der Beruf „Koch/Köchin", Waren bestellen, entgegennehmen und reklamieren, Verhandlungsstrategien, sich telefonisch bewerben |
| Kap. 7: | ein Unternehmensporträt, sich schriftlich beschweren, ein Beratungsgespräch führen |
| Kap. 8: | ein Planungsgespräch verstehen, Angebote einholen und prüfen |
| Kap. 9: | eine Reklamation beantworten, Jobsuche mithilfe sozialer Netzwerke |
| Kap. 10: | die Sprache der Wirtschaft, Aspekte des Arbeitsalltags |
| Kap. 11: | Beziehungsprobleme und Mobbing im Beruf, Geschäftsbriefe, schwierige Kundengespräche |
| Kap. 12: | berufliche Bildungsmaßnahmen, Förderprogramme |

## Binnendifferenzierung

Heterogenität ist in Zusammenhängen, in denen Menschen gemeinsam lernen, unvermeidlich. Dabei gibt es eine große Bandbreite von Faktoren, nach denen Heterogenität beschrieben werden kann. Dazu zählen Lerntempo, Interesse, Lerngewohnheiten, Sozialverhalten, Lernziele, Ausgangssprachen u. v. m. Stark gemischte Lernergruppen stellen Sie, die Kursleitung, vor ganz bestimmte Herausforderungen, bereichern aber auch Ihren Unterricht.

Wie erkennen Sie, ob Binnendifferenzierung nötig ist? Achten Sie auf Zeichen der Unter- oder Überforderung. Bei der Unterforderung hat entweder die Situation oder das Thema für den Lernenden subjektiv keine Bedeutung oder der Schwierigkeitsgrad der Aufgabe ist zu gering. Auswirkungen können Desinteresse, störendes Verhalten oder Widerstand gegenüber dem Stil der Lehrkraft sein. Bei der Überforderung wird das eigene Vermögen, auf Deutsch zu kommunizieren oder Aufgaben zu lösen, als zu gering erachtet. Das kann zu Gefühlen der Hilflosigkeit und Resignation führen. Widerstand und ein Sich-zurückziehen können die Folge sein.
Unter Binnendifferenzierung versteht man alle Maßnahmen, die innerhalb einer Lerngruppe dazu beitragen, unterschiedlichen Lernvoraussetzungen Rechnung zu tragen bzw. den Lernprozess für verschiedene Lernende unterschiedlich zu gestalten. Binnendifferenziertes Vorgehen ist ein Aspekt der Lernerorientierung, die den TN eine ihren Lernvoraussetzungen und Lernstrategien gemäße Förderung zugutekommen lassen will, und hängt somit von Ihrer Gruppe und den Individuen in Ihrer Gruppe ab (▶ **Lernerorientierung**).
Binnendifferenzierung kann nicht nach einem Einheitsschema erfolgen, zu vielfältig sind die Möglichkeiten und zu unterschiedlich die Bedürfnisse der Lernenden. Deshalb finden Sie in *Berliner Platz NEU* bewusst keine Vorschläge nach dem Motto „A für die Langsamen, B für die Schnellen", sondern vielmehr in den „Unterrichtsvorschlägen" Hinweise für einzelne Phasen Ihres Unterrichts. Binnendifferenzierung wird dabei nicht nur gemäß dem Kriterium „Lernniveau/Lerntempo" verstanden, obwohl hier zunächst einmal die größte Herausforderung zu liegen scheint, sondern entsprechend den verschiedenen oben genannten Faktoren für Heterogenität unterschiedlich interpretiert. Im Folgenden einige Möglichkeiten:

A **Faktor Lernniveau** ▶ unterschiedlich schwierige Aufgaben
Hier geben Sie den Lernenden abhängig von Ihrem jeweiligen Lernziel, von der jeweils trainierten Fertigkeit oder der Unterrichtsphase unterschiedlich anspruchsvolle Aufgabenstellungen und/oder mehr oder weniger Hilfestellung beim Lösen der Aufgaben.

B **Faktor Lerntempo** ▶ zusätzliche Übungen und Aufgaben
Hier geht es um die Quantität dessen, was Lernende in einer bestimmten Zeit erarbeiten können. TN, die schnell mit ihren Aufgaben fertig sind, brauchen noch mehr Herausforderungen und können vielleicht sogar selbst Übungen nach dem gegebenen Muster erstellen, brauchen ggf. aber auch eine Anregung dazu, das bereits Erledigte noch einmal mit mehr Aufmerksamkeit für die sprachliche Form durchzugehen. Bei langsameren Lernenden reduzieren Sie die Anzahl der zu bearbeitenden Aufgaben.

C **Faktor Interesse** ▶ Differenzierung nach Themen oder Textsorten
Sie können Lernenden gleichzeitig verschiedene Texte oder Textsorten anbieten und sie je nach Interesse wählen lassen. Gerade bei offenen Aufgabenstellungen wie den Projekten bietet es sich an, nach Interesse der TN zu differenzieren.

D **Faktor Sozialverhalten** ▶ Wechsel der Sozialformen
Partner- und Gruppenarbeit eignen sich zur Binnendifferenzierung, nicht nur weil Paare und Gruppen nach den unterschiedlichsten Kriterien gebildet werden können (nach Sympathie, eingeschätztem Schwierigkeitsgrad der Aufgabe, eingeschätztem Arbeitsverhalten der anderen TN, nach Interesse am Thema, nach kulturellen Gemeinsamkeiten etc.), sondern auch weil hier die TN auf unterschiedlichste Weise mit dem im Lehrwerk Angebotenen umgehen können. Sie können auch in verschiedenen Sozialformen gleichzeitig arbeiten lassen; je nach Interesse bearbeiten die TN dann die Aufgabe in Einzel,- Partner- oder Gruppenarbeit.

E **Faktor Muttersprache(n)** ▶ Nutzung der Sprachen im Unterricht
Wenn Sie den Lernenden bewusst erlauben wollen, ihre Muttersprache bei der Erarbeitung einer Aufgabe zu Hilfe zu nehmen, bietet es sich z. B. an, die ganze Gruppe in (ausgangs)sprachlich homogene Kleingruppen zu teilen.

F **Faktor unterschiedliche Vertrautheit mit Lerntechniken** ▶ Austausch im Kurs
Bei der Vermittlung von Lernformen und Lerntechniken ist es für Sie wichtig, den unterschiedlichen Vertrautheitsgrad der Lernenden damit im Blick zu behalten. Während manche TN bestimmte Lerntechniken erst kennenlernen müssen, haben andere bereits ihre eigenen bewährten Strategien. Arbeiten Sie hier nach dem Prinzip der kooperativen Binnendifferenzierung: Im Lernen fortgeschrittenere TN helfen den anderen, die im Lehrbuch vorgestellten Prinzipien zu verstehen, zeigen Beispiele und stellen ggf. ihre eigenen Strategien vor.

G **Faktor unterschiedliche Lerntypen** ▶ unterschiedliche Aufgaben
Die Tatsache, dass es unterschiedliche Lerntypen gibt, sollten Sie unbedingt durchgängig beachten, indem Sie gerade bei offenen Aufgaben Wahlmöglichkeiten geben. Von einer Recherche in der Stadt z. B. könnten die TN etwas zum Anschauen, zum Anhören, zum Anfassen oder zum Riechen/Schmecken mitbringen.

H **Faktor Alter und körperliche Beweglichkeit** ▶ unterschiedliche Angebote
Sie kennen das sicherlich von Ihren TN: Die einen können nicht mehr stillsitzen, die anderen finden das Aufstehen beschwerlich. Differenzieren Sie hier, indem Sie beiden Bedürfnissen gerecht werden, also in den herkömmlich eher bewegungsarmen Unterricht Bewegungselemente aufnehmen, es dann aber der persönlichen Entscheidung überlassen, wie weit das Angebot angenommen wird. Bei einem Laufdiktat z. B. können die Partner aussuchen, welcher von ihnen läuft und wer sitzen bleibt.

Sie können bei der Binnendifferenzierung auch kombinierte Faktoren annehmen. Deller und Rinvolucri machen dazu folgenden Vorschlag: Um allen Lernenden in einer Gruppe die Möglichkeit zu geben, sich an einer Diskussion (z. B. einem Planungsgespräch zur Vorbereitung einer Exkursion ins Berufsinformationszentrum der Agentur für Arbeit) zu beteiligen, teilen Sie den Kurs in 5er-Gruppen. Organisieren Sie die Gruppen folgendermaßen: Person A spricht nur ihre Muttersprache (niedriges Niveau), Person B spricht nur Deutsch (mittleres Niveau), Person C spricht beide Sprachen, ist also der Dolmetscher (höheres Niveau). Die Personen D und E sind die Schreiber und schreiben nur auf Deutsch, D schreibt alles auf, was C sagt, E schreibt auf, was B sagt (Deller/Rinvolucri, 2002, S. 71).

## Diktate

Am Ende jedes Kapitels können Sie jeweils ein Diktat schreiben lassen, um den TN Gelegenheit zu geben, ihr Hörverständnis und ihre Schreibfertigkeit zu trainieren. Diktate müssen nicht altmodisch und langweilig sein, wenn unterschiedliche methodische Herangehensweisen gewählt werden und es nicht immer nur die Lehrkraft ist, die sie diktiert. Wichtig ist, dass der gewählte Text nicht zu lang ist, dem Niveau der Gruppe entspricht und den Wortschatz bzw. die Struktur enthält, an der gerade gearbeitet wird. Denken Sie ggf. daran, vor dem Diktat die Satzzeichen – Punkt, Doppelpunkt, Komma und Fragezeichen – im Plenum zu wiederholen.

Ein Diktatvorschlag findet sich in den Unterrichtsvorschlägen am Ende jedes Kapitels. In *Berliner Platz 4 NEU* wurde bei den Diktaten der Schwerpunkt auf Geschäftsbriefe gelegt:

Kap. 1: Bewerbungsschreiben
Kap. 2: Anfrage an den Vermieter
Kap. 3: Angebot
Kap. 4: Einladungsschreiben
Kap. 5: Pflegebericht
Kap. 6: Bestellung
Kap. 7: Reklamation
Kap. 8: Anfrage
Kap. 9: Antwort auf eine Reklamation
Kap. 10: Leserbrief
Kap. 11: Anfrage bei einer Mediatorin
Kap. 12: Feedback zur Fortbildung

### Lückendiktat

Material: Ein Diktattext mit Lücken

Vorgehen: Die TN erhalten eine Kopie des Lückentextes. Ein/e TN bekommt den gesamten Text und diktiert ihn den anderen TN zweimal mit kurzen Pausen nach jeder Sinneinheit. Ein/e TN erhält den Lückentext auf Folie und ergänzt die Lücken. Anhand dieser Vorlage kontrollieren die TN (am OHP) ihre Ergebnisse.

## DVD

Zu den ersten beiden Bänden von *Berliner Platz NEU* gibt es eine DVD mit einem Film, der die Produktion eines Sprachlehrfilms zeigt; die Lernenden erleben die Schauspieler am Set, vor und beim Dreh und in ihrem Alltag und erhalten so einen Einblick in deren Lebenswirklichkeit. Die DVD ergänzt und erweitert so die zentralen Themen des Lehrbuchs und bringt alltagsrelevante Situationen auf unterhaltsame Weise in das Unterrichtsgeschehen ein. Die Transkripte zu allen DVDs, Videotrainer und Lösungen sind auf www.klett-langenscheidt.de zu finden.

Für *Berliner Platz 3 und 4 NEU* wurde eine andere Herangehensweise gewählt: Die für diese beiden Bände hergestellte DVD enthält authentische Videoclips vom ZDF zu Alltag und Beruf. Die Clips haben eine Dauer von jeweils ca. drei Minuten und behandeln folgende Themen:

- Kochkurs für Singles
- Beziehungsfalle Urlaub
- Passivhaus
- Fit fürs Bewerbungsgespräch
- Fit in den Tag
- Der Hafen der Zukunft
- Nach der Kinderpause
- Frauen als Erfolgsrezept
- Gehaltsverhandlungen
- Die Kraft der Gefühle

Auch die Transkripte zu dieser DVD, die Lösungen sowie ein Videotrainer sind auf www.klett-langenscheidt.de zu finden. Der Videotrainer enthält Arbeitsblätter zu jedem Clip auf B1- bzw. B2-Niveau. Zu jedem Block aus *Berliner Platz 3 NEU* und *Berliner Platz 4 NEU* befindet sich auf der DVD mindestens ein Clip.

Sie können die DVD an verschiedenen Stellen im Unterrichtsgeschehen einsetzen, geeignet ist sie z. B. zur Wiederholung des Themas oder im Zusammenhang mit den Raststätten, wo auch Wiederholungsspiele und Reflexionen ihren Platz haben. Das bedeutet jedoch nicht, dass die TN die Filmvorführung lediglich passiv konsumieren sollen, als Belohnung quasi für den zurückliegenden, anstrengenden Lernprozess. Damit wären die Lernmöglichkeiten der DVD verschenkt.
Worauf sollten Sie also achten, wenn Sie Ihren DVD-Unterricht planen? Hier einige Anregungen:

- Mit einer DVD präsentieren Sie zwar auch Sprachmaterial, so wie Sie das mit einem Lese- oder Hörtext tun, allerdings können hier die Bilder die Sprache ganz beiseiteschieben; sie sprechen für sich selbst. Schauen Sie sich die Sequenzen selbst an, bevor Sie sie im Unterricht zeigen. Testen Sie aus, wie wichtig das Visuelle ist, indem Sie sich erst einmal den Film ohne Ton ansehen. Können Sie, können die TN auch ohne Ton verstehen, um was es geht?
- Planen Sie Aktivitäten ganz ähnlich wie bei der Präsentation eines Hörtexts:
  - vor dem Sehen: Vorwissen erfragen, Einstimmen, Motivation aufbauen,
  - während des Sehens: Konzentration auf bestimmte Aspekte,
  - nach dem Sehen: Reflexion des Gesehenen.
- Es ist wichtig, dass die TN das Medium Film auch als Medium verstehen, mit dem sie lernen können. Und das können sie nur, wenn Sie als KL die Aufmerksamkeit Ihrer TN lenken: auf das, was im Film gesagt wird, was passiert, auf Gesten, Intonation, Landeskundliches.
- Da Sie mit authentischen Filmen arbeiten, sollten Sie kurze Passagen immer wieder wiederholen. Zeigen Sie kleine Abschnitte, die gut verstanden werden können, und gehen Sie ggf. immer wieder zurück.

## Effektiv lernen

Einmal Gelerntes verliert zunehmend schneller an Aktualität; der Einzelne ist folglich ständig gefordert, Neues dazuzulernen. Ein modernes Fremd- und Zweitsprachen-Lehrwerk wird daher den Lernenden Hilfen dafür anbieten, sowohl parallel zum Unterricht als auch im Anschluss an den Kurs selbstständig weiterzulernen.
*Berliner Platz NEU* fördert die Selbstständigkeit der Lernenden auf verschiedene Weise: Lerntipps sowohl im Lehrbuch- als auch im Arbeitsbuchteil fordern die Lernenden auf, strategisch an den Lernprozess heranzugehen. So wird ihnen bewusst, dass Ler-

> **TIPP** Prüfungsangst?
> Das beste Mittel gegen Prüfungsangst ist eine gute Vorbereitung!

nen nicht etwas ist, was auf wundersame Weise geschieht (oder auch nicht), sondern dass es zielgerichtet gesteuert werden kann.

### Wortschatzkarten

Wortschatzkarten sind hilfreich, um neuen Wortschatz zu festigen. Hierfür schreibt man das zu lernende Wort mit allen wichtigen Zusatzangaben (Wortakzent, bei Nomen Artikel und Pluralform, bei Verben zunächst Präsens-Endungen, später dann Stammformen, obligatorische Ergänzungen und Präpositionen) und einem Beispielsatz auf die eine Seite einer Karteikarte. Die Übersetzung in der Muttersprache wird auf die Rückseite geschrieben.
Die TN können die Karten praktisch überall zum selbstständigen Lernen benutzen: während sie beim Arzt warten, im Bus zum Kurs fahren und natürlich, wenn sie zu Hause das Gelernte wiederholen.
Die TN, die mit *Berliner Platz 4 NEU* lernen, haben die Nutzung von beidseitig beschrifteten Wortschatzkarten zum Vokabeltraining wahrscheinlich bereits kennengelernt. In *Berliner Platz 4 NEU* bietet sich an vielen Stellen eine zusätzliche Möglichkeit zur Partnerarbeit mit den Wortschatzkarten an. Die Karten werden wieder doppelseitig beschriftet, z. B. kann auf der einen Seite ein Satz mit einer festen Nomen-Verb-Verbindung (*Er übt Kritik am Arbeitsablauf.*) stehen, auf der anderen Seite der entsprechende Satz mit dem entsprechenden Verb (*Er kritisiert den Arbeitsablauf.*). Jede/r TN zieht eine Karte und sucht sich einen Partner / eine Partnerin. Die Karten werden so gehalten, dass jede/r nur eine Seite lesen kann. Beide bilden nun die jeweils fehlende Form, kontrollieren einander und korrigieren sich ggf. Dann tauschen die beiden ihre Kärtchen und suchen neue Partner.

## Einstiegsaktivitäten

Die ersten Minuten im Unterricht bedeuten für Lernende eine Umstellung; sie müssen ankommen, sich aufwärmen und sammeln. Auch im Inland haben sie vielleicht den ganzen Tag über noch kein Deutsch gesprochen, wenn z. B. in ihrem Zuhause oder an ihrer Arbeitsstelle eine andere Sprache gesprochen wird. Sie sind vielleicht müde von der Arbeit, ihre Gedanken haften noch an den Ereignissen des Tages – kurz: Eine Aufwärmaktivität, die es den TN ermöglicht anzukommen und ihre Aufmerksamkeit auf das Deutschlernen lenkt, sollte in Ihrer Kursplanung ein fester Bestandteil sein.
Eine Einstiegsaktivität ist aber auch zu jedem Kapitel – genauso wie zu jedem neuen Thema – erforderlich, um die Aufmerksamkeit auf das neue Thema zu lenken, das Vorwissen zu aktivieren und Motivation aufzubauen. Lassen Sie ggf. Musik spielen und geben Sie den TN Zeit und Gelegenheit, sich in der Gruppe zu finden, ihre Meinung „ins Blaue" zu äußern, und nutzen Sie – evtl. bei noch geschlossenem Buch – reale Gegenstände oder spielen Sie ein Spiel.

### angefangene Sätze

Um die Aufmerksamkeit der TN auf ein Thema zu lenken, Vorwissen und/oder persönliche Einstellungen abzufragen, eignet sich die Methode „angefangene Sätze". KL gibt dazu Zettel mit Satzanfängen aus, die die TN ergänzen müssen. Austausch und Reflektion können dann auf unterschiedliche Weise geschehen, z. B. indem alle ergänzten Sätze zu jeweils einem Satzanfang gesammelt und verglichen werden oder, indem sich die TN in kleinen Gruppen über ihre Ergänzungen austauschen.

### Männer und Frauen

Material: große Fotos einer Frau / eines Mannes aus Illustrierten, zwei Stück Kreide / zwei Boardmarker

Vorgehen: Zum Einstieg hängt KL ein großes Foto einer Frau an die linke Seite der Tafel und ein großes Foto eines Mannes an die rechte Seite der Tafel. Der Kurs wird in zwei Gruppen geteilt; die TN jeder Gruppe stellen sich hintereinander einige Meter vor „ihrer" Seite der Tafel auf. Der/Die erste TN erhält einen Boardmarker (ein Stück Kreide). Auf Signal des KL läuft er/sie zur Tafel und schreibt eine Assoziation zum Bild auf, läuft schnell wieder zurück und übergibt die Kreide an den Nächsten. Nach fünf Minuten werden die Kommentare an der Tafel gelesen.

Kommentar: Noch lebendiger wird die Aktivität, wenn sich die Frauen im Kurs vor dem Foto des Mannes, die Männer im Kurs vor dem Foto der Frau aufreihen.

## Fehlerkorrektur

Viele Lernende haben eine große Scheu zu sprechen, weil sie fürchten, Fehler zu machen. Sie sagen lieber gar nichts und warten auf einen Zeitpunkt, an dem es ihnen gelingt, die neue Sprache fehlerlos zu gebrauchen. Andere kommunizieren fröhlich drauflos, ohne viel Aufmerksamkeit auf die sprachliche Form zu legen.
Fehler zeigen, dass ein/e TN sich intensiv mit der neuen Sprache beschäftigt, sie ausprobiert, mit ihr experimentiert, kommuniziert und Fortschritte macht. Ihre Aufgabe ist es, vor allem die Fähigkeit der Lernenden, sich selbst zu korrigieren, zu fördern. Sie werden dabei möglicherweise

- den Lernenden das Gefühl vermitteln wollen, dass es völlig in Ordnung ist, Fehler zu machen,
- immer wieder die Aufmerksamkeit auf die sprachliche Form lenken,
- den Lernenden helfen, immer korrekteres Deutsch zu produzieren, und
- Wertschätzung für Verbesserungen und Fortschritte zeigen.

Auch für die Fehlerkorrektur gilt: Immer gleiches Verhalten ermüdet TN und KL. Die Fehlerkorrektur einmal nicht durch den/die KL, sondern durch andere TN spricht die TN als Erwachsene an und bringt einen motivierenden Wechsel.

### gegenseitige Fehlerkorrektur

In Gruppen, in denen eine vertrauensvolle Atmosphäre herrscht, kann die schriftliche Fehlerkorrektur von Texten, die die TN selbst erstellt haben, in Partnerarbeit erfolgen. Der/Die KL gibt hier evtl. Hilfestellung durch Korrekturvorgaben: Umkringeln, wenn ein falsches Wort gewählt ist, Pfeile, um fehlerhafte Wortstellung zu markieren, oder Unterstreichen des Worts oder der Wörter, wenn ein grammatischer Fehler vorliegt, usw.
Eine Form der gegenseitigen mündlichen Fehlerkorrektur ist die „Kette", bei der mehrere Lernende in die Fehlerkorrektur einbezogen werden. TN A macht einen Fehler. Der/Die KL bittet TN B um die Korrektur des Fehlers. Wenn B selbst noch einen Fehler macht, wird TN C gefragt, der wiederum TN B korrigiert. B gibt schließlich die Korrektur weiter an A (vgl. Scrivener, 1994).

## gemeinsame Fehlerkorrektur

Wenn Sie einen Lernertext, an dem Sie bestimmte Fehler demonstrieren wollen, z. B. auf Folie kopieren und am OHP gemeinsam besprechen, können Sie die Aufmerksamkeit der TN auf Fehlermuster (z. B. darauf, dass das Verb nicht in zweiter Position steht) anstatt auf individuelle Fehler lenken. Wenn Lernende diese Fehlermuster einmal in den Texten anderer TN erkannt haben, werden sie sie leichter in den eigenen Texten bemerken können.

## Selbstkorrektur

Der/Die TN korrigiert sich selbst, entweder spontan, nachdem er/sie den Fehler selbst entdeckt hat, oder wenn vonseiten des/der KL dazu durch Mimik, Gestik, Zeichen oder Verweise auf den Tafelanschrieb, auf Lernposter etc. aufgefordert wurde. Um sich selbst korrigieren zu können, müssen Lernende allerdings die Regeln bzw. Prinzipien, gegen die sie „verstoßen", verstanden und nicht nur auswendig gelernt haben.

Selbstkorrektur kann mithilfe der „Fehler-Hitliste" geschehen: Jede/r TN erstellt eine persönliche „Fehler-Hitliste" mit den Fehlern, die er/sie beim freien Schreiben am häufigsten macht und auf die er/sie daher in der Korrekturphase nach dem Schreiben besonders achten sollte. Die Hitliste kann jedes Mal, wenn ein Text geschrieben wird, hinzugezogen werden. Natürlich sollte die Liste im Laufe der Zeit auch immer mal wieder erneuert und erweitert werden.

# Grammatik

Auf einer rudimentären Ebene der Sprachverwendung reichen Wörter aus, um miteinander zu kommunizieren: Auf die Frage *Kaffee? Milch, Zucker?* werden die meisten von uns eine adäquate und vermutlich ebenso knappe Antwort geben können: *Gerne, schwarz.* Sobald allerdings komplexere Sachverhalte ausgedrückt werden sollen – und solche, für die weniger Weltwissen zur Verfügung steht, – reicht Lexik allein nicht mehr aus; wir benötigen Grammatik, um uns präzise auszudrücken und effektiv zu kommunizieren. Grammatik unterstützt Kommunikation – und dafür ist sie äußerst wichtig –, sie wird allerdings nicht um ihrer selbst willen gelernt und unterrichtet (▶ **Handlungsorientierung**).

Wie lernen Menschen grammatische Regeln?

- Sie müssen Regeln erst einmal bemerken: Deshalb werden in *Berliner Platz NEU* grammatische Phänomene meist nicht nur einmal, sondern mehrfach aufgegriffen.
- Sie müssen die Regeln anhand des sprachlichen Inputs selbst entdecken können: Das Lehrbuch regt zur Suche an (*Markieren Sie ...*) und fordert z. B. zur selbstständigen Formulierung der Regel in einem vorgegebenen Gerüst auf (*Ergänzen Sie die Regel ...*) (▶ **selbst entdeckendes Lernen**).
- Sie müssen sich die Regeln bewusst machen: Welche Funktion bzw. Bedeutung hat die Struktur? Welche Form? Hilfreich ist hier jeweils der Grammatikhinweis.

> Nach *je + umso/desto* steht immer der Komparativ!
>
> *je mehr ... desto weniger*

- Sie müssen die Strukturen ausprobieren und in unterschiedlichen Zusammenhängen benutzen können. Denn auch für lerngewohnte TN gilt, dass ihnen die Kognitivierung durch Regeln zwar beim ersten Erfassen der Struktur hilft, der fehlerarme Gebrauch aber nur durch häufige Anwendung erreicht werden kann. Geben Sie Ihren TN dazu so viel Gelegenheit, wie sie brauchen; schieben Sie ggf. eine Sequenz aus dem Arbeitsbuch oder dem Intensivtrainer ein, lassen Sie mit der Sprache spielen und vergessen Sie letztendlich nicht den Transfer auf reale Sprechsituationen.

## Deklination des Adjektivs ohne Artikel

Die artikellose Deklination im Singular kann bei unbestimmten Mengenbegriffen vorkommen, wenn Angaben zu Flüssigkeiten (*reines Wasser, kühles Bier*), Material (*frisches Brot, reines Gold*), aber auch zu Eigenschaften und Gefühlen (*große Sorgfalt, alte Liebe*) gemacht werden. Die Endung des Adjektivs entspricht dann der des bestimmten Artikels (mit Ausnahme von Genitiv maskulin und neutrum *-en*).

## feste Nomen-Verb-Verbindungen

Im Deutschen gibt es viele feste Nomen-Verb-Verbindungen (siehe die Auswahl im Anhang auf S. 249–250). Sie sind verbale Streckformen, die aus Substantiv(gruppe) oder Präpositionalgruppe und Funktionsverb (einem Verb, das in dem Zusammenhang fast keine eigene Bedeutung hat) bestehen und daher auch „Funktionsverbgefüge" genannt werden. Solche feste Nomen-Verb-Verbindungen sind oft einem einfachen Vollverb bzw. einer Konstruktion mit Adjektiv + *sein* äquivalent (z. B. *Kritik üben = kritisieren, die Fähigkeit besitzen = fähig sein)*, erweitern aber die Ausdrucksmöglichkeit.

## irreale Konditional- und Wunschsätze in der Vergangenheit

Irreale Konditionalsätze in der Vergangenheit formulieren eine irreale Bedingung, einen Wunschtraum. (*Wenn er mit seinen Kollegen gesprochen hätte, hätte er weniger Probleme bekommen.*) Wird der Satz mit *wenn* gebildet, steht das Verb an der letzten Stelle; wird er ohne *wenn* gebildet, so beginnt er mit dem Verb. (*Hätte er mit den Kollegen gesprochen, hätte er weniger Probleme bekommen.*)

Irreale Wunschsätze in der Vergangenheit ähneln den Konditionalsätzen. Sie basieren auf einer als negativ erlebten Realität und sind meistens nicht erfüllbar. Sie können eingeleitet sein (*Wenn ich doch einen anderen Chef gehabt hätte!*) oder uneingeleitet sein (*Hätte ich doch einen anderen Chef gehabt!*). Die Partikeln *doch, nur, doch nur, bloß* ebenso wie das Ausrufezeichen verleihen dem Wunsch Nachdruck.

Die irrealen Konditional- und Wunschsätze können voran- oder nachgestellt werden.

## irreale Vergleichssätze

Irreale Vergleichssätze drücken einen Vergleich aus, der nicht real ist. Im Hauptsatz steht eine reale Feststellung; er steht daher im Indikativ. Im Nebensatz wird ein irrealer Vergleich ausgedrückt, daher steht er im Konjunktiv II. Irreale Vergleichssätze stehen normalerweise nach Verben des persönlichen Befindens oder der persönlichen Wahrnehmung (*Er sieht aus, als ob er die ganze Nacht nicht geschlafen hätte.*) oder nach Verben des Verhaltens bzw. Tuns (*Er tut so, als ob er viel Geld hätte.*). Irreale Vergleichssätze können mit *als ob* (das Verb steht dann am Satzende) oder mit *als* gebildet werden (dann steht das Verb in zweiter Position).

**Beispiel:**

*…, als ob ich an einem Wettkampf teilnehmen würde.*
*…, als würde ich an einem Wettkampf teilnehmen.*

In welcher Zeitform der irreale Vergleichssatz steht, hängt davon ab, ob Haupt- und Nebensatz gleichzeitig oder nicht gleichzeitig sind.

### kausale und konsekutive Satzverbindungen

Es gibt unterschiedliche, z. T. synonyme Begriffe, um Sätze zu verbinden und dabei einen kausalen oder konsekutiven Zusammenhang zwischen ihnen herzustellen. Da es sich sowohl um Hauptsatz-, als auch um Nebensatz-Konnektoren handeln kann, ist es hilfreich, kausale und konsekutive Satzverbindungen anhand von Beispielen zu systematisieren und sowohl die Stellung von Haupt- und Nebensatz als auch die Wortstellung im Satz bewusst zu machen.

**Beispiel:**

| | |
|---|---|
| HS + HS (Folge) | *Es war mein Traum, ins Ausland zu gehen, deshalb / deswegen / darum / aus diesem Grund habe ich sofort zugesagt.* |
| HS + HS (Grund) | *Ich habe sofort zugesagt, denn es war mein Traum, ins Ausland zu gehen.* |
| HS + NS (Grund) | *Ich habe sofort zugesagt, weil es mein Traum war, ins Ausland zu gehen.* |
| NS (Grund) + HS | *Da es mein Traum war, ins Ausland zu gehen, habe ich sofort zugesagt.* |

### Konjunktiv I in der indirekten Rede

Die indirekte Rede wird – zumeist in Zeitungstexten – verwendet, um die Aussagen einer dritten Person wiederzugeben. Sie steht folglich nach Verben wie *denken, erklären, erzählen, meinen, sagen* usw. *(Sie liebe diesen Job, erklärte sie.)*. Da heute nur noch wenige Konjunktiv I-Formen gebraucht werden (nämlich die 3. Person Singular der Vollverben, die 1. und 3. Person Singular der Modalverben und die Formen des Verbs *sein*), sollten die TN den Konjunktiv I in der indirekten Rede in der Hauptsache verstehen, nicht unbedingt vollständig anwenden können, zumal bei Formengleichheit auch der Konjunktiv II bzw. die *würde*-Form auftreten können.

### Konjunktiv II der Vergangenheit

Man benutzt den Konjunktiv II in der Vergangenheit u.a. um zu sagen, was man besser oder anders gemacht hätte. Dabei stehen die Sätze im Indikativ (real) und Konjunktiv (irreal) meist in einem Umkehrverhältnis: Ist der Indikativ positiv, wird der Ratschlag im Konjunktiv negativ und umgekehrt.

**Beispiele:**

*Sie hat dem Reiseveranstalter vertraut. – Ich hätte dem Reiseveranstalter nicht vertraut.*
*Sie hat die Geschäftsbedingungen nicht gelesen. – Ich hätte die Geschäftsbedingungen gelesen.*

Der Konjunktiv II mit Modalverb wird oft benutzt, um nachträglich Ratschläge zu geben (oft mit erhobenem Zeigefinger: *Sie hätte die Geschäftsbedingungen lesen sollen.).* Er wird immer mit dem Hilfsverb *haben* gebildet, niemals mit *sein*, weil die Modalverben das Perfekt und das Plusquamperfekt mit *haben* bilden. Modalverben bilden das Perfekt mit dem Infinitiv (man spricht auch von „Ersatzinfinitiv") und nicht mit dem Partizip II (*Er hat mit uns essen gehen wollen.).* Nur wenn die Modalverben als selbstständige Verben gebraucht werden, bilden sie das Perfekt mit dem Partizip II (*Ich habe das nicht gewollt.*).

### tekamolo

Der Begriff setzt sich zusammen aus den ersten zwei Buchstaben der adverbialen Angaben – temporal (*wann?*), kausal (*warum?*), modal (*wie/womit?*) und lokal (*wo/wohin?*) – und bezieht sich auf eine zwar nicht absolut feste, aber doch allgemeine Regel zur Stellung dieser Angaben im Satz. Alle Angaben kommen selten zusammen in einem Satz vor; aber auch bei weniger Angaben folgt der temporalen Angabe zuerst die kausale, dann die modale und schließlich die lokale Angabe.

**Beispiel:**

| Subjekt | Verb | temporal: wann? | kausal: warum? | modal: wie? | lokal wohin |
|---|---|---|---|---|---|
| *Wir* | *ziehen* | *jetzt* | *wegen der Liebe* | *so schnell wie möglich* | *nach Köln.* |

### temporale Konjunktionen

Temporale Konjunktionen dienen der Einleitung von temporalen Nebensätzen (Temporalsätzen), die gegenüber dem Hauptsatz in einem vorzeitigen, gleichzeitigen oder nachzeitigen Verhältnis stehen.

**Beispiele:**

Nebensatz vorzeitig: *Nachdem sie genug Deutsch gelernt hatte, konnte sie eine Banklehre machen.*
Nebensatz gleichzeitig: *Während ihre Tochter in der Tagesstätte ist, arbeitet Bea in der Firma.*
Nebensatz nachzeitig: *Bis der neue Geschäftsführer kommt, ist Herr Schmitz zuständig.*

### Valenz der Verben

Der Begriff „Valenz" (Wertigkeit) bedeutet in der Linguistik, dass ein Wort andere Wörter an sich bindet bzw. durch andere Wörter ergänzt werden muss. Spricht man von der „Valenz der Verben", so meint man deren Eigenschaft, Akkusativ- und/oder Dativergänzungen oder eine Präposition zu fordern. Um das Phänomen zu erklären, kann KL einen Magneten mitbringen, der Metalle in ähnlicher Weise anzieht wie ein Verb eine bestimmte Ergänzung. Dabei kann die Ergänzung fakultativ oder obligatorisch sein (wie z. B. beim Verb *schreiben*: *Ich schreibe. Ich schreibe einen Brief.*).

**Beispiele:**
Akkusativergänzung: *Er kennt* ***diese Sportart*** *gut.*
Dativergänzung: *Ich helfe* ***ihm***.
Akkusativ- und Dativergänzung: *Die Eltern schenken* ***ihm ein Fahrrad***.
Ergänzung einer Präposition: *Er nimmt* ***an*** *vielen Wettkämpfen teil.*

KL sollten unbedingt darauf aufmerksam machen, dass die TN die Valenz der Verben mitlernen müssen, und auf die Liste „Verben, Nomen, Adjektive mit Präpositionen" im Anhang von *Berliner Platz 4 NEU* (S. 250 ff.) hinweisen.

### Verneinung mit *nicht*
Bei der Verneinung mit *nicht* unterscheidet man zwischen Satz- und Teilnegation.
a. Bei der Satznegation wird der ganze Satz verneint. (*Er findet den Vertrag nicht.*) Das Wort *nicht* steht am Ende des Satzes bzw. vor dem zweiten Teil der Satzklammer.
b. Bei der Teilnegation wird nur ein Satzteil verneint. In diesem Fall steht *nicht* vor dem verneinten Satzteil. (*Er ist nicht dumm. Miete nicht neben einem anderen Schuhmacher.*)

### weiterführende Nebensätze
Weiterführende Nebensätze beziehen sich auf den gesamten, immer vorangestellten, Hauptsatz, dessen Aussage sie kommentieren oder weiterführen. Sie unterscheiden sich insofern von den Relativsätzen, die nur ihr jeweiliges Bezugswort näher bestimmen. Weiterführende Nebensätze können mit *was* eingeleitet werden (*Sie wollte Estnisch lernen, was mir unheimlich imponiert hat.*), bei Verben mit Präpositionen mit *wo* + Präposition (*Er hat eine neue Stelle, worüber er sehr froh ist.*) und mit *weshalb/weswegen*, wenn eine Folge ausgedrückt wird (*Petra hat sich ein Auto gekauft, weswegen sie nicht mehr mit dem Bus fährt.*).

## Handlungsorientierung
Sprache existiert nicht „an sich", sondern man benötigt und benutzt sie, um zu kommunizieren: Man fragt, beschreibt, stimmt zu, drückt Interesse aus, reagiert auf etwas, macht einen Vorschlag, dankt, entschuldigt sich – kurz: Man tut etwas mit Sprache; man handelt. Das mag besonders einleuchten, wenn man an Lernende im Inland denkt, die die deutsche Sprache brauchen, um wichtige alltägliche Handlungen auszuführen, gilt aber für Sprachlernende im Inland oder Ausland gleichermaßen. (Siehe auch: www.goethe.de/Z/50/commeuro/i7.htm.)
Das Lehrwerk *Berliner Platz NEU* fördert die sprachliche Handlungsfähigkeit der TN, indem es
- lebensnahe Themen mit hohem Alltagsbezug anbietet,
- der kommunikativen Wirksamkeit eine große Bedeutung beimisst,
- die für die jeweiligen sprachlichen Handlungen nötigen sprachlichen Mittel (Wortschatz, Redemittel, Strukturen etc.) bereitstellt und trainiert,
- Möglichkeiten zum kreativen Umgang mit der Sprache anbietet,
- die TN durch Projekte anregt, alleine, in Paaren oder Gruppen den deutschsprachigen Alltag zu erkunden,
- durch ein aufgabenorientiertes Lernen den TN den Raum gibt, im Rahmen authentischer Situationen miteinander zu interagieren,
- die TN durch Angebote zum effektiven Lernen in ihrer Selbstständigkeit stärkt.

### Task
Unter einem „Task" wird eine kommunikative Aufgabe verstanden, bei der die Lernenden die Zielsprache für einen kommunikativen Zweck und im Hinblick auf das Erreichen eines Ergebnisses nutzen. Wegen ihres ganzheitlichen Charakters – alle vier Fertigkeiten, Hören, Sprechen, Lesen und Schreiben, werden mit einbezogen, unterschiedliche, vielfach kooperative Arbeitsformen werden genutzt – findet sich auch die Bezeichnung „Ganzaufgabe" (Häussermann/Piepho, 1996).
Mithilfe von Tasks kann schon im Unterricht authentisches sprachliches Handeln erprobt und eingeübt werden. Sie haben im kommunikativen, handlungsorientierten Unterricht daher eine außerordentlich wichtige Funktion. Tasks sind auch Bestandteil der mündlichen Teile aller drei Prüfungen, auf die *Berliner Platz 4 NEU* vorbereitet: die Prüfungen *telc Deutsch B1+ Beruf, Goethe-Zertifikat B2* und *telc Deutsch B2*. (▶ **Prüfungsvorbereitung**).

## Hausaufgaben
Hausaufgaben sind ein wesentlicher Bestandteil des Übungsgeschehens. Das Arbeitsbuch von *Berliner Platz NEU* enthält viele Übungen zur Konsolidierung, Wiederholung und spielerischen Festigung des Gelernten. Dabei wurde auf ein kompliziertes Verweissystem verzichtet, denn jeder Übung im Lehrbuchteil ist eine Übung im Arbeitsbuchteil zugeordnet. Die TN können die Aufgaben selbstständig anhand des Lösungsschlüssels (zu finden auf **www.klett-langenscheidt.de**) korrigieren. Die Aufgaben können jedoch auch zu Beginn der nächsten Unterrichtsstunde aufgegriffen und ggf. in PA korrigiert werden.

## Hilfsmittel
Es gibt unendlich viele Hilfsmittel für den Unterricht, die der Unterstützung des Lernprozesses dienen.

### Bluetack
Bluetack ist eine Art klebrige Knete, die man benutzen kann, um Poster, Zettel usw. an den Wänden des Unterrichtsraums aufzuhängen. Bluetack, das es heute unter verschiedenen Namen und in unterschiedlichen Farben gibt, ist spurlos wieder ablösbar und wiederverwendbar.

### Folien
Folien können Sie in vielfältiger Weise verwenden, wenn Sie mit dem OHP arbeiten: Legen Sie die Folie, auf die Sie vielleicht ein Foto oder eine Zeichnung kopiert haben, nicht einfach auf, sondern lenken Sie die Aufmerksamkeit auf Ausschnitte. Lassen Sie raten, was noch fehlt. Decken Sie dazu Teile des Bildes mithilfe mehrerer Blätter Papier ab und decken Sie das Bild dann Stück für Stück auf, bis ganz am Ende das ganze Bild zu sehen ist.

Lassen Sie die Folien beschriften, zerschneiden Sie sie oder legen Sie sie am OHP übereinander: Haben Sie z. B. einen Stadtplan auf Folie kopiert, so lassen Sie eine/n TN mit einem wasserlöslichen Stift einer Wegbeschreibung folgen. Kopieren oder schreiben Sie einen Text auf Folie und schneiden Sie den Text in Satzschnipsel. Mischen Sie die Schnipsel und bitten Sie einzelne TN, den Text am OHP wieder richtig zusammenzusetzen.

Folien sind aber auch sehr nützlich für die Präsentation von Gruppenergebnissen: Sie können z. B. das Einstiegsbild zu Kapitel 7 auf Folie kopieren und den TN die Aufgabe geben, in GA die Folie zu beschriften. Die verschiedenen Produkte werden anschließend am OHP gezeigt und besprochen.

### Klebepunkte

Klebepunkte sind geeignet, um Prioritäten bzw. Wichtigkeiten zu bestimmen. Die Liste der regionalen Küchen in Kapitel 6 kann z. B. an die Tafel geschrieben werden. Die TN erhalten jeweils drei Klebepunkte, mit denen sie markieren, welche Küche ihnen bekannt ist und (ggf. in einer anderen Farbe) welche sie persönlich mögen.

### Packpapier

Packpapier ist im Unterricht vielseitig einsetzbar. An der Wand befestigt ersetzt es Flipchart oder Pinnwand. Wegen seiner Größe ist es ideal für die Präsentation von Gruppenarbeitsergebnissen.

Haben Sie einen Kurs, in dem eine offene und vertrauensvolle Atmosphäre herrscht? Lassen Sie Gruppen bilden. Ein/e TN in der Gruppe legt sich auf ein Stück Packpapier. Mit einem dicken Stift wird seine/ihre Körperform auf das Papier gemalt. Die Form kann jetzt beschriftet werden (z. B. mit den Körperteilen) oder mit Text gefüllt werden (z. B. mit einem gemeinsam ausgedachten Lebenslauf).

### Realien

Damit sind reale Gegenstände gemeint, mithilfe derer Sie Themen einführen sowie Wortschatz und Strukturen veranschaulichen können. Bringen Sie, wenn es Ihnen möglich ist, Euromünzen und Geldscheine mit, wenn es um Preise geht, einen Apfel und ein Schälmesser zur Demonstration des Passivs, eine Musik-Geburtstagskarte, eine Schultüte, einen Stimmzettel von der Bundestagswahl, einen Bußgeldbescheid etc. Ihrer Fantasie sind keine Grenzen gesetzt; im Gegenteil: Ihre TN werden sich über den anschaulichen, lebendigen Unterricht freuen – und das nicht nur im Ausland, wo deutsche Gegenstände einen besonderen Wert als landeskundliches Anschauungsmaterial haben.

### Wollknäuel (oder weicher Ball)

Ein weicher Gegenstand, der gut geworfen werden kann, ist bei Frage-Antwort-Übungen nützlich. Wenn Sie wirklich einen Wollknäuel zur Verfügung haben, bitten Sie die TN, sich in einem Kreis aufzustellen, einander das Knäuel zuzuwerfen, dabei aber den Faden festzuhalten. Es entsteht ein Netz, auf dem man spielerisch auch aufgeblasene Luftballons in der Luft halten kann.

## Hörverstehen

Dem Hören wird eine Schlüsselfunktion bei der Begegnung mit einer neuen Sprache zugeschrieben. Das Üben des Hörverstehens hat in *Berliner Platz NEU* daher einen hohen Stellenwert. Als Muttersprachler/innen hören wir Texte mit ganz bestimmten Hörerwartungen bzw. Verstehensabsichten, die in der Fremdsprachendidaktik als Hörstile bezeichnet werden.

- **globales (orientierendes) Hören:** Wir wollen verstehen, worum es sich handelt, was allgemein gemeint ist. Wir hören z. B. rasch den Wetterbericht, weil wir wissen wollen, ob wir einen Regenschirm mitnehmen müssen.
- **selektives Hören:** Hier interessieren uns nur ganz bestimmte Einzelinformationen. Bei der Durchsage auf dem Bahnsteig interessieren beispielsweise nur „ICE aus München", „Verspätung", „15 Minuten". Die Information, dass der Regionalzug nach Saarbrücken nicht wie gewohnt auf Gleis 5 einfährt, hören wir dann schon nicht mehr, weil sie uns nicht betrifft.
- **detailliertes Hören:** Wir wollen das Gesprochene in allen Einzelheiten verstehen, denn alle Informationen können wichtig sein. Hat auf den Anrufbeantworter ein uns wichtiger Mensch gesprochen, so werden wir ganz genau hinhören, um alles zu verstehen und jede Nuance des Gesagten mitzubekommen.

Natürlich sind diese Hörstrategien nicht statisch, denn die Verstehensabsicht kann sich während des Hörens ändern: Wenn in der Verkehrsmeldung, der ich wenig Aufmerksamkeit schenke, weil ich auf die Nachrichten warte, gemeldet wird, dass sich auf der Autobahn, auf der ich unterwegs bin, ein Unfall ereignet hat, werde ich genau hinhören.

In einem Deutschlehrwerk wird die Hörerwartung der Lernenden durch die Aufgabenstellung gelenkt; so wird, der jeweils trainierten Hörstrategie entsprechend, das Hörverstehen trainiert. Die spezifische Schwierigkeit bim Hörverstehen liegt darin, dass die Verarbeitung von Hörtexten im Regelfall nicht durch die TN selbst gesteuert werden kann. Sie können nicht wie bei Lesetexten das Tempo der Darbietung selbst bestimmen oder einzelne Passagen beliebig oft wiederholen. (Das ist dann nur bei der selbstständigen Arbeit mit den Arbeitsbuch-Hörtexten zu Hause möglich.) Im Unterricht sollten deshalb die Hörtexte mehrmals vorgespielt werden, damit ein Verstehen gewährleistet ist. Wie oft der Hörtext wiederholt werden sollte, hängt einerseits von der Komplexität der Texte, vom Schwierigkeitsgrad der Aufgabenstellung und andererseits von der Hörkompetenz der TN ab. Diese hängt wiederum von verschiedenen Faktoren ab, z. B. von der Ausgangssprache und den schon vorher erlernten Fremdsprachen sowie der Zeit, die die TN schon vor Beginn des Deutschkurses in deutschsprachiger Umgebung verbracht haben. So können die Angaben in den Unterrichtsvorschlägen nur Richtwerte geben. Als KL werden Sie schnell herausfinden, wie oft Sie einen Hörtext wiederholen müssen/dürfen, um eine Über- oder Unterforderung der TN zu vermeiden.

### Transkripte

Sie finden die Transkripte der Hörtexte zum Lehr- und Arbeitsbuchteil als Word-Dokumente auf **www.klett-langenscheidt.de**. Sie können sich die Dateien herunterladen und erhalten damit einen Textpool, den Sie für Ihren Unterricht individuell bearbeiten können.

Sind Sie der Meinung, dass man Transkripte immer erst nach der Bearbeitung der Hörverstehensaufgabe einsetzen sollte, weil ein Einsatz parallel zum Hören den Hörverstehensprozess stören und es den Lernenden erschweren würde, ihre Hörverstehensfähigkeiten zu entwickeln? Sie haben damit sicherlich ein wichtiges Argument, denn die Lernenden sollen hören lernen, ohne sich auf die Unterstützung des geschriebenen Wortes verlassen zu können. Andererseits: Warum sollte man nicht die vielen Möglichkeiten nutzen, die auch die Transkripte bieten?

- Benutzen Sie doch einmal die Transkripte, um Unterschiede zwischen Umgangssprache und Schriftsprache zu thematisieren. Die Hörtexte weisen nämlich – auch wenn es nicht immer authentische, sondern für den Unterricht geschriebene Texte sind – Charakteristika der gesprochenen Sprache auf, etwa Interjektionen und Ellipsen wie *Hm ..., Also, äh ..., Mist!, Wow ..., Keine Ahnung!* usw. (Und wenn ein noch größerer Grad an Authentizität gewünscht wird, können die TN vielleicht selbst Sprachaufnahmen machen und sie im Unterricht präsentieren ...).
- Lassen Sie das Transkript eines Hörtexts schon vor dem Hören lesen, besonders wenn der Hörtext etwas schwierig für Ihre Lernenden sein könnte. Diese Hilfestellung ist möglicherweise (nicht nur für die schwächeren Lernenden) gerade richtig und trägt zur Motivation bei.
- Geben Sie das Transkript nach dem ersten Hören aus und klären Sie anhand des Texts unbekannte Wörter oder inhaltliche Fragen. Spielen Sie erst dann den Hörtext ein zweites Mal vor.
- Lassen Sie den Hörtext laufen, während die TN das Transkript lesen, um die innere Lesestimme der TN zu lenken. Bedenken Sie jedoch, dass die Aufmerksamkeit geteilt werden muss und diese Aufgabe schnell ermüdet.
- Verwenden Sie das Transkript zur Weiterarbeit; lassen Sie z. B. nach dem Hören eines Dialogs die TN überlegen, was sie selbst sagen würden, wenn sie quasi als Dritte/r in der Runde dabei wären. Oder bitten Sie die TN, selbst einen Lückentext (oder eine andere Übungsform) zum Text zu erstellen.

# Interkulturelle Perspektive

Moderne Gesellschaften sind durch Differenzierungen und dynamische Prozesse gekennzeichnet. Sie sind zusammengesetzt aus Menschen, die Mitglieder unterschiedlichster Gruppen sind, verschiedene Identitäten haben und die im Kontakt miteinander mit Unbekanntem und oft Erstaunlichem zurechtkommen müssen. Fremd- und Zweitsprachenunterricht hat in diesem Zusammenhang eine große Bedeutung, denn er fördert nicht nur die sprachliche Handlungsfähigkeit der Lernenden in der Zielsprache, sondern gleichermaßen die Entwicklung von Offenheit, Toleranz und Kommunikationsbereitschaft gegenüber der Zielkultur bzw. anderen Kulturen allgemein.

So verstanden, wird der interkulturell ausgerichtete Deutschunterricht den Lernenden Verständnis dafür vermitteln, dass andere Kulturen – genauso wie die eigene – alles andere als homogen sind und dass es Ungleichheiten, Meinungsverschiedenheiten genauso gibt wie Verständigung und Elemente von Stabilität. Konkret wird er u. a.

- den Hintergrund der Lernenden als Teil ihrer Identität mit einbeziehen,
- sie ermutigen, von Erfahrungen aus den Herkunftsländern zu berichten,
- Vergleiche zwischen den Kulturen anregen,
- Möglichkeiten geben, über eigene Gefühle und Eindrücke in der Begegnung mit dem Fremden zu sprechen,
- dabei das Gespräch über Klischees und Vorurteile anregen,
- für kulturell unterschiedliche Konzepte und Wertvorstellungen sensibilisieren,
- im Austausch unterschiedliche Perspektiven begrüßen,
- die Lernenden in Rollenspielen Probe handeln lassen,
- den vorhandenen Sprachreichtum in den Unterricht mit einbeziehen.

# Kooperatives Lernen

„Kooperatives Lernen" ist ein Unterrichtsansatz, bei dem fachliches und soziales Lernen als gleich wichtig erachtet werden. In kleinen Teams (GA oder PA) unterstützen sich die Lernenden beim Lernen. Jede/r TN übernimmt dabei Verantwortung nicht nur für das eigene Lernen, sondern auch für das der Teammitglieder. So können alle Lernenden ein Erfolgserlebnis haben. Der Ansatz unterscheidet sich von der vergleichsweise unstrukturierten Gruppenarbeit, neu ist aber „vor allem die Entdeckung der Rolle der Einzelarbeit als Teil der Gruppenarbeit" (vgl. Hammoud/Ratzki, 2009).

## Gruppenpuzzle

TN bilden 4er-Gruppen. KL hat den Text in vier Abschnitte (A, B, C, D) geteilt und gibt jedem Gruppenmitglied einen Buchstaben (A, B, C, D). Jede/r TN liest „sein/ihr" Puzzlestück des Gesamttexts. Alle „Expert/innen" für einen bestimmten Textabschnitt stellen sich dann zusammen, um die Informationen aus ihrem Textteil abzugleichen. Anschließend kehren sie in ihre ursprüngliche Gruppe zurück, wo sie ihre Informationen den anderen weitergeben. Die Puzzlestücke werden zu einem Ganzen zusammengesetzt.

## Think-Pair-Share

Jede/r TN arbeitet zuerst für sich alleine (Think), in PA oder GA werden die Überlegungen dann diskutiert (Pair) und in einem dritten Schritt (Share) präsentieren die Paare oder Gruppen ihre Ergebnisse im Plenum und vergleichen sie miteinander.

# Kopiervorlagen

Sie finden alle Kopiervorlagen zu *Berliner Platz 4 NEU*, die in den „Unterrichtsvorschlägen" angesprochen wurden, im Online-Angebot für Lehrende unter **www.klett-langenscheidt.de**.

# Kursbeginn

Der Beginn eines Kurses ist eine intensive Erfahrung, vor allem, wenn eine neue Lerngruppe zusammenkommt. Einige TN kennen sich vielleicht bereits, für andere ist alles neu: die anderen TN, der/die KL, der Unterrichtsraum. Sich in einer fremden Umgebung vor fremden Leuten in einer fremden Sprache zu äußern ist für viele nicht leicht. Aber auch Sie sind vielleicht unsicher: Wie wird die Gruppe sein – eher zurückhaltend? Leicht zu begeistern oder stark geprägt von unterschiedlichen Interessen? Mit dem Kurseinstieg verfolgen Sie in der Hauptsache das Ziel, eine angenehme und motivierende Atmosphäre zu schaffen und zu ermöglichen, dass die TN die Namen anderer TN lernen, Kontakte untereinander herstellen und dabei erste Erfolgserlebnisse in der deutschen Sprache haben, erste Informationen über sich geben und etwas über die anderen erfahren.

## Landeskunde

Im heutigen Fremd- und Zweitsprachenunterricht, der dem kommunikativen, handlungsorientierten Ansatz verpflichtet ist, geht es nicht mehr nur um die Vermittlung der Vokabeln, der Strukturen, der Aussprache, sondern um Inhalte, um Themen und Sprachhandlungsziele. Diese sind von landeskundlichen Inhalten – Geografie, Kultur, Politik – nicht zu trennen. Während aber Grammatik oder Lexik der Sprache feststehen, denn es existiert ein Korpus, eine Sammlung sprachlicher Daten, die man sich im Verlauf des Sprachenlernens aneignet, gibt es in der Landeskunde eine unendliche Vielzahl von Aspekten, die zu thematisieren sich lohnen würde. Ihre Zahl ist zudem nicht konstant, denn mit jeder gesellschaftlichen Veränderung kommen neue Themen oder Perspektiven hinzu. In *Berliner Platz NEU* ist zwar insofern eine Auswahl getroffen worden, als Themen mit hohem Alltagsbezug ausgewählt wurden, darüber hinaus empfiehlt es sich aber, teilnehmer- bzw. lernerorientiert vorzugehen und die Interessen der Lernenden aufzugreifen. Im Deutschunterricht im Inland werden hier eher die Orientierung im Alltag von Interesse sein, die Vermittlung von „Faktenwissen in Bezug auf Vorgänge, Abläufe, Regelungen, Strukturen und Anlaufstellen" („Rahmencurriculum", S. 15) und die Möglichkeit, sich über das eigene Erleben auszutauschen. Im Ausland werden möglicherweise zusätzliche kulturelle oder touristische Aspekte gefragt sein. Speziell für Lernende im Ausland, die sich auch für die deutschsprachigen Länder Österreich und die Schweiz interessieren, gibt es zu den Bänden 1–3 ein zusätzliches Landeskundeangebot, das Landeskundeheft „Treffpunkt D-A-CH"). Haben die TN, die mit *Berliner Platz 4 NEU* arbeiten, das Landeskundeheft noch nicht kennengelernt, so kann es zur Erweiterung des Themenspektrums hinzugezogen werden (z. B. ergänzt das Thema „Ehrenamt" das Thema „Hilfsprojekte" in Kap. 3 und „Lieblingswürstchen" das Thema „Für jeden Geschmack etwas" in Kap. 6).

### Antidiskriminierungsgesetz

Das umgangssprachlich als „Antidiskriminierungsgesetz" bezeichnete „Allgemeine Gleichbehandlungsgesetz" (AGG) wurde 2006 als Bundesgesetz erlassen. In §1 des Gesetzes steht: „Ziel des Gesetzes ist, Benachteiligungen aus Gründen der Rasse oder wegen der ethnischen Herkunft, des Geschlechts, der Religion oder Weltanschauung, einer Behinderung, des Alters oder der sexuellen Identität zu verhindern oder zu beseitigen." (www.gesetze-im-internet.de / → Titelsuche / → Allgemeines Gleichbehandlungsgesetz). Das Gesetz definiert als unzulässige Benachteiligungen u. a.

- bei der Vergabe von Stellen,
- bei Beschäftigungs- und Arbeitsbedingungen,
- bei der Entlohnung der Arbeit,
- beim Zugang zur Berufsberatung, Berufsbildung und beruflicher Weiterbildung sowie
- bei der Versorgung mit Wohnraum durch die öffentliche Hand.

### Arbeitssuche

Viele Unternehmen suchen Arbeitskräfte über die Stellenseiten der Tageszeitung (meistens in der Samstagsausgabe). Dabei werden Stellen für Fach- und Führungskräfte im Allgemeinen überregional in den großen Tageszeitungen (wie Süddeutsche Zeitung, Frankfurter Allgemeine Zeitung u. a.) sowie in Wochenzeitungen (wie Die Zeit u. a.) und in den Zeitschriften der Fachpresse aufgegeben. Stellen für Arbeitskräfte unterhalb der mittleren Führungsebene werden dagegen lokal oder regional in Tageszeitungen ausgeschrieben. Mehr und mehr werden aber auch die Möglichkeiten des Internets für Stellenangebote bzw. die Stellensuche genutzt (z. B. www.jobscout24.de).

Leider befinden sich unter den Unternehmen, die Arbeitskräfte per Stellenanzeige suchen, auch schwarze Schafe, sog. Scheinfirmen, die es auf das Geld von Arbeitssuchenden abgesehen haben. Sie werben mit äußerst hohen Einkommen und Provisionen, geben oft nur eine Telefonnummer als Kontakt an und bieten selten mehr Informationen. Wenn gar von Eigenkapital, das der/die Arbeitssuchende „anlegen" muss, die Rede ist (in der Anzeige selbst oder beim ersten telefonischen „Bewerbungsgespräch"), ist der Verdacht begründet, dass man es mit einem Abzocker zu tun hat. Denn bei vielen dieser Firmen sieht der Bewerber / die Bewerberin kein Geld wieder, weder das eigene noch irgendeine Bezahlung. Im Unterricht sollten ggf. auch solche Anzeigen zur Sprache gebracht und im Anzeigenteil gesucht werden.

### Arbeitszeugnis

Nach dem Gesetz hat jeder Arbeitnehmer / jede Arbeitnehmerin, unabhängig, wie lange er oder sie bei einem Arbeitgeber beschäftigt war, am Ende seiner Tätigkeit in einem Betrieb Anspruch auf ein schriftliches Zeugnis. Er/Sie kann aber auch nach einem Zwischenzeugnis fragen, wenn ein wichtiger Grund dafür vorliegt, z. B. die Abteilung gewechselt wird.

Es gibt zwei Zeugnisarten:

- Im einfachen Zeugnis werden den gesetzlichen Mindestanforderungen entsprechend Angaben zur Art und Dauer der Tätigkeit gemacht, aber keine Bewertungen gegeben.
- Im qualifizierten Zeugnis wird zusätzlich noch eine Bewertung der Arbeitsleistung und des Verhaltens des Arbeitnehmers / der Arbeitnehmerin gegeben. Diese muss aber *wohlwollend* formuliert sein, um der betreffenden Person für ihre berufliche Zukunft keine Steine in den Weg zu legen. Da Arbeitgeber aber nicht immer etwas Positives über ausscheidende Arbeitnehmer sagen wollen, hat sich eine „Zeugnissprache" entwickelt, in der mit höflichen Floskeln durchaus auch skeptische oder kritische Bewertungen ausgedrückt werden können (siehe dazu z. B. www.zeugnisdeutsch.de/arbeitszeugnis/geheimcodes.php oder www.arbeitszeugnisgenerator.de).

## Bewerbung

Die Grundlagen der Gestaltung von Bewerbungsunterlagen wurden in *Berliner Platz 2 NEU* vorgestellt. Der/Die KL kann die TN darüber hinaus auf die vielen informativen Bewerbungsseiten im Internet verweisen, z. B. www.arbeitsagentur.de (Rubrik „Bürgerinnen und Bürger", Suchwort: Bewerbung), www.bewerbung-tipps.com, www.stellenanzeigen.de oder www.bmwi.de/BMWi/Navigation/Ausbildung-und-Beruf/bewerbungstipps.html. Häufig finden sich hier auch Musterschreiben.

KL, die über die entsprechende mediale Ausstattung verfügen, können auch ein Video (z. B. von Youtube) mit einem Bewerbungsgespräch zeigen und mit den TN besprechen, was die Personen gut bzw. schlecht gemacht haben und was sie verbessern können. In Kursen, in denen TN in D-A-CH arbeiten möchten, bietet sich eine gemeinsame Internetrecherche an, was in den angestrebten Branchen bei Bewerbungsgesprächen üblich ist.

## Dienstleistungsberufe in Deutschland

Dienstleistungsberufe sind Berufe, in denen keine Waren produziert werden, sondern Menschen eine Leistung für andere Menschen erbringen. Es sind Berufe, bei denen andere Menschen beraten, gepflegt, betreut, unterrichtet, unterhalten oder versorgt werden. Über 70% aller Beschäftigten sind in Deutschland im Dienstleistungssektor tätig. Mehr als 400 Dienstleistungsberufe kann man auf dieser Internetseite kennen lernen: www.dienstleistungsberufe.de.

## deutsche Lyrik

Deutschland wird gelegentlich das „Land der Dichter und Denker" genannt, weil es im europäischen Raum besonders viele Schriftsteller und Philosophen hervorgebracht hat. Lyrik ist aber nicht nur ein Phänomen der Vergangenheit, sondern ist heute so lebendig wie eh und je; „Die Branche boomt." (FAZ, 08.06.2011). TN, die selbst deutsche Gedichte lesen oder hören wollen, kann KL auf die Seiten www.deutsche-dichter.de und www.gutenberg.org/ebooks/21158 hinweisen.

## duale Ausbildung

Unter „dualer Ausbildung" wird eine Ausbildung verstanden, die an zwei unterschiedlichen Ausbildungsorten, nämlich im Unternehmen und in einer berufsbildenden Schule stattfindet. Diese Art der Ausbildung ist die in Deutschland am weitesten verbreitete Ausbildungsart. Dabei können die praktischen und theoretischen Teile der Ausbildung unterschiedlich organisiert sein. Die Auszubildenden gehen z. B. wöchentlich jeweils drei Tage in ihren Ausbildungsbetrieb und zwei Tage in die Berufsschule; oder sie haben einige Wochen Blockunterricht und gehen dann für einige Wochen in die betriebliche Praxis. Eine Liste der staatlich anerkannten Ausbildungsberufe findet sich unter www2.bibb.de/tools/aab/aabberufeliste.php; Video-Clips zu den Ausbildungsberufen kann man unter www.berufe.tv/BA ansehen.

## euro*pass*

Der europass ist ein kostenloser Service der Europäischen Union, der helfen soll, dass Menschen im geeinten Europa ihre Qualifikationen, Fähigkeiten und Kompetenzen europaweit verständlich darstellen können. Dazu wurden standardisierte und europaweit einheitliche **euro*pass***-Dokumente entwickelt, u. a. der **euro*pass*-Lebenslauf** und der **euro*pass*-Sprachenpass** (siehe auch www.europass-info.de).

## Johannes Gutenberg

Der Mainzer Johannes Gutenberg (eigentlich Johannes Gensfleisch, ca. 1400 – 1468) revolutionierte mit seiner Erfindung der beweglichen Lettern den Buchdruck. Vor Gutenberg wurde jede Seite einzeln geschnitzt, mit Farbe bestrichen und auf Papier gedruckt; ein aufwendiges und langwieriges Verfahren. Gutenbergs Idee, nach der die einzelnen Buchstaben der Texte als Metall-Lettern hergestellt und für den Druck zusammengesetzt wurden, ermöglichte eine Buchproduktion in größerem Maßstab und breitete sich schnell in Europa und über seine Grenzen hinweg aus.

Im Gutenberg-Museum in Mainz sind die weltberühmten Gutenberg-Bibeln, eine alte Druckerstube mit benutzbarer Presse sowie unzählige Handschriften, Drucke und Grafiken zu bewundern (siehe www.gutenberg.de).

## Heimwerken

Viele Deutsche sind begeisterte Heimwerker, d. h. sie reparieren, renovieren, vergrößern, verschönern handwerklich ihr eigenes Heim, ohne aber die betreffenden Tätigkeiten notwendigerweise als Beruf gelernt zu haben. Entsprechend viele Bau- und Heimwerkermärkte und hilfreiche Internetseiten gibt es (www.heimwerker.de, www.selbst.de u.v.m.).

## Hilfsorganisationen

Hilfsorganisationen in Deutschland widmen sich einer Vielzahl unterschiedlicher Themengebiete. Auf einer gemeinsamen Plattform – www.hilfsorganisationen.de – stellen sie sich der Öffentlichkeit vor. Hier sind die Organisationen nach Themengebieten (von International Foreign Aid bis Tiere/Umwelt) geordnet sowie über die alphabetische Suchmöglichkeit leicht auffindbar.

## Post- und Paketdienste

Am 1. Januar 2008 wurde das bis dahin gültige Briefmonopol der Deutschen Post aufgehoben, doch nach wie vor ist sie der größte Anbieter für den Briefversand in Deutschland. Die Portokosten kann man über die Seite www.portokalkulator.de berechnen. Neben der Post existieren auch private Dienste, die man z. B. unter www.posttip.de/Anbieter.html finden kann. Für den Paketversand gibt es eine Reihe von Paketdiensten mit unterschiedlichen Angeboten und Preisen, die mithilfe der Seite www.postsitter.de gut zu vergleichen sind.

## Robert Bosch

Robert Bosch (1861–1942) war ein Stuttgarter Unternehmer, in dessen „Werkstätte für Feinmechanik und Elektrotechnik" die Zündkerze entwickelt wurde, die die für die Zündung des Kraftstoff-Luft-Gemisches in einem Motor nötigen Zündfunken erzeugte. Diese Erfindung ermöglichte erst den Bau von schnell laufenden Benzinmotoren. Die nach seinem Gründer benannte Robert-Bosch-GmbH ist der größte Automobilzulieferer weltweit.

## soziale Netzwerke in Deutschland

Wer sich für die sozialen Netzwerke in Deutschland interessiert, findet Informationen und eine Vielzahl von Abbildungen in einer Untersuchung zur Nutzung sozialer Netzwerke im Internet, die der

Bundesverband Informationswirtschaft, Telekommunikation und neue Medien e. V. (BITKOM) unter dem Titel „Soziale Netzwerke" auf www.bitkom.org/files/documents/SozialeNetzwerke.pdf veröffentlicht hat.

## Lernen durch Lehren

Die Gehirnforschung geht davon aus, dass man das am besten behält, was man anderen erklärt und demonstriert. Unterrichten ist auch Lernen. Das wissen Sie als Kursleitende sicherlich am besten. „Lernen durch Lehren" (oder auch LdL) greift diese Erkenntnis auf. Es ist ein handlungsorientiertes Unterrichtsprinzip, bei dem die Lernenden Schritt für Schritt Funktionen der Lehrkraft übernehmen und sich so intensiver mit dem Lernstoff auseinandersetzen; sie lesen Diktattexte selbst vor, schreiben Wörter an die Tafel, erklären ein Grammatikproblem, korrigieren Fehler ihrer Mitlernenden, erstellen schließlich selbst Diktattexte oder Übungen, bereiten eine ganze Unterrichtssequenz vor. Gerade Lernende, die wenig begeistert davon sind, als Erwachsene wieder die Schulbank drücken zu müssen, fühlen sich durch LdL-Phasen ernst genommen. Die Erfahrung, Experte/Expertin zu sein, stärkt das Selbstbewusstsein und motiviert. Darüber hinaus erleben die Lernenden als Lehrende ganz unmittelbar, was es heißt, sprachlich zu handeln. Überlegen Sie deshalb, wo Sie in Ihrem Unterricht ohne große Erklärungen zurücktreten und den Lernenden selbst das Unterrichten überlassen können.

## Lernerorientierung

Erwachsene bringen zumeist einen Reichtum an Informationen und Erfahrungen in die Lernsituation ein, wollen ernst genommen werden und über den eigenen Bildungsprozess mitentscheiden können. Das Konzept der Lernerorientierung ist daher im Unterricht mit Erwachsenen eine Selbstverständlichkeit. Es zielt auf die absichtsvolle Beteiligung der Lernenden am Unterrichtsgeschehen. Für KL bedeutet das u. a.:

- Sie sind sich bewusst, dass sie 15 Individuen, nicht nur eine Gruppe unterrichten.
- Sie sind daran interessiert, so viel wie möglich über die Lebenswelt, die Biografie, die Probleme und Lernziele der TN zu erfahren.
- Sie erlauben, dass die TN ihre eigenen Erfahrungen einbringen, z. B. auch über mit dem Lernen verbundene Hoffnungen und Ängste sprechen, und interessieren sich dafür.
- Sie bemühen sich, aufmerksam zu beobachten und zuzuhören.
- Sie gehen von ihrer Unterrichtsplanung ab, wenn nicht vorgesehene, aber für die TN relevante Themen zur Sprache kommen.
- Sie versuchen, selbst weniger zu sprechen, dafür aber den TN viel Redezeit zu geben.
- Sie lassen den TN den Raum, sprachliche Regeln selbst zu entdecken.
- Sie ermuntern die TN, Verantwortung für den eigenen Lernprozess (und, wenn möglich, auch einmal die Lehrerrolle) zu übernehmen.
- Sie lassen die TN Entscheidungen über den Lernprozess treffen.
- Sie geben Raum für selbstständiges Arbeiten.
- Sie ermutigen TN, Fehler selbst oder zusammen mit anderen TN zu korrigieren.

### Kurse im Ausland

Alle Kriterien zu nennen, die das Deutschlernen im Inland vom Deutschlernen im Ausland unterscheiden, würde den hier gegebenen Rahmen sprengen, zumal man damit ein dünnes Eis betreten würde, da das Lernen im Ausland von Land zu Land, von Kultur zu Kultur, von Lerner/in zu Lerner/in wiederum ganz unterschiedlich ist – die Heterogenität der Lernenden und ihrer Lernbedingungen ist im Ausland wie im Inland außerordentlich groß. Ein Kriterium soll aber genannt werden, nämlich dass Lernende in Deutschland im Gegensatz zu Lernenden im Ausland im täglichen Kontakt mit der Zielsprache sind. Wenn sie den Unterrichtsort verlassen, dringt (wenigstens in den meisten Fällen) Deutsch an ihr Ohr. Deutsch ist Mittel der Kommunikation mit Kollegen, Nachbarinnen, Ärzten und Lehrerinnen. Straßenschilder tragen deutsche Beschriftungen und Schreiben von Behörden sind in deutscher Sprache verfasst. Vielfach wird für diese Situation das Bild des „Sprachbads" verwendet: Im Zielsprachenland schwimmen die Lernenden quasi in einem Meer aus Sprache und sie haben zumindest die Möglichkeit, sie 24 Stunden am Tag zu sehen, zu hören und zu benutzen.
Im Ausland sieht die Situation in der Regel anders aus. Zwar kann man sich Deutschland mithilfe der neuen Medien immer näher heranholen, nah genug zum Schwimmen im Sprachbad aber gewiss nicht. Lernende müssen sich mit dem Sprachkontakt zu deutschen Besuchern ihres Landes, mit E-Mail, Internet, Telefon, Fernsehen und Radio, Zeitungen und Zeitschriften begnügen. Sollten Sie im Ausland als Kursleiter/in tätig sein, so werden Sie sich sicherlich häufig genug mit dem Fehlen des „Sprachbads" beschäftigen und Ihr Lehrwerk an der einen oder anderen Stelle modifizieren oder ergänzen wollen. Beim Nachdenken über eine für Ihren Auslandskurs alternative Aufgabenstellung, die an der einen oder anderen Stelle in *Berliner Platz NEU* nötig sein mag, sollten Sie auf jeden Fall einen Blick in die „Lehrerhandreichungen" werfen, wo einige entsprechende Hinweise zu finden sind.

## Lernziele und Lerninhalte

Die für den Unterricht formulierten Lernziele beschreiben, was die TN als Ergebnis des Unterrichts, also z. B. nach einer Unterrichtseinheit, können sollen. *Berliner Platz NEU* orientiert sich am „Gemeinsamen Europäischen Referenzrahmen für Sprachen" und am „Rahmencurriculum für Integrationskurse Deutsch als Zweitsprache", in denen Sprachenlernende vor allem als sozial Handelnde gesehen werden, d. h. als Mitglieder einer Gesellschaft, die „unter bestimmten Umständen und in spezifischen Umgebungen und Handlungsfeldern kommunikative Aufgaben bewältigen müssen, und zwar nicht nur sprachliche" (*GER*, 2001, S. 21). Daher haben auch die in *Berliner Platz NEU* formulierten Lernziele (siehe Kap. B: Unterrichtsvorschläge, S. 12 ff.) eine große Nähe zur kommunikativen Wirklichkeit der Lernenden und zu ihren Wünschen nach sprachlicher Handlungsfähigkeit. Wie im Lernzielkatalog des *GER* sind die Lernziele in Form von Kann-Beschreibungen („can do-statements") formuliert (▶ **Handlungsorientierung**).

Als Lerninhalt wird bezeichnet, was die TN lernen müssen, um einzelne Lernziele zu erreichen bzw. bestimmte Sprachhandlungen auszuführen (Wortschatz und Redemittel, grammatische Strukturen, Aussprache, landeskundliches Wissen, Sensibilität für kulturelle Besonderheiten etc.).

## Leseverstehen

Die Art und Weise, wie in der Muttersprache Texte gelesen werden, hängt vom Text und vom Leseinteresse ab. In der Fremdsprachendidaktik spricht man von unterschiedlichen Lesestilen.

- **globales Lesen:** Oft möchte man sich nur einen Eindruck, einen Überblick verschaffen und so reicht es aus, einen Lesetext schnell zu überfliegen. (Um zu erkennen, wovon ein Buch handelt, und entscheiden zu können, ob man es kaufen soll, orientiert man sich z. B. im Buchladen am Klappentext auf dem Schutzumschlag.)
- **selektives Lesen:** In anderen Situationen liest man einen Text, um spezifische Informationen zu erhalten. (Möchte man z. B. im Restaurant ein vegetarisches Gericht essen, so wird man die Speisekarte selektiv auf das Gemüse- und Salatangebot hin lesen und der Sektion „Fleischgerichte" wohl kaum Aufmerksamkeit schenken.)
- **detailliertes Lesen:** Seltener ist es erforderlich, dass man einen Text langsam und gründlich, Wort für Wort liest. (Das empfiehlt sich z. B. bei einem Kochrezept, das man nachkochen will.)

Dass man beim Erlernen einer Fremdsprache dazu neigt, jedes Wort verstehen zu wollen, ist verständlich: Gerade im Anfangsstadium fühlt man sich noch sehr unsicher darin, wichtige von unwichtigen Informationen zu unterscheiden. Aber gerade für Lernende im Zielsprachenland, die im Alltag schon von Anfang an mit komplexen Texten konfrontiert werden, ist die Adaption ihrer muttersprachlichen Lesegewohnheiten auf die Fremdsprache entscheidend. Im Unterricht werden sie darin unterstützt, wenn durch eine genau umrissene Aufgabenstellung das Leseinteresse gelenkt wird. (Siehe auch die Hörstile ▶ **Hörverstehen**.)

### Vorlesen

TN lieben es, laut vorzulesen. Gelegenheit, dies zu tun, sollte ihnen auch unbedingt gegeben werden, besonders wenn sie Texte selbst erstellt haben und sie gerne präsentieren möchten. In großen Kursen besteht aber die Gefahr, dass relativ schnell das Interesse der anderen TN, die gerade nicht „dran sind", erlahmt. Um dem gegenzusteuern, lassen Sie am besten Kleingruppen bilden, in denen jede/r TN ihren/seinen Text vorliest. Die Gruppe einigt sich auf einen Text, der dann im Plenum noch einmal vorgetragen wird. Sie können auch in Etappen vorlesen lassen, d. h. immer wieder „Leseinseln" einbauen, in denen die Texte vorgelesen werden können.

## Lieder

Haben Sie das auch erlebt? Ein wenig motiviert scheinender TN wird hellwach, als die Musik, die dem Hörtext vorgeschaltet ist, spielt, und zieht sich wieder in sich zurück, als die Musik aufhört und er die Arbeitsanweisung hört. Musik ist für viele Lernende ein ganz wesentlicher Teil ihres Lebens und eine Stunde ohne Musik verlorene Zeit. Mit Musik werden Leben, Spontaneität, Gefühl, Freude verknüpft. Lieder können deshalb ein gutes Lernmedium sein. Manche Menschen erinnern sich nach Jahren nur noch an die Lieder, die sie in ihrem Sprachkurs gelernt haben, was vielleicht daran liegt, dass aus diesen Liedern „Ohrwürmer" wurden, die sich unendlich oft im Kopf wiederholten.

Es gibt heute eine Vielzahl von Liedern sowohl mit Audios, Videos und Texten im Internet. Eine Auflistung von Deutschpop-Künstlern mit Musikproben finden Sie z. B. unter www.lastfm.de/tag/deutsch-pop/artists. Schauen Sie sich vielleicht auch unter www.goethe.de/ins/no/pro/musikreise-neu/index.html die „Musikreise", ein Online-Spiel des Goethe-Instituts Oslo, an. Die Texte vieler Lieder sind nicht leicht zu verstehen, aber wenn Sie suchen, werden Sie auch leichtere Lieder finden. Sie eignen sich prima als motivierendes Zusatzmaterial beim Einstieg in ein Thema oder für den Abschluss einer Unterrichtsstunde, können mit ihrem Refrain ein aufmunterndes Motto liefern (*Nichts kann uns passiern!*) und liefern viel Material für spannende Recherchen. Lassen Sie z. B. anhand eines Liedtextes Wortschatz und Strukturen erarbeiten, dann eine Internetrecherche machen, bei der die TN sich das Lied heraussuchen, das ihnen am besten gefällt:

Arbeitsauftrag: Suchen Sie auf der Seite ... das Lied heraus, das Ihnen am besten gefällt.

- Wie ist der Titel des Lieds?
- Wie heißt die Musikgruppe?
- Wovon handelt das Lied? Was ist das Thema?
- Was ist die Aussage des Lieds? Ist das Lied traurig, kritisch, komisch etc.?
- Kann man den Text im Internet lesen und ausdrucken?
- Gibt es ein Video dazu, z. B. unter YouTube?
- Wie ist die Musik?
- ...

Die TN müssen dann ihr Rechercheergebnis der ganzen Lerngruppe präsentieren. (Nicht zuletzt: Das Lied von der Deutschlehrerin www.youtube.com/watch?v=xBlYd_lZtrM sollten Sie sich unbedingt einmal anschauen/anhören.)

## Methoden

Methoden in der Erwachsenenbildung sollen helfen, das Lehren und Lernen möglichst wirksam und handlungsorientiert zu gestalten, die TN zu motivieren, ihr Durchhaltevermögen zu stärken, ihre Kompetenzen mit einzubeziehen und ein angenehmes Lernklima herzustellen. Es gibt eine Vielzahl von Methoden für die Erwachsenenbildung (siehe z. B. www.standardsicherung.schulministerium.nrw.de/methodensammlung/).

### Ampeldiskussion

Der/Die KL hängt runde Moderationskarten in drei Ecken des Kursraums auf, schreibt die aktuelle Diskussionsfrage an die Tafel und erklärt die Bedeutung der Farben:

(rot) Nein, das kann ich mir auf keinen Fall vorstellen.

(gelb) Ich weiß nicht.

(grün) Ja, das kann ich mir sehr gut vorstellen.

# Glossar

TN stellen sich zu der Farbe, die ihrer Meinung entspricht, und tauschen sich aus. Anschließend stellen sie ihr Fazit kurz im PL vor und diskutieren gemeinsam.

## Aquarium

„Aquarium" (auch „fishbowl-Methode" genannt) ist eine Methode, bei der 3–4 TN – stellvertretend für den Kurs – miteinander diskutieren. Je nach Gruppengröße stellt der/die KL einige Stühle zu einem Halbkreis auf. Die gewählten TN setzen sich auf die freien Stühle und äußern ihre Meinung bzw. diskutieren. Die anderen TN hören zu. Wenn sie sich an der Diskussion beteiligen möchten, dann können sie jederzeit in den Stuhlkreis gehen und auf einem zusätzlich aufgestellten Stuhl Platz nehmen (alternativ steht ein TN aus dem Stuhlkreis auf und bietet dem TN, der sich beteiligen möchte, seinen Platz an). Hat sich der/die „Besucher/in" geäußert, so wechselt er/sie wieder in den Außenkreis zurück. Wichtig ist, dass die außen sitzenden TN nur zuhören dürfen und sich nur an der Diskussion beteiligen dürfen, wenn sie sich in den Stuhlkreis begeben.

## Bewertung in Kreisen

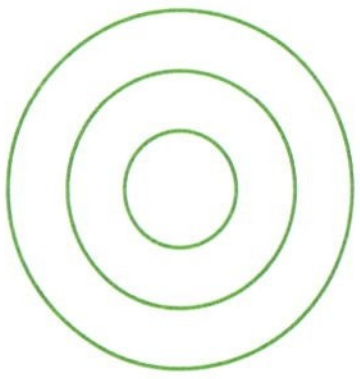

TN sollen in Gruppen zu einem Thema Prioritäten setzen. Sie erhalten pro Gruppe einen Flipchartbogen o. Ä. und malen darauf drei unterschiedlich große konzentrische Kreise (oder erhalten eine entsprechende Vorlage). In GA einigen sie sich, welche Punkte in den Kern gehören (Hauptsache/n), welche in den zweiten Kreis (auch wichtig, aber nicht ganz so wichtig wie die Hauptpunkte) und was in den dritten Kreis (von geringerer Bedeutung) gehört.

## Blätter falten

Der Sinn des „Blätterfaltens" besteht darin, dass TN gemeinsam einen Text schreiben, aber nicht sehen können, was andere TN vor ihnen geschrieben haben. Hier gibt es zwei Möglichkeiten:

- Wickeltechnik: TN1 beginnt den Text mit einem Satz in der ersten Zeile (*Otto kam müde von der Arbeit nach Hause.*), faltet diese nach hinten, sodass der Satz vom nächsten TN nicht gelesen werden kann, und schreibt einen Satzanfang in die zweite Zeile (*Da sah er …*). TN 2 schreibt den Satz weiter *(die dicke Beule in seinem Auto.)*, faltet die Zeile nach hinten und schreibt für TN 3 einen Satzanfang (*Er rief …*). Solchermaßen entstandene Texte sind absichtlich unsinnig und können viel Heiterkeit hervorrufen.
- Zickzacktechnik: Etwas gesteuerter ist die Zickzacktechnik. Hier schreibt TN 1 in die erste Zeile eine Vorgabe, auf die sich alle weiteren Textteile beziehen (*Tina weinte, weil …*), und in die zweite Zeile eine Ergänzung (*sie sich einen Liebesfilm ansah.*). TN 1 faltet das Blatt so, dass nur der Textanfang zu sehen ist, und reicht es weiter. TN 2 ergänzt den *weil*-Satz (*ihr Computer abgestürzt war.*), faltet wieder in Zickzacktechnik und gibt weiter. TN 3 ergänzt wiederum den *weil*-Satz usw.

## drei persönliche Sätze

Zu einem vorgegebenen Thema schreiben TN drei Sätze, die auf sie persönlich zutreffen, ohne ihren Namen auf einen Zettel. KL geht herum, unterstützt und korrigiert. (Die Zahl drei ist dabei nur ein Richtwert, schnelle TN können auch mehr, langsamere TN weniger Sätze schreiben.) Die Zettel werden eingesammelt und gemischt. Alle TN stehen auf und kommen zusammen. Jede/r zieht einen Zettel. Falls es der eigene ist, gibt er/sie ihn wieder zurück und zieht einen neuen. Dann suchen die TN die Person, die den Zettel geschrieben hat, indem sie sich gegenseitig fragen. Zum Abschluss ist eine Plenumsrunde möglich, in der TN berichten, was andere geschrieben haben: *Ich habe den Zettel von … Sie/Er …*

## Kursschreiber/innen

Oft ist es wünschenswert, dass während einer Diskussion TN ihre Aussagen selbst an der Tafel notieren. Wenn das eine Diskussion aber erheblich stören bzw. im Kern ersticken würde, kann KL zwei freiwilligen TN die Aufgabe übertragen, als „Kursschreiber/innen" die entsprechenden Aussagen an der Tafel festzuhalten. Gerade TN, die sich etwas unterfordert fühlen, übernehmen gerne solche Extraaufgaben.

## lebendige Sätze

Mit lebendigen Sätzen können Sie hervorragend die Wortstellung im Satz visualisieren und trainieren und dabei auch noch etwas Bewegung in Ihren Unterricht bringen. Schreiben Sie dazu die Wörter eines Satzes (z. B. eines Satzgefüges aus Haupt- und Nebensatz) groß auf einzelne Karten. Bitten Sie so viele TN, wie es Karten gibt, nach vorne an die Tafel zu kommen. Teilen Sie die gemischten Karten aus. Die TN stellen sich in der Reihenfolge auf, wie die Wörter im Satz vorkommen. Die TN, die sitzen geblieben sind, kommentieren und helfen mit, bis der Satz korrekt „dasteht".

## Marktplatz

Auf einem Marktplatz versammeln sich normalerweise viele Menschen; die einen laufen mehr oder weniger zielgerichtet herum und wollen etwas kaufen, die anderen stehen und bieten ihre Waren zum Verkauf an. Die Methode eignet sich nach der Erarbeitung eines Themas für einen lebendigen Austausch, der einmal nicht in gewohnter Weise im Sitzen stattfindet. Dabei gehen die TN mit vorgehaltenem Blatt im Kursraum umher und führen lockere, zwanglose und nach Belieben längere oder kürzere Gespräche über ihre Notizen/Gedanken zum Thema.

## Pinnwand-Moderation

Diese Moderationsmethode setzt auf die Beteiligung, Mitentscheidung und Kreativität der TN. Die TN schreiben dabei Wörter, Satzteile, Sätze auf einzelne (evtl. unterschiedlich farbige) Karten und heften sie an eine Pinnwand oder einen an der Wand aufgehängten Packpapierbogen. Man kann die Methode nutzen z. B. um:

- Wortschatz zu sammeln und zu ordnen
- Wörter zu kombinieren
- Sätze zuordnen zu lassen
- Satzbaumuster zu veranschaulichen
- Wörter nach grammatischen Kriterien zu sortieren
- Ideen zu einem Thema zu sammeln
- Ergebnisse darzustellen etc.

## Platzdeckchen

Die TN bearbeiten in Kleingruppen gemeinsam eine bestimmte Fragestellung. Pro Gruppe erhalten sie einen Flipchartbogen o. Ä. und malen darauf ein rechteckiges Platzdeckchen (oder erhalten eine entsprechende Vorlage).

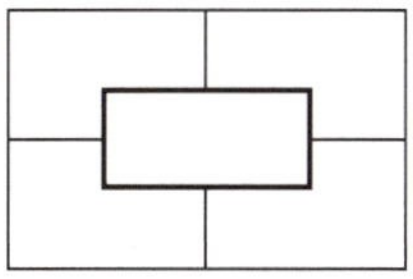

oder

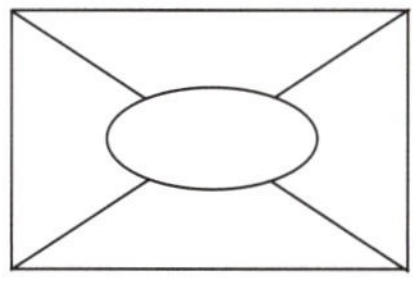

Dann notiert jede/r TN seine/ihre Gedanken zur Fragestellung in einem Segment des Platzdeckchens. Nach ca. 10 Minuten (abhängig vom Thema) präsentieren die Gruppenmitglieder einander ihre Ideen. Nun schreiben sie die Übereinstimmungen bzw. die von allen für wichtig erachteten Punkte in das Feld in der Mitte. Anschließend werden die Plakate aufgehängt und im Plenum vorgestellt.

## Punkten

Wenn Themen, Fragen oder Aufgaben zur Auswahl stehen, kann „gepunktet" werden. Hierfür werden die Themen etc. auf ein Plakat oder die Tafel geschrieben. Die TN erhalten jeweils drei bis fünf Klebepunkte, die sie hinter die von ihnen favorisierten Themen kleben sollen (alternativ können die TN auch Punkte malen). Die Punkte können nach Belieben verteilt, also auch nur einem der aufgelisteten Themen gegeben werden. Die Themen mit den meisten Punkten werden bearbeitet.

## stummer Dialog

Ein „stummer Dialog" bedeutet, dass TN nicht mündlich, sondern schriftlich kommunizieren. (Ein Chat im Internet wäre ein typischer „stummer Dialog".) Im Unterricht schreiben TN einen Gedanken zu einer bestimmten Fragestellung auf einen Zettel und tauschen diesen mit einem Partner / einer Partnerin aus. Beide schreiben jeweils einen Kommentar auf die Zettel und tauschen diese aus, lesen den Kommentar und antworten. Das Verfahren geht ca. 15 Minuten. KL geht herum und hilft bei Bedarf; so ermutigt er/sie z. B. Paare, die sich vermeintlich nichts mehr zu schreiben haben, einen anderen Aspekt zu berücksichtigen.
Der „stumme Dialog" eignet sich für PA und GA, aber auch im Plenum kann auf diese Weise kommuniziert werden, wenn z. B. jede/r TN selbst einen Gedanken aufschreibt und alle herumgehen, um die schriftlichen Meinungsäußerungen der anderen TN zu kommentieren. Wichtig ist in jedem Fall, dass nicht geredet werden darf, sondern man sich schriftlich austauscht.
Der Vorteil für Deutschlernende besteht darin, dass das Schreiben ein langsamer Prozess ist, bei dem die TN ihre Aufmerksamkeit auch auf die sprachliche Korrektheit lenken können.

## Wirbelgruppen

Bei dieser Methode erhalten Gruppen unterschiedliche Arbeitsaufträge zu einem Thema: Sie lesen unterschiedliche Abschnitte eines Textes, recherchieren unterschiedliche Aspekte eines Themas (z. B. die verschiedenen Schularten im deutschen Bildungssystem) oder beschäftigen sich mit unterschiedlichen Personen in einem Gesamtzusammenhang (z. B. verschiedenen Sportlern). Nach der Phase der Gruppenarbeit (in Gruppe A, Gruppe B, Gruppe C usw.) werden neue Gruppen gebildet, in der jeweils mindestens ein Mitglied jeder der Gruppen aus der ersten Runde ist (also jeweils ABC usw.). Jede/r bringt das Ergebnis seiner ursprünglichen Gruppe in die Diskussion, sodass sich ein größeres Bild ergibt – die Puzzlestücke werden zusammengesetzt.

## Wortigel

Der Wortigel ist eine Form des Assoziogramms. Dabei wird ein Begriff an die Tafel geschrieben; um den Begriff wird eine kreisförmige Linie gemalt. Wegen der Striche, die von dieser Linie wie Stacheln ausgehen, spricht man von einem Wortigel. An die Enden der „Stacheln" werden Wörter geschrieben, die mit dem Begriff im Zentrum assoziiert werden (▶ **Wortschatzarbeit**).

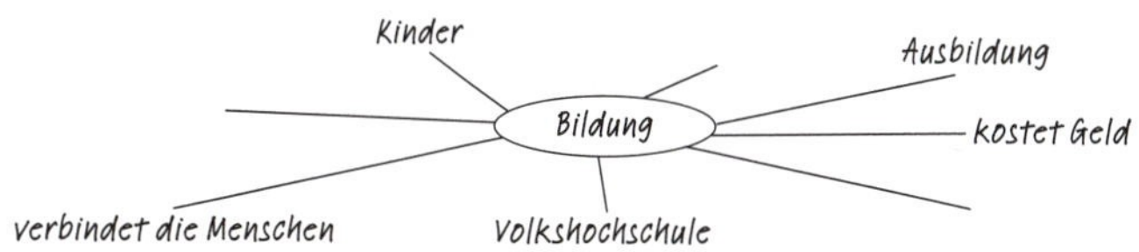


## Wortschatzkarussell

Die Methode eignet sich zur Sammlung und Wiederholung von Wortschatz. Die TN können einzeln oder in Gruppen arbeiten. Jede/r TN bzw. jede Gruppe schreibt Wörter zu einem bestimmten Thema auf ein Blatt Papier. Die Blätter werden von TN zu TN bzw. von Gruppe zu Gruppe gereicht. Jede/r TN / jede Gruppe liest den vorhandenen Wortschatz und ergänzt weiteren. Am Ende bekommt die Ausgangsperson / die ursprüngliche Gruppe ihr ergänztes Blatt zurück.

# Neue Medien

Computer, Internet, E-Mail, Handy, DVD, CD-ROM, MP3 usw. sind aus Alltag und Beruf heute nicht mehr wegzudenken und die Fähigkeit, sie zu bedienen und zu nutzen, ist mindestens so selbstverständlich wie der Führerschein. Der Deutschunterricht ist in einer langen Tradition der Buch- und Schriftkultur verwurzelt, deshalb steht nach wie vor in der Regel ein Lehrbuch im Zentrum des Unterrichts. Es wird aber flankiert von einer Reihe weiterer Medien und zunehmend mehr digitalen Möglichkeiten für Lehrende und Lernende. (Viele Tipps für interessierte KL bietet www.lehrer-online.de/medienkompetenz.php.)

## Internet

Das Internet bietet nicht nur Online-Übungen (siehe auch www.klett-langenscheidt.de mit Online-Übungen zu *Berliner Platz NEU*) für Lernende, sondern es ist auch eine unerschöpfliche Informationsquelle für Web-Recherchen. Lehrende finden für ihre Unterrichtsvorbereitung eine Vielzahl von Internetseiten. Hier sei nur eine genannt: www.ludolingua.de, eine kleine Schatztruhe für alle, die ihren Unterricht mit Spielen bereichern möchten.

## Blog

Das Wort „Blog" kommt von „Weblog", welches wiederum zusammengesetzt ist aus „Web" und „Log" (für „Logbuch"). Die Kurzform ist dann der Blog. Dabei handelt es sich um ein persönliches Internetmagazin, eine Art Tage- oder Gästebuch, in dem ein oder mehrere Autoren/Autorinnen Beiträge veröffentlichen und in dem

Themen jeder Art individuell kommentiert und verlinkt werden. Die Eingaben geschehen online, ohne dass allerdings HTML-Kenntnisse nötig sind. Ein für einen Deutschkurs eingerichteter Blog bietet den TN die Möglichkeit, über den Kurszeitraum Beiträge zu schreiben, einzustellen und gegenseitig zu kommentieren. Alle angemeldeten TN können sich schreibend beteiligen. (Eine Anleitung zum Starten eines Blogs findet sich unter http://sw-guide.de/webdienste-blogging/wie-starte-ich-ein-blog-und-mache-dieses-bekannt/1/).

### E-Mail

Wenn die TN noch keine eigene E-Mail-Adresse haben, kann es ein schönes Projekt sein, bei einem der verschiedenen Anbieter (z. B. www.freenet.de, www.gmx.de, www.yahoo.de) eine E-Mail-Adresse anzulegen. Fast alle Anbieter arbeiten nach dem gleichen Prinzip: Auf der Startseite findet sich oben ein Stichwort E-Mail, Web-Mail o. Ä., wo man sich registrieren kann: Bei einem zweiten Besuch der Webseite kann man dann gleich auf E-Mail klicken, sich mit Passwort und E-Mail-Adresse anmelden und E-Mails verschicken und empfangen. Interessant kann aber auch ein Projekt sein, bei dem die TN selbst eine Anleitung zur Einrichtung einer E-Mail-Adresse schreiben. Im Deutsch-Unterricht kann E-Mail zum Austausch aller oder einzelner TN in einer Gruppe zu ganz unterschiedlichen Themen genutzt werden; dabei ist dann der/die KL nur Moderator/in. Denkbar sind:

- Austausch von Faktenwissen: *Wisst ihr das schon?*
- Austausch von Lernstrategien: *Das habe ich beim Lernen ausprobiert ...*
- Fragen stellen: *Wisst ihr, wie man das macht?*
- Austausch von Erlebtem und gegenseitiges Empowerment: *Ich finde, du machst das ganz toll. / Das schaffst du bestimmt.*

### Handy

Das Handy, das auf kleinem Raum nicht nur Telefon, sondern Aufnahmegerät, Foto- und Videokamera, Fernseher, Mini-PC mit Internet, Radio und MP3-Spieler in sich vereint und das jeder Mensch heute so selbstverständlich mit sich herumträgt wie den Hausschlüssel, ist ein Medium mit vielen Nutzungsmöglichkeiten für das Lernen. Unter www.taschenfunk.de finden Sie ein medienpädagogisches Projekt, das den Einsatz von Handys im Unterricht erprobt.

### interaktives Whiteboard

Relativ neu im Reigen der Medien für den Unterricht ist das interaktive Whiteboard. Es handelt sich dabei um einen leinwandgroßen, berührungsempfindlichen Bildschirm, der mit einem Computer und einem Projektor verbunden ist. Über den Projektor wird ein Computerbild der ganzen Lerngruppe nicht nur präsentiert, sondern interaktiv verfügbar, d. h. per Mausklick oder mit dem Stift bearbeitbar gemacht. Die DVDs *Berliner Platz NEU Digital* enthalten nicht nur die interaktiven Tafelbilder, sondern auch pdf-Dateien der Lehr- und Arbeitsbücher, von denen aus man direkt die Audios anhören kann. So ist das Lehr- und Arbeitsbuch auch digital, am interaktiven Whiteboard oder mit PC und Beamer zu nutzen.

### Präsentationswerkzeuge

Ein bekanntes und weit verbreitetes Präsentationsprogramm ist PowerPoint. Für den Unterricht sind aber auch zwei neue Online-Präsentationswerkzeuge interessant: Prezi (www.prezi.com) und Glogster (www.glogster.com). Beide ermöglichen es, individuelle Präsentationen zu erstellen, in die Texte, Fotos, Audios und Video-Clips eingebunden werden können, diese online zu publizieren und Präsentationen online zu kommentieren.

### Video

Viele Lernende lieben Filme als Lernmedium; sie verbinden die bewegten Bilder mit Spannung, Emotion, Unterhaltung. Zu *Berliner Platz NEU* wurden deshalb DVDs erstellt. Die Filmgeschichten der DVD zu Band 1 und Band 2 orientieren sich an den Kapitelthemen und vertiefen, erweitern, ergänzen oder variieren sie. Zu Band 3 und Band 4 wurden Clips des ZDF zu Alltag und Beruf zusammengestellt (▶ **DVD**), die sich vor allem zur Wiederholung und als visuelles Bonbon z. B. im Zusammenhang mit den Raststätten eignen. Sie finden in den Unterrichtsvorschlägen im Teil 2 der Lehrerhandreichungen auch eine ganze Reihe von Hinweisen auf authentische Videoclips im Internet, die Themen vorentlasten oder ergänzen können.

### soziale Netzwerke

Soziale Netzwerke sind mächtige Werkzeuge geworden. Lehrende weisen häufig auf die Gefahren (das Phänomen Cybermobbing, Datenschutzverletzungen usw.) hin und sehen es als Aufgabe des Unterrichts, den bewussten, verantwortungsvollen Umgang ihrer Lernenden mit den sozialen Netzwerken zu fördern. Seltener kommen die Vorteile bzw. Lernmöglichkeiten zur Sprache.

KL kann z. B. in einem sozialen Netzwerk eine Gruppe für seinen/ihren Kurs anlegen. Hier können alle TN virtuell zusammenkommen und sich zu ihren Erlebnissen mit der Sprache und mit Land und Leuten zeitnah austauschen. Der Austausch, das bedingt das Medium, ist natürlich schriftlich. Um einen Beitrag zu posten, kann jede/r TN so viel Zeit verwenden, wie er/sie für notwendig hält. Mündlich schüchternere TN erhalten hier vielleicht die Chance zu zeigen, wie gut sie kommunizieren können, wenn ihnen mehr Zeit zur Verfügung steht als bei der mündlichen Kommunikation. Vielschreiber finden den Raum sich auszudrücken usw. Aber auch der KL-TN-Kommunikation kann so ein Gruppenraum in einem sozialen Netzwerk dienen: So können die TN Fragen stellen, die ihnen nach Beendigung des Unterrichts gekommen sind, die KL Hausaufgaben einstellen und Informationen, die für den gesamten Kurs wichtig sind (z. B. Filmtipps) u.v.m.

### Wortwolken

Eine sog. „Wortwolke" ist ein Bild, das mit einem Wortwolken-Werkzeug (z. B. www.wordle.net oder www.tagxedo.com) aus einer Wortliste, einem authentischen Text, einem Lied oder Gedicht, einem Text aus einem Lehrbuch usw. kreiert wird. Die Größe der Wörter entspricht dabei der Häufigkeit ihrer Nennung im Text. Schrift, Farbe und Design können auf der Basis von Vorlagen gewählt werden. Es gibt eine ganze Reihe von Einsatzmöglichkeiten für Wortwolken, z. B. bereitet KL eine Wortwolke zum Einstieg in ein Thema bzw. zur Vorentlastung eines Textes vor oder verwendet eine Wortwolke mit Wörtern des

letzten Kapitels als Kim-Spiel (d. h. die Wortwolke wird nur einige Sekunden lang gezeigt und die TN schreiben so viele Wörter auf, wie sie erinnern können). Die TN können selbst Wortwolken mit Schlüsselwörtern eines Textes, mit ihren Lieblingswörtern usw. erstellen. Sie schreiben vielleicht Schlüsselwörter eines Liedes auf und lassen die anderen raten, um welches Lied es sich handelt.

## Projekte

Die Projektvorschläge in *Berliner Platz NEU* bieten Anknüpfungspunkte für den zielsprachlichen Alltag der TN. Im Rahmen eines Projektes werden die zuvor erworbenen Redemittel und Strukturen in kommunikativen Zusammenhängen und mit einer ganz praktischen Zielsetzung angewendet: Hier geht es um den konkreten Alltag der Lernenden in ihrer persönlichen Umgebung. Projekte können daher auch Ähnlichkeiten mit den Tasks haben (▶ **Alltags- und Handlungsorientierung**).

Unterrichtsprojekte sind durch Folgendes gekennzeichnet:

- Ein Recherche- oder Handlungsziel: Es erlaubt, Sprache handelnd zu gebrauchen, und bezieht dabei mehrere Fertigkeiten (Hören, Sprechen, Lesen, Schreiben) ein.
- Die gemeinsame Planung: Die TN sollten im Idealfall ihre Projektziele und die Projektdurchführung selbst bestimmen und planen (*Was wollen wir in Erfahrung bringen? Wie gehen wir vor? Wer arbeitet mit wem zusammen? Welche Gruppe macht was? Welche Materialien brauchen wir? Wo bekommen wir welche Informationen?* etc.). Aus diesem Grund sind die Anregungen im Kursbuch bewusst knapp gehalten. Selbstständiges und kollektives Arbeiten setzen allerdings Lernerfahrungen voraus, die nicht alle TN mitbringen. So kann es vor allem am Anfang nötig sein, dass Sie als KL die Projektplanung stärker steuern, also die Sammlung von Ideen leiten, die Gruppeneinteilung und Aufgabenverteilung vornehmen und auch die Aktivitäten außerhalb des Unterrichts genau mit den TN besprechen. Jedoch sollten Sie das Heft aus der Hand geben, sobald das möglich ist, und dann eher die Rolle des/der Unterstützenden einnehmen.
- Die gemeinsame und selbstständige Durchführung der mit dem Projekt verbundenen Recherchen und Aktivitäten: Einer der Vorteile von Projekten ist, dass hier sehr gut innerhalb des Kurses differenziert werden kann (▶ **Binnendifferenzierung**). Es können Gruppen mit mehr und weniger Erfahrung im selbstständigen Arbeiten gebildet werden, die ihren Möglichkeiten entsprechend mehr oder weniger anspruchsvolle Aufgaben bekommen und denen Sie mehr oder weniger Hilfestellung geben.
- Eine Spracharbeit „unter der Hand“: Die Spracharbeit, die während des gesamten Projektes geleistet wird (gegenseitige Fehlerkorrektur, Grammatikarbeit, Schreiben und vor allem das Sprechen), wird den Lernenden – wenn überhaupt – viel weniger bewusst als im sonstigen Unterricht. Wenn Sie im Projektverlauf Fehler der Teilnehmer beim Sprechen bemerken, sollten Sie nicht unbedingt direkt eingreifen, sondern die Fehler notieren. Sie können sie im Regelunterricht später wieder aufgreifen (▶ **Fehlerkorrektur**).
- Ein präsentables Ergebnis: Poster, Collagen, Zeitungen etc. sind das sichtbare Produkt der Bemühungen aller am Projekt Beteiligten, das oft auch über den Unterrichtsraum hinaus von Interesse ist.
- Interessante Ergebnisse für die Weiterarbeit: Gerade für TN, die noch wenig oder gar keine Projekterfahrung haben, kann es sinnvoll sein, an das Projekt eine kurze Reflexionsphase anzuschließen. Auch wenn das Projekt vielleicht nicht so „rund“ lief, hat eine solche Phase Sinn, da daraus positive Ideen für die weitere Arbeit erwachsen können.

### Übersicht über die Projekte in *Berliner Platz 4 NEU*

Kap. 1: Bewerbungstipps
Kap. 2: Besondere Wohnformen / Gewerberäume
Kap. 3: Gruppenreise / Ein Jahr lang helfen – aber wie und wo?
Raststätte 1: Wortschatztagebuch / Produktvorstellung
Kap. 6: Restaurantführer
Kap. 7: Deutsche Großunternehmen
Kap. 8: Eine Veranstaltung planen
Kap. 9: Leben ohne …
Kap. 10: Aspekte des Arbeitsalltags
Kap. 11: Konfliktratgeber

# Glossar

## Prüfungsvorbereitung

*Berliner Platz NEU* orientiert sich am „Gemeinsamen Europäischen Referenzrahmen für Sprachen" und bereitet entsprechend auf die Prüfungen der Niveaustufen A1–B2 vor (siehe die Modellprüfungssätze unter www.telc.net und www.goethe.de).

| ***Berliner Platz 4 NEU*** | | |
|---|---|---|
| Bereitet vor auf: | B1+-Prüfung:<br>*telc Deutsch B1+ Beruf* | B2-Prüfung:<br>*Goethe-Zertifikat B2* und *telc Deutsch B2* |
| Globale Kann-Beschreibungen nach dem GER (2001, S. 35): | **B1:** Kann die Hauptpunkte verstehen, wenn klare Standardsprache verwendet wird und wenn es um vertraute Dinge aus Arbeit, Schule, Freizeit usw. geht.<br>Kann die meisten Situationen bewältigen, denen man auf Reisen im Sprachgebiet begegnet.<br>Kann sich einfach und zusammenhängend über vertraute Themen und persönliche Interessengebiete äußern.<br>Kann über Erfahrungen und Ereignisse berichten, Träume, Hoffnungen und Ziele beschreiben und zu Plänen und Ansichten kurze Begründungen oder Erklärungen geben.<br><br>Globale Kann-Beschreibungen für das Niveau B1+ existieren im GER nicht. Sofern jedoch Deskriptoren für B1+ vorhanden waren, wurden diese der Prüfung *telc Deutsch B1+ Beruf* zugrunde gelegt. Berücksichtigt wurde außerdem das Schweizer Rahmencurriculum „Deutsch für den Arbeitsmarkt" (Maurer, 2010) sowie Deskriptoren aus „Arbeitsplatz Europa", einer berufsbezogenen Ergänzung zum GER (DIHK, 2003). | **B2:** Kann die Hauptinhalte komplexer Texte zu konkreten und abstrakten Themen verstehen; versteht im eigenen Spezialgebiet auch Fachdiskussionen.<br>Kann sich so spontan und fließend verständigen, dass ein normales Gespräch mit Muttersprachlern ohne größere Anstrengung auf beiden Seiten gut möglich ist.<br>Kann sich zu einem breiten Themenspektrum klar und detailliert ausdrücken, einen Standpunkt zu einer aktuellen Frage erläutern und die Vor- und Nachteile verschiedener Möglichkeiten angeben.<br>(Siehe auch: Globalskala und Raster zur Selbstbeurteilung unter www.goethe.de/z/50/commeuro/303.htm.) |
| Übungsmaterial | Testtraining 1–4 in *Berliner Platz 4 NEU* | Testtraining 1–4 in *Berliner Platz 4 NEU* |

Die Testtrainings in *Berliner Platz 4 NEU* bereiten auf die in der Tabelle genannten drei Prüfungen auf dem B1+- und B2-Niveau vor. Damit TN wissen, welche Testteile zu welcher Prüfung gehören, sind die Teile durch unterschiedliche Symbole gekennzeichnet.

***telc Deutsch B1+ Beruf*** P B1+

***Goethe-Zerfikat B2*** P B2G

***telc Deutsch B2*** P B2T

Anhand der in den einzelnen Teilen des Testtrainings erreichten Punktzahl können TN einschätzen, in welchen Teilen sie noch wiederholen und üben müssen. Übungsmaterialien, Online-Modelltests sowie deutsch-englische Informationen zur Prüfung sind weiterhin unter www.goethe.de (→ Unsere Prüfungen / → Goethe-Zertifikat B2) und unter www.telc.net (→ Deutsch / → telc Deutsch B1+ Beruf sowie → telc Deutsch B2) zu finden. Um das Eintragen der Lösungen in den Antwortbogen zu üben, empfiehlt es sich, den Antwortbogen des jeweils benutzten Prüfungssatzes auszudrucken, da die Bogen geringfügig unterschiedlich sind.

Lernende, die sich auf das *Österreichische Sprachdiplom B2* vorbereiten wollen, finden einen Modelltest auf www.klett-langenscheidt.de (→ Berliner Platz 4 NEU / → Tests / → Modelltests / → ÖSD).

### *telc Deutsch B1+ Beruf*

Die berufsbezogene Prüfung *telc Deutsch B1+ Beruf* stellt etwas höhere Anforderungen als die Prüfungen auf dem B1-Niveau, das *Zertifikat Deutsch* und der *Deutsch-Test für Zuwanderer.* Die Prüfungs-TN zeigen, dass sie sich auf einfache und zusammenhängende Weise im beruflichen Alltag verständigen können und z. B. über ihre Tätigkeit, ihre Firma und deren Produkte sprechen können. Die Prüfung besteht aus einem schriftlichen Teil mit einer Gesamtdauer von 2 ½ Stunden und einem mündlichen Teil, für den die Prüflinge 20 Minuten Zeit zur Vorbereitung und ca. 15 Minuten Zeit für die Durchführung bekommen. In der Prüfung lassen sich maximal 300 Punkte erreichen (225 Punkte in der schriftlichen und 75 Punkte in der mündlichen Prüfung), die Bestehensgrenze liegt bei 180 Punkten, davon 135 Punkte in der schriftlichen und 45 Punkte in der mündlichen Prüfung (siehe www.telc.net/fileadmin/data/pdf/angebot/telc_deutsch_b1plus_beruf_uebungstest_1.pdf).

### *Goethe-Zertifikat B2*
Deutschlernende weisen mit dem *Goethe-Zertifikat B2* nach, dass sie die deutsche Sprache für ihre persönlichen Belange im privaten, gesellschaftlichen, akademischen und beruflichen Leben einsetzen können (vgl. www.goethe.de/lrn/prf/pro/hdb/Pruefungsziele_Testbeschreibung_B2.pdf). Die Prüfung besteht aus einer schriftlichen Gruppenprüfung mit den Teilen Lesen (Prüfungsdauer 80 Minuten), Hören (30 Minuten) und Schreiben (80 Minuten) sowie aus einer mündlichen Prüfung (ca. 15 Minuten). Letztere wird in der Regel als Paarprüfung durchgeführt. In den Prüfungsteilen Lesen, Hören und Schreiben können jeweils 25 Punkte erreicht werden, insgesamt also 75 Punkte; für das Bestehen ausreichend sind 45 Punkte. In der mündlichen Prüfung müssen mindestens 15 von maximal 25 Punkten erreicht werden. Sie wird nach den folgenden vier Kriterien bewertet: inhaltliche Vollständigkeit, Textaufbau und Kohärenz, Ausdrucksfähigkeit und Korrektheit.

### *telc B2*
In der Prüfung weisen Deutschlernende allgemeine Deutschkenntnisse auf fortgeschrittenem Niveau nach. Sie zeigen, dass sie sich klar und detailliert ausdrücken, erfolgreich argumentieren und verhandeln können und im eigenen Fachgebiet und zu den meisten allgemeinen Themen über einen großen Wortschatz verfügen. Die Prüfung besteht aus einem schriftlichen Teil mit einer Gesamtdauer von 2 Stunden und 20 Minuten und einem mündlichen Teil, für den die Prüflinge 20 Minuten Zeit zur Vorbereitung und ca. 15 Minuten Zeit für die Durchführung bekommen. In der Prüfung lassen sich maximal 300 Punkte erreichen (225 Punkte in der schriftlichen und 75 Punkte in der mündlichen Prüfung), die Bestehensgrenze liegt bei 180 Punkten, davon 135 Punkten in der schriftlichen und 45 Punkten in der mündlichen Prüfung (siehe www.telc.net/fileadmin/data/pdf/angebot/telc_deutsch_b2_uebungstest_1.pdf).

## Schreiben
Das Schreiben ist ein Prozess, in dem Sprache ausgewählt, reflektiert, verworfen und korrigiert werden kann. Lexik und Syntax der geschriebenen Sprache sind daher auch in der Regel komplexer und die grammatische Korrektheit größer als die der gesprochenen Sprache. Für den Lernenden besteht darin die Chance, sich schreibend sprachliche Strukturen zu eigen zu machen. „Hier wird, handwerklich genau, in langsamen, sorgfältig reflektierten Schritten Sprach-Richtigkeit aufgebaut" (Häussermann/Piepho 1996).

Wenn auch der Prozess des Sprechens, das Tun, oft im Zentrum des didaktischen Interesses steht, weil sich während der Sprechtätigkeit die Kommunikationskompetenz entwickelt, so ist es doch oft das Produkt des Schreibens, das im Alltag zählt: Briefe, E-Mails, Berichte, Protokolle, Formulareinträge müssen auch von der Gestaltung her mehr oder weniger den Normen genügen.

Das rein reproduktive Schreiben (Abschreiben, Aufschreiben von Paralleltexten, ordnendes Aufschreiben) hat daher im Anfangsunterricht seinen festen Platz. Es ist in besonderem Maße für diejenigen TN wichtig, die vorher schon im außerunterrichtlichen Sprachkontakt „ungesteuert" gelernt haben: Hier können häufige Schreibübungen helfen, eingeschliffene Fehler im Sprachgebrauch abzubauen.

### autobiografisches Schreiben
Auch wenn die meisten TN sich freuen, wenn sie im Deutschunterricht die Gelegenheit haben, von sich und eigenen Erfahrungen zu berichten (▶ **autobiografisches Sprechen**), so ist das Schreiben über sich selbst doch eine andere Sache, und auf die Aufgabe, über persönliche Erfahrungen und Gefühle zu schreiben, werden sich einige TN möglicherweise ungern einlassen. Geben Sie daher immer eine sachliche Alternative, die es TN erlaubt, über ein Thema aus sicherer Distanz zu schreiben. Darüber hinaus sollte vorab besprochen werden, wer den Text zu lesen bekommt, da hier auch Persönliches zur Sprache kommen kann.

### Briefe und E-Mails
Die Fertigkeit, im Alltag offizielle Briefe schreiben zu können, ist nicht nur im Zusammenhang mit Bewerbungen für Deutschlernende ausgesprochen wichtig. In *Berliner Platz 4 NEU* wird das Briefeschreiben immer wieder geübt, auch als Vorbereitung auf die schriftlichen Teile der Abschlussprüfungen. Sollten Sie oder Ihre Lernenden über dieses Angebot hinaus Informations- oder Übungsbedarf haben und Modelle suchen, an denen sich die Lernenden orientieren können, sei auf „Post und Schule" verwiesen. Hier finden Sie Tipps zu Vorbereitung, Aufbau und formaler Gestaltung vor allem formeller Briefe, Kurzregeln zur Rechtschreibung, Angaben zum Porto etc. Unter www.deutschepost.de, Stichwort: „Post und Schule", können Sie kostenlos Klassensätze z. B. der Broschüre „Briefe schreiben" bestellen oder auch einzelne Dokumente herunterladen.

Eine Anleitung zum Schreiben von E-Mails finden Sie unter www.www-kurs.de/e-mail2.htm.

### Dialoge
In Berliner *Platz NEU* werden Sie hin und wieder auf eine Arbeitsanweisung wie die folgende stoßen: *Schreiben und spielen Sie Dialoge.* Hier geht es um die Vorbereitung von Rollenspielen. Die TN werden aufgefordert, vorab ein kleines „Drehbuch" zu schreiben. Während des Schreibprozesses haben sie Zeit, sich die Rollen genau zu überlegen, vor allem aber auch auf die sprachliche Korrektheit zu achten (▶ **Rollenspiel**).

### erfundene Biografie
Beim Schreiben über fiktive Menschen, wie es das Schreiben einer erfundenen Biografie ist, müssen sich die Lernenden die betreffenden Personen vorstellen können, um Informationen über sie aufzuschreiben. Manchen Menschen fällt es leicht, sich in ihrer Phantasie Aussehen, allgemeine Lebensumstände, das Verhalten in Alltagssituationen oder auch eine ganze Biografie auszumalen. Andere brauchen die Unterstützung durch ein Bild und/oder Fragen, auf die sie Antworten finden müssen: *Wo ist die Person geboren? Hat sie ihre Heimat verlassen? Wenn ja, warum? Ist sie verheiratet, hat sie Kinder? Ist sie zufrieden mit ihrem Beruf? Welche Probleme hat sie wohl?* etc. Lehrende müssen sich bewusst sein, dass die Aufforderung, über fiktive Menschen zu schreiben, von denen evtl. gerade mal

das Gesicht zu sehen ist, auch eine Aufforderung ist, hemmungslos in Wertungen, Stereotype und Vorurteile einzutauchen. Ein Kursgespräch, in dem diese reflektiert werden, sollte deshalb die Präsentation der Texte ergänzen.

### Geschäftsbriefe

Das Schreiben von Geschäftsbriefen ist eine Fertigkeit, die im Berufsalltag eine wichtige Rolle spielt und deshalb einen Schwerpunkt in *Berliner Platz 4 NEU* bildet. Anders als private Briefe, die ganz individuell und kreativ gestaltet sein können, gilt es im Geschäftsbrief, bestimmte inhaltliche und formale Kriterien einzuhalten.
Anleitung und Musterbriefe findet man u. a. im „Schreibtrainer für wissenschaftliches und berufliches Schreiben" der Universität Duisburg-Essen unter www.uni-due.de/~lge292/trainer/trainer/start.html (→ Textsorten und Schreibanlässe / → Geschäftsbriefe), eine Einführung in die formalen und stilistischen Besonderheiten des Geschäftsbriefes sowie Musterschreiben im Themenheft „Geschäftsbriefe" von „Post und Schule" unter www.deutschepost.de/post-und-schule (→ Berufsschule).

### geschlechtergerechte Sprache

Das Ziel der gesellschaftlichen Gleichstellung von Frauen und Männern findet seinen Ausdruck in der Verwendung geschlechtsneutraler Sprachformen, die ein gleichberechtigtes Miteinander der Geschlechter signalisieren sollen. So wird heute nicht mehr vom *Tischler* gesprochen, wenn damit sowohl *der Tischler* als auch *die Tischlerin* gemeint sind. Folgende Schreibweisen sind in Gebrauch:

- Doppelform: *der Tischler und die Tischlerin, Tischler und Tischlerinnen*
- Schrägstrich: *Tischler/-in, Tischler/-innen* oder *Tischler/in, Tischler/innen*
- Klammer: *Tischler(in), Tischler(innen),*
- Binnen-I: *TischlerIn, TischlerInnen*
- „gender gap"-Unterstrich: *Tischler_in, Tischler_innen*

Dass es sich hier nicht nur um eine bloße Empfehlung handelt, die im Alltag beliebig aufgegriffen werden kann, zeigt die Verankerung im Bundesgleichstellungsgesetz. In § 1 (Sprache) wird formuliert: „(2) Rechts- und Verwaltungsvorschriften des Bundes sollen die Gleichstellung von Frauen und Männern auch sprachlich zum Ausdruck bringen. Dies gilt auch für den dienstlichen Schriftverkehr." (www.gender-mainstreaming.net). Welche spezielle Form in der jeweiligen Dienststelle aber dann verwendet wird, hängt von der jeweiligen Verwaltungsvorschrift ab. In der Regel wird das die Doppelform oder der Schrägstrich sein.
Deutschlernende werden bei den Nomen über die verschiedenen Möglichkeiten der geschlechtergerechten Schreibung stolpern, und dies besonders, wenn sie Texte laut lesen wollen, da die geschlechtergerechten Sprachformen nicht unbedingt besonders lesefreundlich sind: Sie fragen sich vielleicht auch, welche Form sie denn nun benutzen sollen. Darauf gibt es keine Antwort. Wichtig ist nur, dass sie in einem Text ein und dieselbe Form verwenden, also nicht einmal den Schrägstrich und dann den „gender gap"-Unterstrich.

### kreatives Schreiben

Erfahrungsgemäß motivieren Gedichte junge wie ältere Lernende dazu, in sich hineinzuhören und eigene Gedanken und Gefühle in Worte zu fassen. Neben Elfchen (siehe Beispiel) bieten sich auch andere kurze Gedichtformen wie Haikus oder Konkrete Poesie an.

herzlich
die Nachbarin
lädt uns ein
wir fühlen uns vollkommen
angekommen

Wichtig beim kreativen Schreiben ist, dass der/die KL den TN Raum lässt für Phantasie und den individuellen Ausdruck ihrer Gefühle. Die korrekte sprachliche Form ist in diesem Prozess sekundär und dementsprechend hält er/sie sich mit der Fehlerkorrektur zurück. Die Ergebnisse sind oft verblüffend. Alle TN sollten die Gelegenheit bekommen, ihre Gedichte vorzulesen oder auf andere Weise zu präsentieren, jedoch nicht dazu verpflichtet sein.
Piepho und Häussermann (1996) schlagen eine Reihe von leichten Rezepten vor, wie zum kreativen Schreiben angeregt werden kann, z. B.

- „ansteckende" Textanfänge: zu einem Satz- oder Textanfang schreiben (z. B. *Wäre ich ein Mann… / Wäre ich eine Frau …*),
- eine Geschichte um einen vorgegebenen Satz herumbauen,
- Sätze zu einem „Stammbaum", d. h. zu den Menschen der eigenen Lebensgeschichte,
- Farbensprache: einen Menschen, eine Situation, ein Land, eine Stadt nur mit Farben beschreiben,
- Sprache der Freiheit: ein Gedicht ohne jede Grammatik oder Regel schreiben,
- mein Problem: eine Geschichte dazu schreiben, wie das eigene größte Problem oder das größte Problem der Familie / des Landes gelöst werden kann.

### Meinungsäußerung

Meinungsäußerungen nehmen in *Berliner Platz NEU* einen relativ breiten Raum ein; das entspricht der Bedeutung, die der (kritischen) Meinungsäußerung in Deutschland beigemessen wird. Die freie Meinungsäußerung ist nicht nur ein Grundrecht, die Fähigkeit, seine Meinung klar zu äußern, kann auch als eine Schlüsselqualifikation verstanden werden. Schriftliche Meinungsäußerungen können mithilfe von Satzanfängen, Bildern, provokativen Thesen etc. geübt werden.

### zu einem Bildimpuls

Bei einigen Schreibaufgaben in *Berliner Platz NEU* gibt ein Bild bzw. geben Bilder den Schreibimpuls. Die Aufgabenstellung kann dabei ganz unterschiedliche Richtungen nehmen: Die TN sollen ein Bild beschreiben, eine Erzählung oder einen Dialog zum Bild schreiben oder das im Bild dargestellte Thema diskutieren. Eine mögliche Aufgabe kann es auch sein, zu einem Porträtfoto eine erfundene Biografie zu schreiben. Das funktioniert natürlich besser, wenn Fotos von verschiedenen Personen zur Wahl stehen und die Person gewählt werden kann, die einem sympathisch oder interessant erscheint. Die Schreibaufgaben können durchaus auch gemeinsam, d. h. in Partner- oder Gruppenarbeit erledigt werden.

## Selbst entdeckendes Lernen

Beim selbst entdeckenden Lernen wird die Funktion der sprachlichen Phänomene, die gelernt werden sollen, nicht präsentiert, sondern die Lernenden entdecken sie selbst bzw. filtern sie aus den vorgegebenen Sprachbeispielen heraus. Die Strukturen werden verallgemeinert und bilden den Inhalt neuer Regeln. Dies ist ein wichtiges Prinzip, wenn man davon ausgeht, dass sich Erwachsene Lernstoffe bewusst aneignen wollen. Von Ihnen als KL erfordert dies das methodische Geschick, den Entdeckungsprozess zu moderieren, und auch die Bereitschaft, an den entsprechenden Stellen die benötigte Zeit zu geben. Folge eines solchen Herangehens wird sein, dass die Strukturen und Regeln für die Lernenden – da sie selbst entdeckt wurden – transparenter und klarer sind. Und dies ist wiederum eine Voraussetzung dafür, dass sie eigene Fehler wahrnehmen und korrigieren können (▶ **Fehlerkorrektur**).

## Sozialformen

Als Sozialformen werden die Interaktionsformen der am Unterricht Beteiligten (der Lernenden untereinander, der Lernenden mit der Lehrperson) bezeichnet.
Sie werden im Lehrbuch nur selten explizite Angaben zur Sozialform finden, d. h. dazu, ob die jeweilige Übung oder Aufgabe am besten im Plenum, in Gruppenarbeit, Partnerarbeit oder Einzelarbeit erledigt werden sollte. Das hat damit zu tun, dass Sie dies abhängig von Ihrer Lerngruppe und der Situation vor Ort am besten selbst entscheiden. Vielleicht unterrichten Sie Lernende, die gern und viel im Austausch miteinander arbeiten, vielleicht haben Sie auch große Räume zur Verfügung, die sich für Spiele im Plenum eignen, vielleicht bevorzugen Ihre Lernenden jedoch auch aufgrund eigener Sprachlernerfahrungen Einzelarbeit und eine starke Lehrerpräsenz.
Wir meinen aber auch, dass ein fantasievoller Wechsel der Sozialformen für den kommunikativen Unterricht sehr zu empfehlen ist, und so werden Sie auch einige visuelle Anregungen für Sozialformen und viele Vorschläge in den „Unterrichtsvorschlägen" bekommen. Alle Sozialformen haben ihre Vorteile, auf die im Folgenden kurz eingegangen werden soll:

- **Plenum (PL):** Plenumsarbeit wird oft mit Frontalunterricht assoziiert, in dem der Lehrer die meiste Redezeit für sich beansprucht. Die Arbeit im Plenum muss aber keineswegs so kommunikationsfeindlich sein, sondern bietet eine Reihe von Möglichkeiten: für Diskussionen in der Großgruppe, Marktplatzaktivitäten, bei denen die TN mit unterschiedlichen Personen kommunizieren, für gemeinsame Spiele, Aussprache-Übungen, Präsentationen und Ergebnisbesprechungen – oder auch dafür, dass einzelne TN selbst einmal die Lehrerrolle übernehmen.
- **Gruppenarbeit (GA):** Bei der Gruppenarbeit haben die Lernenden viel mehr Zeit für eigene Sprachproduktion zur Verfügung als im Plenum – wichtige Zeit im handlungs- und kommunikativ orientierten Deutschunterricht. GA bietet eher schüchternen TN den geschützten Raum, die Sprache im kleinen Rahmen auszuprobieren. Hinzu kommt, dass die Lernenden nicht mehr so stark auf den/die KL fixiert sind, sondern voneinander lernen und einander helfen können. GA ist zudem ein gutes Rezept gegen Langeweile, da die Lernenden meist sehr am Kontakt und am Austausch mit den anderen interessiert sind. Wichtig ist, dass während der Gruppenarbeitsphasen der/die KL aufmerksam und ansprechbar ist.

- **Partnerarbeit (PA):** Für die Partnerarbeit gelten ähnliche Prinzipien wie für die Gruppenarbeit. Partner können sich gegenseitig im Lernprozess unterstützen und einander helfen, aber auch motivieren und korrigieren. Bei vielen Aufgaben in *Berliner Platz NEU* geht es um das Einüben von Alltagsdialogen, was natürlich am besten in PA geschieht.
- **Einzelarbeit (EA):** Eine andere Bezeichnung für die Einzelarbeit ist „Stillarbeit". Sie sollte besonders nach einer lauten, lebendigen Phase in PA oder GA ihren Platz haben und dient primär dem individuellen Üben, dem selbstständigen Transfer auf neue Zusammenhänge usw. Viele Lernende sind diese Sozialform neben dem Frontalunterricht gewohnt und schätzen sie; Sie sollten jedoch mit der Einzelarbeit – wie mit allen Sozialformen – sehr bewusst umgehen. Verschenken Sie keine kostbare Unterrichtszeit an Einzelaufgaben, wenn Sie diese genauso gut als Hausaufgaben aufgeben könnten.

### Paar- und Gruppenbildung

Bittet man die TN sich in Paaren oder Gruppen zusammenzufinden, so kann man sehen, dass Sympathie die wichtigste Rolle spielt und sich immer die gleichen Paare oder Gruppen zusammentun. Das ist schön für diejenigen TN, die Freunde im Kurs gefunden haben, für andere, die sich damit eher schwertun, aber nicht angenehm. Dies ist mit ein Grund, warum Sie ab und an zu anderen Methoden der Paar- oder Gruppenbildung greifen sollten, von denen es viele gibt. Paare oder Gruppen können sich bilden

- mithilfe von Kärtchen, auf denen die Namen berühmter Paare stehen,
- mithilfe von Kärtchen, auf die Wortpaare geschrieben sind (*Arbeitgeber – Arbeitnehmer, Feiertag – Werktag usw.*),
- mithilfe von weißen und rosa Pfefferminzbonbons (So können sich rosa-weiße Paare bilden oder große Gruppen.),
- mithilfe von Spielkarten oder Quartettkarten (Z. B. finden sich alle vier Buben eines Spiels oder Bube, Dame und König einer Farbe zusammen.),
- anhand zerschnittener Postkarten (Es gibt jeweils so viele Puzzle-Stücke wie TN in der Gruppe sein sollen.),
- indem die Nachbarn in einer Reihe zusammenarbeiten (Z. B. stellen sich die TN nach Geburtsdatum, Größe oder Entfernung des Wohnorts zum Kursort auf. Jeweils vier nebeneinander stehende TN arbeiten zusammen.),
- nach Geschwisterzahl oder -konstellation (Alle Einzelkinder arbeiten z. B. zusammen.),
- nach Herkunftsland, wenn national/regional homogene Gruppen erwünscht sind,
- nach der zufälligen Position im Unterrichtsraum, wenn alle z. B. zur Musik herumlaufen und die Musik plötzlich stoppt,
- nach Anweisung der Lehrkraft (*Arbeiten Sie mit jemandem zusammen, mit dem Sie noch nicht zusammengearbeitet haben.*),
- nach der Methode „Atom 3, 4, 5" (TN gehen im Raum herum. KL sagt Atom 3, darauf bilden jeweils drei TN ein Atom aus drei Molekülen, also eine 3er-Gruppe. Nach einer Weile gibt KL ein Zeichen. TN gehen wieder durch den Raum. Auf den Befehl Atom 5 bilden sich 5er-Gruppen. So gibt es immer wieder unterschiedlich große, neu gemischte Gruppen.)

## Spiele

Spiele sind aus dem Deutschunterricht nicht mehr wegzudenken. Sie können den TN viel Spaß machen; das hängt zum einen von Ihrer eigenen Spielbegeisterung, zum anderen auch vom Klima in der Gruppe ab.

### Ausdrücke verstecken

Material: eine Liste bereits eingeführter Wörter bzw. Phrasen

Vorgehen: Für das Spiel werden Paare nach dem Zufallsprinzip gebildet. Jedes Paar wählt einen Ausdruck aus der Liste und schreibt einen Dialog, in dem dieser Ausdruck vorkommt. Der Dialog kann kurz oder lang sein. Wichtig ist, dass den anderen Paaren verborgen bleibt, welcher Ausdruck gewählt wurde. Das erste Paar liest nun den Dialog (evtl. mehrmals) in verteilten Rollen vor und sagt anstelle des Ausdrucks z. B. „Piiiep". Die anderen TN hören zu und versuchen, möglichst schnell den versteckten Ausdruck herauszufinden.

Kommentar: Es können natürlich auch Kleingruppen gegeneinander spielen. Ist das Spiel als Wettbewerb gestaltet, so erhält das Paar bzw. die Gruppe für jeden erratenen Ausdruck einen Punkt. Wer am Ende die meisten Punkte hat, hat gewonnen.

### Ballspiel

Material: Weicher Ball (statt eines Balls kann im Grunde alles verwendet werden, was handlich ist und gefahrlos geworfen werden kann: Wollknäuel, kleines Stofftier etc.)

Vorgehen: KL (ein/e TN) wirft den Ball einem/einer TN zu, stellt eine Frage. Der/Die Angesprochene antwortet und wirft den Ball mit einer neuen Frage weiter an den nächsten / die nächste TN usw.

Kommentar: Das Ballspiel eignet sich hervorragend zum Einüben sprachlicher Muster, z. B. kurzer Frage-Antwort-Dialoge. (*Wie fährst du nach Hause? – Ich fahre mit der U-Bahn und dann mit dem Fahrrad.*), kann aber in großen Gruppen auch langatmig werden. Lassen Sie rasch und spontan antworten oder teilen Sie die Gruppe in zwei/drei Untergruppen auf.

### Flaschen drehen

Material: Je Gruppe ein Bogen Papier, auf den die TN einen Kreis mit 12 Tortenstücken zeichnen. Jeder Tortenabschnitt wird mit einem Oberbegriff beschriftet (z. B. mit Themen aus den 12 Kapiteln des Buches).

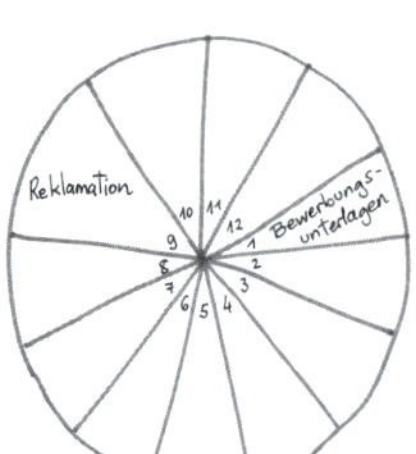


Vorgehen: Spielen Sie in Gruppen. Jede Gruppe wählt eine Person als Schreiber/in, der/die Wörter notiert, aber selbst nicht mitspielt. Jetzt wird ein Stift in die Mitte des Kreises gelegt (anstatt der Glasflasche, die beim Gesellschaftsspiel „Flaschen drehen" verwendet wird). Eine Person dreht den Stift, dessen Spitze dann auf ein Tortenstück deutet. Nun sammeln alle (evtl. mit einer Zeitvorgabe von drei Minuten) so viele Wörter wie möglich zum betreffenden Thema. Der Schreiber / Die Schreiberin notiert sie. Nach jeder Runde werden die Wörter aller Gruppen vorgelesen und gezählt.

Kommentar: Die Gruppe, die nach der vorher festgelegten Zeit oder Zahl an Runden die meisten Wörter hat, hat gewonnen.

### Gemeinsamkeiten finden

Material: ggf. Fotos oder Postkarten

Vorgehen: Eine TN nennt zwei Begriffe (z. B. Berufe), die auf den ersten Blick nichts miteinander zu tun haben. Nun versuchen die anderen TN, so viele Gemeinsamkeiten wie möglich zwischen diesen Begriffen zu finden.

Kommentar: Es kann im Plenum, in Gruppen oder aber mit einem Partner / einer Partnerin gespielt werden (gesehen bei Piel, 2002, S. 83).

### Kettenspiel

Das wohl bekannteste Kettenspiel ist das „Koffer packen", bei dem jede/r TN einen Gegenstand ergänzt (*Ich packe in meinen Koffer eine lange Hose. Ich packe in meinen Koffer eine lange Hose und ein interessantes Buch,* usw.) Kettenspiele können an vielen Stellen eingesetzt werden, wenn es um ein spielerisches Wiederholen von Wortschatz und Strukturen geht. Hier einige Beispiele:

- Der/Die KL oder ein/e TN nennt ein Wort. Der/Die nächste TN muss ein Wort bilden, das mit dem letzten Buchstaben beginnt.
- Zu einem Ausgangswort ergänzen die TN nacheinander weitere Wörter zu einem Satz, der so lange weitergesponnen werden kann, bis sich kein Wort mehr ergänzen lässt.
- TN bilden immer weitere *weil*-Sätze zu einem Ausgangssatz. (*Ich esse ein Eis, weil es so heiß ist. … und weil die Sonne scheint. … und weil …*)
- Das Ausgangswort ist ein Kompositum (*Taschenlampe*). Nun muss zum Bestimmungswort eine Ergänzung gefunden werden (*Lampenschirm, Schirmmütze* usw.). Wegen der Fugenmorpheme eignet sich dieses Kettenspiel für fortgeschrittenere Gruppen.

### Ratespiel

Es gibt unendlich viele Ratespiele, bekannt sind z. B. das „Berufe raten", bei dem sich ein/e TN einen Beruf überlegt, den die anderen TN durch Fragen herausfinden müssen, oder das „Ich seh' etwas, was du nicht siehst", das mit den Gegenständen im Unterrichtsraum gespielt werden kann.

Ratespiele können beinhalten, dass die gesamte Gruppe raten muss (wenn z. B. jede/r TN persönliche Informationen, etwa das Lieblingsessen, auf eine Karte geschrieben hat, die Karten gemischt, neu gezogen werden und alle TN raten müssen, wessen Lieblingsessen das ist). Es kann aber auch darum gehen, dass ein oder mehrere Spieler vor die Tür geschickt werden und die Gruppe sich auf eine Information einigt, die diese TN dann erraten müssen. Dies ist z. B. der Fall beim „Gegenstand-Ratespiel", bei dem sich die Gruppe auf einen Gegenstand innerhalb oder außerhalb des Raumes, der Stadt oder des Landes einigt und den die ratenden Spieler mithilfe von Ja/Nein-Fragen herausbekommen müssen. Anne Spier (1999, S. 71) schlägt das folgende Spiel „Geräuscheraten" vor:

Material: Geräusche, die die TN auf Handy selbst aufgenommen haben (z. B. S-Bahn, Fluglärm, Hupen etc. im Zusammenhang mit dem Thema „Mobilität")

Vorgehen: Jede/r TN stellt der Gruppe das aufgenommene Geräusch vor; die anderen müssen raten, um was es sich handelt.

Kommentar: Der/Die KL stellt an der Tafel Redemittel zur Verfügung: *Macht ein Mensch dieses Geräusch? Ist das Geräusch nachts auch zu hören*? etc.

## Rollenspiel

In *Berliner Platz NEU* werden zur Vorbereitung auf das Sprachhandeln außerhalb des Kurses regelmäßig kurze Alltagsdialoge angeboten, die am besten in Rollenspielen (in PA oder GA) eingeübt werden können. Sie sollten während des Spielens nicht korrigierend eingreifen, sondern wiederkehrende oder typische Fehler notieren und im Anschluss besprechen. Vielleicht steht nach dieser Phase noch Zeit zur Verfügung, in der die Dialoge noch einmal mit mehr Aufmerksamkeit auf der sprachlichen Form im Rollenspiel wiederholt werden können. Binnendifferenzierend können schnellere TN ermuntert werden, sich schon von den Vorlagen zu lösen bzw. eigene Dialoge nach dem vorliegenden Muster zu erstellen. Sind die Rollenspiele einmal in Gang gekommen, kann es durchaus sein, dass die TN karikieren und übertreiben und dass alles laut und lustig wird. Wenn Ihre Lerngruppe dazu neigt, planen Sie danach eine Phase der Einzelarbeit ein, in der die TN sich wieder konzentrieren können.

## Satzanfänge

Material: Zettel

Vorgehen: Die TN schreiben einen eigenen Satzanfang (z. B. einen Hauptsatz) auf einen Zettel und geben diesen an ihren linken Nachbarn / ihre linke Nachbarin weiter. Diese/r hat dann eine Minute Zeit, den Satz weiterzuführen (z. B. einen Nebensatz zu ergänzen). Die Zettel werden weitergegeben und immer wieder ergänzt. Nach einigen Runden erhalten die TN ihre Zettel zurück und lesen ihren Satzanfang und die Ergänzungen im Plenum vor.

Kommentar: Alternativ wird im Plenum ein Satzanfang erfunden und an die Tafel geschrieben. Der/Die KL gibt eine Zeit vor, in der die TN so viele Satzergänzungen finden wie möglich. Wenn Gruppen gegeneinander spielen, so gewinnt die Gruppe, die die meisten Ergänzungen gefunden hat. Die Sätze werden gemeinsam korrigiert.

## Schnipp-Schnapp

Material: Kärtchen in zwei Farben

Vorbereitung: In PA schreiben die TN Wort- oder Satzpaare auf jeweils zwei unterschiedlich farbige Kärtchen (z. B. Verben und Präpositionen, Hauptsätze und Relativsätze). Die Paare haben schließlich zwei Stapel mit unterschiedlich farbigen Kärtchen (z. B. einen Verb- und einen Präpositionenstapel oder einen Hauptsatz- und einen Relativsatzstapel).

Vorgehen: Die Stapel werden gut gemischt und mit der handbeschriebenen Seite nach unten auf den Tisch gelegt. Nun deckt TN 1 von jedem Stapel eine Karte auf. Beide Spieler müssen blitzschnell überlegen, ob die Karten zusammenpassen oder nicht. Wer glaubt, dass sie zusammenpassen, ruft schnell *Schnipp-Schnapp*. Ist dies korrekt, darf er/sie beide Kärtchen behalten, ist es falsch, wandern die Kärtchen in den Stapel der abgelegten Karten. Wer nach einer zuvor festgelegten Zahl an Runden die meisten Karten hat, gewinnt.

## Tabu

Material/ Vorbereitung: Es werden zwei bis drei Gruppen gebildet. Jede Gruppe erhält eine Liste mit zehn Wörtern (z. B. Sportarten) und zehn Kärtchen. Die Gruppen schreiben auf jedes Kärtchen eines der Wörter und zwei weitere Begriffe, die mit dem erstgenannten Wort in enger Beziehung stehen.

| |
|---|
| Tennis |
| Schläger |
| Ball |

Vorgehen: Wenn alle Kärtchen fertig sind, fängt das Spiel an: Einer/Einem TN aus der ersten Gruppe (A) wird ein Kärtchen der Gruppe B präsentiert. Er/Sie muss nun den gesuchten Gegenstand beschreiben, ohne ihn selbst und die zwei Begriffe auf dem Kärtchen zu nennen. Die anderen TN aus Gruppe A müssen den Begriff erraten. Gelingt das in einer vorher vereinbarten Zeit (ca. eine Minute), bekommt die Gruppe einen Punkt. Dann ist ein/e TN der Gruppe B an der Reihe mit einem Kärtchen der Gruppe C usw. Gewonnen hat die Gruppe, die nach einer vorher vereinbarten Anzahl von Runden die meisten Begriffe erraten hat.

## Vier in einer Reihe

Material: ein Spielfeld mit 10 x 10 Kästchen auf einem Blatt oder Bogen Papier, ggf. Münzen (o. Ä.) als Spielsteine

Vorgehen: Dieses Spiel kann man zu zweit oder im ganzen Kurs in zwei Gruppen spielen. Es müssen immer vier Wörter, die mit vier aufeinanderfolgenden Buchstaben anfangen, in eine Reihe gebracht werden. Ein Spieler sagt ein erstes Wort und schreibt dessen Anfangsbuchstaben, z. B. *B* für *bearbeiten*, in ein beliebiges Kästchen im Raster. Der nächste Spieler muss nun ein Wort sagen, das mit *A* oder *C* anfängt, z. B. *Anfänger* oder *Chaos*. Er/Sie schreibt den jeweiligen Anfangsbuchstaben in ein Kästchen, das direkt an das *B* angrenzt. Die Spieler/innen setzen abwechselnd. Wer den ersten Buchstaben einer Reihe setzt, kann ihn frei bestimmen (nach *Z* kommt ggf. dann *A*). Kein Wort darf sich wiederholen. Pro Wort gibt es

| | |
|---|---|
| | einen Punkt. Wenn einer Person kein Wort einfällt, macht die nächste weiter. Wer eine Reihe mit dem vierten Wort vervollständigt, bekommt drei Zusatzpunkte. Der/Die Nächste beginnt eine neue Reihe. |
| Kommentar: | Das Spiel endet, wenn niemand mehr einen Buchstaben setzen kann. Wer die meisten Punkte hat, hat gewonnen. |

### Wechselspiel

| | |
|---|---|
| Material: | jeweils zwei Vorlagen zu einem Thema/Sprechanlass (für TN A und TN B) mit verschiedenen Informationen |
| Vorgehen: | Die TN tauschen ihre jeweils unterschiedlichen Informationen aus. |
| Kommentar: | Das Prinzip eines Wechselspiels besteht darin, dass zwei TN unterschiedliche Informationen zu einem Thema bekommen; jede/r von ihnen hat ein Informationsdefizit und einen Informationsvorsprung. Der Wunsch bzw. die Aufgabe, durch Befragung des/der anderen die Informationslücke zu schließen, liefert den Sprechimpuls – wie in einem authentischen Gespräch. |

### Wettbewerb

| | |
|---|---|
| Material: | für jede Gruppe ein Exemplar einer Tageszeitung, vorbereitete Fragen |
| Vorgehen: | Jede Gruppe bekommt ein Exemplar der Zeitung. Der/Die KL liest eine der Fragen vor (*Wie heißt der neue Ministerpräsident von Schleswig-Holstein?*), die nur zu beantworten ist, wenn die entsprechende Stelle in der Zeitung gefunden wurde; globales Lesen ist also gefragt. Die Gruppe, die zuerst die Frage beantwortet und zeigen kann, an welcher Stelle in der Zeitung sie die entsprechende Information findet, erhält einen Punkt. |
| Kommentar: | Paare oder Gruppen im Wettbewerb gegeneinander arbeiten zu lassen, bringt Spannung und Energie in den Unterricht und ist daher für lethargischere Momente gut geeignet. |

### Wortschwall

| | |
|---|---|
| Vorgehen: | Kleine Gruppen spielen gegeneinander. Jede Gruppe hat einen Platz zum Schreiben (Tafel, Flipchart, Papier an der Wand). TN schreiben nun Themen auf Karten. Ein Gruppenmitglied einer Gruppe beginnt, zieht eine Themenkarte und nennt das Thema. Innerhalb von einer Minute schreiben die Gruppen so viele Wörter zu dem Themenbereich auf, wie sie können. Nach einer Minute zählt jede Gruppe die von einer anderen Gruppe gesammelten Wörter. Für jedes genannte Wort gibt es einen Punkt. Doppelt genannte Begriffe werden nur einmal gezählt. Die Gruppe mit den meisten Punkten gewinnt diesen Durchgang. Dann wird die nächste Karte gezogen … (vgl. Piel, 2002, S. 83). |

## Sprachbewusstheit

Sprachliches Handeln, auf das der Fremd- und Zweitsprachenunterricht vorbereitet, wird in der Regel begleitet von reflexiven Prozessen. Lernende stellen Fragen zum richtigen Gebrauch der Wörter, zur richtigen Aussprache, zum höflichen oder angemessenen Gebrauch von Redemitteln, interessieren sich für grammatische Strukturen und kommentieren den Sprachgebrauch anderer – kurz, sie denken in vielfältiger Weise über Sprache nach und eignen sich zusätzlich zur Sprachhandlungskompetenz Sprachwissen an.

Kursleitende sollten regelmäßig das Nachdenken über Sprache anregen. Ein Bereich z. B., der für Lernende interessant und wichtig ist, ist die Wahl der in der Kommunikation mit unterschiedlichen Gesprächspartnern angemessenen Sprachebene. Im Gespräch mit einem guten Freund verwendet man eine andere Sprechweise als etwa mit einem Angestellten einer Behörde, mit der Kollegin eine andere als mit einer Kundin. *Berliner Platz NEU* vermittelt – entsprechend den Kann-Beschreibungen des GER – ein neutrales Register. Der unterschiedliche Sprachgebrauch wird zwar an einigen Stellen thematisiert, Sie sollten aber regelmäßig auf sprachliche Varianten und Fragen der Angemessenheit eingehen.

### Anglizismen

Das Deutsche wurde über die Jahrhunderte hinweg von anderen Sprachen beeinflusst, z. B. vom Französischen (*Abonnement, Konfitüre, Mayonnaise*). Aufgrund der politischen und wirtschaftlichen Bedeutung der USA für Europa war im 20. Jh. der Einfluss des Englischen besonders stark, sodass man heute häufig englische Wörter und Phrasen hört und liest. Meistens handelt es sich um Substantive (*Laptop, Recycling, Learning by doing*), seltener um Verben oder Adjektive, die dann deutsch konjugiert oder dekliniert werden (*Ich habe gestern babygesittet. Das ist echt eine coole Tasche.*) Für diese Wörter und Phrasen wird der wertneutrale Begriff „Anglizismen" verwendet. Von „Denglisch" sprechen in der Regel diejenigen Menschen in Deutschland, die diese Sprachentwicklung als ärgerlich empfinden und dafür plädieren, Anglizismen durch deutsche Wörter zu ersetzen.

### formelle/informelle Sprache

Im Vergleich zur Schriftsprache handelt es sich bei der Umgangssprache um eine grammatikarme, auf Lexik basierende Sprache, bei der nonverbale Kommunikationsmittel wie Gestik und Mimik zu Hilfe genommen werden und deiktische Ausdrücke – *da, jetzt, hier, dorthin* – häufig sind. Lernende, die im Inland Deutsch gelernt haben, sind in der Regel mit der Umgangssprache vertraut. Für sie sind Übungen wichtig, die ihnen den Unterschied zwischen informeller und formeller Sprache bewusst machen und mithilfe derer sie die an Strukturen reichere Schriftsprache trainieren können.

Deutschlernende hingegen, die im Ausland in einem Kurs Deutsch gelernt haben, sind eher die Standardsprache eines Lehrbuchs bzw. die Schriftsprache gewohnt und können die umgangssprachliche Kommunikation als fremd und verunsichernd empfinden. Sie sollten viel authentischen Sprachkontakt haben, um sich an die Merkmale informeller Sprache (z. B. das umgangssprachliche Zusammenziehen von Wörtern wie bei *In 'ner …*, die Ellipsen *Alles klar!*, die Anglizismen *Relax!*) zu gewöhnen. (Ein Glossar mit jugend- und umgangssprachlichen Ausdrücken findet sich unter www.goethe.de/z/jetzt/dejwort/dejwort.htm.)

## Sprachenvielfalt

Deutschlernende sprechen häufig neben ihrer Muttersprache eine oder mehrere andere Sprachen. Fragen wir unsere TN, so stoßen wir nicht selten auf Sprachbiografien, die nicht nur durch Migration geprägt sind, sondern vielleicht auch durch ein mehrsprachiges Elternhaus, schulischen Fremdsprachenunterricht, Auslandsaufenthalte, die Medien und das Leben in einem multikulturellen Umfeld. Der einsprachige Mensch wird – zumindest in vielen Deutschkursen – zur Seltenheit.

Ein Deutschunterricht, in dem nur Deutsch gesprochen werden darf, erscheint angesichts dieser Situation nicht mehr sinnvoll. Heute wird vielmehr der Rolle der Muttersprache beim Lernen einer neuen Sprache eine große Bedeutung beigemessen – „sie ist wirklich die Mutter der zweiten, dritten und vierten Sprachen" (vgl. Deller/Rinvolucri 2002, S. 10). Das Ziel, dass die Lernenden möglichst schnell Fortschritte im Deutschen machen sollen, wird nicht aufgegeben, wenn weitere Sprachen einbezogen werden. Ganz im Gegenteil: Die kreative Nutzung der Muttersprachen bzw. der im Kurs gesprochenen Sprachen – und damit gleichermaßen der Einbezug der Herkunftskulturen – zeigt Wertschätzung für die Menschen, ihre Kompetenzen und Gefühle und motiviert.

Gefragt ist also eine absichtsvolle Nutzung der vorhandenen Sprachkenntnisse im Kurs. Diese kann schon auf Anfängerniveau stattfinden, wenn z. B. KL die TN auffordert, einander in ihrer Muttersprache zu begrüßen; das macht Spaß und stellt eine lockere Atmosphäre her.

## Sprechen

Das Sprechen dient ganz unterschiedlichen Zwecken, der sozialen Interaktion, dem Informationsaustausch, der Meinungsäußerung, der Bewertung, dem Gefühlsausdruck sowie der Redeorganisation und Verständnissicherung. Innerhalb dieser Kategorien können die unterschiedlichsten Sprachhandlungen ausgeführt werden (siehe dazu die Liste „Sprachhandlungen" in *Profile Deutsch*).

Um festzustellen, was Lernende auf dem Niveau B2 können sollten, lohnt sich der Blick auf die Kann-Beschreibungen zur Selbstbeurteilung des „Gemeinsamen Europäischen Referenzrahmen für Sprachen". Der Referenzrahmen unterteilt die Fertigkeit „Sprechen" in zwei Teilbereiche und definiert diese im „Raster zur Selbstbeurteilung" so:

**„An Gesprächen teilnehmen:** *Ich kann mich so spontan und fließend verständigen, dass ein normales Gespräch mit einem Muttersprachler recht gut möglich ist. Ich kann mich in vertrauten Situationen aktiv an einer Diskussion beteiligen und meine Ansichten begründen und verteidigen."*

**„Zusammenhängendes Sprechen:** *Ich kann zu vielen Themen aus meinen Interessensgebieten eine klare und detaillierte Darstellung geben. Ich kann einen Standpunkt zu einer aktuellen Frage erläutern und Vor- und Nachteile verschiedener Möglichkeiten angeben."*

### autobiografisches Erzählen

TN freuen sich in der Regel, wenn sie im Deutschunterricht die Gelegenheit haben, von sich und eigenen Erfahrungen zu berichten. Lernende im Inland sind meist voll von Erlebnissen im Zusammenhang mit ihrer Ankunft in Deutschland und tauschen sich gern über Dinge aus, die aus der Perspektive ihrer Herkunftskultur verwunderlich, interessant oder auch beunruhigend sind. Ein solcher Austausch kann dem Einleben in das neue Land nur förderlich sein. Aber auch Lernende im Ausland freuen sich über Möglichkeiten, über sich selbst zu berichten. Extrovertierte TN werden sowieso über persönlich Erlebtes berichten wollen, zurückhaltendere TN brauchen aber evtl. die Anregung des/der KL und einen vorgesehenen Raum, um sich auf die Aufgabe einlassen zu können.

TN können ihre Geschichten an Klett-Langenscheidt senden und sie auf der Seite www.klett-langenscheidt.de/ich-ueber-mich veröffentlichen (▶ **autobiografisches Schreiben**).

### Gespräch zum Text

Die Lesetexte in *Berliner Platz NEU* dienen nicht nur der Präsentation von neuem Wortschatz, von Strukturen und Informationen, sie regen auch zum Nachdenken und Sprechen an. Es ist bei vielen Texten sogar kaum vorstellbar, dass nach der Lektüre ein Gespräch ausbleibt (z. B. zu den Texten „Der Tag, der mein Leben verändert hat" in Kap. 8 oder „Partnerschaft auf Distanz" aus Kap. 10, um nur zwei Beispiele zu nennen). Greifen Sie TN-Äußerungen auf und geben Sie nach Möglichkeit Raum für das Gespräch oder die Diskussion, auch dann, wenn Sie schnell zur anschließenden Bewusstmachungs- oder Übungsphase übergehen wollen. Für die TN sind es auch diese Gelegenheiten, sich persönlich einzubringen, die das Lesen der Texte lohnenswert macht.

### Präsentation/Kurzvortrag

Die Lernenden müssen in den Prüfungen zeigen, dass sie nicht nur in der Interaktion, sondern auch im monologischen Sprechen alltägliche Sprechsituationen meistern können, d. h. sich vorstellen, ein Thema präsentieren oder Erläuterungen zu einem Problem geben können. Im mündlichen Teil der Prüfung *telc Deutsch B2* sollen sie z. B. eine Reise, einen Film, ein Buch, eine Musikveranstaltung oder ein Sportereignis präsentieren. Monologische Sprechsituationen spielen besonders im Beruf oder Bildungsbereich eine wichtige Rolle, wenn die TN beispielsweise ihren beruflichen Werdegang darstellen, Arbeitsabläufe beschreiben oder Erläuterungen zu einem Problem geben müssen.

Bereiten Sie die TN auf Präsentationen oder Vorträge vor, indem sie

- gemeinsam überlegen und diskutieren, was gute und schlechte Vorträge ausmacht,
- Redemittel für Einleitung, Hauptteil und Schluss üben (*Ich möchte jetzt …, Abschließend kann ich sagen …*),
- Redemittel zur Beschreibung eines Ablaufs anbieten (*Zunächst …, Als Nächstes …*),
- Redemittel für Gegenüberstellungen anbieten (*einerseits – andererseits*),
- Redemittel für Vergleiche anbieten (*im Vergleich dazu*),
- das Anfertigen von stichwortartigen Notizen zu einem Vortrag trainieren und
- das Halten von Vorträgen – ggf. in PA und GA – üben.

### Präsentation von Gruppenergebnissen

Haben Sie das auch schon erlebt? Die Phase der Gruppenarbeit hat sich hinausgezögert (oder Sie haben dafür vielleicht zu wenig Zeit eingeplant), sodass für die Präsentation von Gruppenergebnissen keine Zeit mehr bleibt, obwohl doch eigentlich alle ein Interesse an den Ergebnissen der anderen Gruppen hätten. Die erarbeiteten Ergebnisse verpuffen und alle rennen in die Pause. Schade! Dabei spricht viel für eine Präsentation von Gruppenergebnissen: Sie beeinflusst einerseits in nicht unerheblichem Maße den Gruppenarbeitsprozess selbst, der ergebnis- bzw. produktorientierter, konzentrierter und weniger zeitintensiv sein wird. Sie wirkt sich andererseits auf das Selbstverständnis aller TN aus, weil sie erfahren, dass es kürzere oder ausführlichere, sachlichere oder buntere, lustigere oder ernstere Präsentationen geben kann, die gerade deshalb so interessant sind, weil sie unterschiedliche Gruppenprozesse abbilden und deshalb alle dieselbe Wertschätzung erfahren. Wie die Präsentation erfolgt, kann von Mal zu Mal, aber auch von Gruppe zu Gruppe ganz unterschiedlich sein:

- ein kurzer Vortrag, bei dem jedes Gruppenmitglied einen Teil übernimmt
- eine Plakatpräsentation
- eine Folien-Präsentation am OHP
- ein Mindmap an der Tafel
- ein Ergebnisprotokoll
- ein Dialog oder Sketch
- eine Pantomime
- eine Ergebnisdarstellung auf der Lernplattform der Einrichtung
- usw.

### Redemittel

In *Berliner Platz NEU* gibt es eine ganze Reihe von Redemittelkästen, aus denen die TN bei einer Aufgabe zum freien Sprechen wählen können. Es empfiehlt sich, sie die Listen nicht einfach nur lesen zu lassen, sondern die Redemittel z. B. in folgender Weise zu erarbeiten:

- Welche Redemittel sind synonym bzw. bedeuten ungefähr dasselbe? (*Ich habe einen Vorschlag: .... Ich schlage vor, dass ...*)
- Welche Redemittel machen eine positive, welche eine skeptische oder negative Aussage? (*Ich war begeistert von ..., Das fand ich zwar gut, aber ..., Das war eine totale Katastrophe.*)
- Gibt es Redemittel, die sich dialogisch aufeinander beziehen? (*Mich stört, dass du ... Warum sagst du mir das erst jetzt?*)

Analysieren Sie gemeinsam die Darstellungsweise der Redemittelkästen. Erläutern Sie, dass der Schrägstrich eine Alternative signalisiert, die Pünktchen, dass etwas ergänzt werden soll. Im Beispiel unten kann man also sagen *Mein Ziel ist es ...* oder *Mein Traum ist es ...*

Bitten Sie die TN, die Redemittel für persönliche Aussagen zu nutzen und lassen Sie einige Beispiele an die Tafel schreiben: *Mein Ziel ist es den Führerschein zu machen. Ich werde im nächsten Jahr heiraten.* Wenn die TN die Redemittel so ausprobieren können, können sie sich wirklich an entsprechender Stelle aus den Redemittelkästen bedienen.

> Mein Ziel/Traum ist es ...
> Ich werde im nächsten Jahr ...

## Textkompetenz

Angesichts der steigenden schriftsprachlichen Anforderungen nicht nur im Arbeitsleben verändern sich auch die Anforderungen an den Zweit- und Fremdsprachenunterricht. War vor nicht allzu langer Zeit noch der kommunikative Ansatz mit seinem Ziel, die reale Kommunikation im Unterricht zu fördern, damit sich die Lernenden auch außerhalb des Unterrichtsraums verständigen konnten, noch ein neuer Gedanke, so gewinnt nun die Förderung von auf Schriftlichkeit und textuelles Handeln bezogenen Fähigkeiten wieder mehr an Gewicht. Grund dafür ist u. a., dass sich die Kommunikationsgewohnheiten durch die Allgegenwart digitaler Medien verändern. Textkompetenz, „die individuelle Fähigkeit, Texte lesen, schreiben und zum Lernen nutzen zu können" (Portmann-Tselikas/Schmölzer-Eibinger, 2008), wird zur Schlüsselqualifikation.

### Reaktion auf den Text

Geben Sie den TN die Gelegenheit, mit einem Lesetext weiterzuarbeiten bzw. schriftlich auf ihn zu reagieren. Dazu gibt es vielfältige Möglichkeiten. Die TN können z. B.

- stellvertretend für eine der im Text genannten Personen eine E-Mail, einen Brief, einen Tagebucheintrag usw. schreiben,
- eine Begebenheit beschreiben, die die im Text dargestellte Situation ausgelöst hat,
- Folgen der im Text beschriebenen Handlung darstellen,
- den Text weiterspinnen,
- die Handlung im Text einer Person aus einem ganz anderen Kulturkreis erläutern,
- eine Gegenmeinung äußern,
- ein schriftliches Rollenspiel zum Text schreiben u. v. m.

## Theaterelemente im Unterricht

Die Nutzung von Theaterelementen ist eine Technik des kommunikativen Fremdsprachenunterrichts, die Kursleitende schätzen werden, denen ein lebendiger Unterricht wichtig ist, in dem die Lernenden möglichst viel Zeit und Gelegenheit zum Sprechen haben. Benutzt werden dabei „dieselben Werkzeuge, die auch Schauspieler im Theater benutzen, insbesondere Pantomime und Improvisation. Aber während im Theater alles zur Unterhaltung des Publikums gedacht ist, so dient im Klassenzimmer alles zum Nutzen der Lernenden" (Wessels, 1987, S. 8).

Theater, das bedeutet, so zu tun, als ob ... und dazu gibt es im Unterricht viele Gelegenheiten, von denen hier nur einige genannt werden können. Die TN

- lesen z. B. einen Lehrbuch-Dialog mit unterschiedlichen Gefühlen (verliebt, ärgerlich, schüchtern usw.), unterschiedlichen Stimmen (Männer- oder Frauenstimme, Kinderstimme) oder als seien sie an unterschiedlichen Orten (in der Bibliothek, auf einer lauten Straße). Machen Sie jeweils die ersten Vorgaben und bitten Sie die TN dann um weitere Ideen.
- simulieren Situationen aus dem Alltag, z. B. echte Telefongespräche, indem sie sich Rücken an Rücken setzen. Eine schöne Simulationsübung ist auch der Sie-Tag (Idee Schiemann/Bölck), der sich besonders für Kurse empfiehlt, in denen sich TN und Kursleitung duzen. Am Sie-Tag müssen alle formell gekleidet sein und ausgesucht höflich und unter Nutzung des *Sie* miteinander kommunizieren.

- erarbeiten in Paaren oder kleinen Gruppen Pantomimen (z. B. zu Anweisungskarten wie *Die Heizung im Hotelzimmer funktioniert nicht. / Ihre Frisörin hat zu viel abgeschnitten.* usw.), die sie vor den anderen TN vorführen.
- spiegeln einander. Partner/in A führt Aktivitäten aus, macht Geräusche oder äußert Sätze, die Partner/in B genau nachmachen muss. Das Spiegeln funktioniert sogar schriftlich, wenn Partner/in A den Anfang eines Texts schreiben, Partner/in B den Text in Partner/in As Schrift weiterschreiben muss.
- präsentieren in Gruppen Gedichte mithilfe von Bewegung, Pantomime, Gestik oder
- nutzen Theaterelemente für das Aussprachetraining, indem sie z. B. die Intonation eines Satzes übertreiben, im Chor sprechen, versuchen, mit vollem Mund deutlich zu sprechen usw.

## Umgang mit heiklen Themen/ Situationen

Welche/r KL wünscht sich nicht eine motivierte, lebendige, aber doch konzentriert arbeitende Kursgruppe? Die gibt es schon, aber meist nicht jeden Tag. Die Unterrichtsrealität ist viel reicher an Facetten menschlicher Interaktion und dabei können Situationen entstehen, die einiges an Sprengkraft haben. Die TN bringen – gerade in den Kursen im Inland – vielerlei Belastungen mit, „z. B. aufgrund von Heimweh, Trennungsschmerz, aus Sorge um tatsächliche oder drohende Arbeitslosigkeit, schlechten oder beengten Wohnraum, vor allem jedoch aus einer sozialen Unsicherheit heraus, die auf der fehlenden Möglichkeit einer Zukunftsplanung beruht" (Beauftragte der Bundesregierung für die Belange der Ausländer, 1997, zitiert in Buhlmann u. a., 2008, S. 6).

Nicht nur in Inlandskursen kann es vorkommen, dass TN die Gelegenheit wahrnehmen, über schmerzliche oder frustrierende Erlebnisse zu berichten. Dies ist in der vertrauensvolleren Atmosphäre kleiner Gruppen besser möglich als im Plenum. Vielleicht äußern TN aber auch selbst Meinungen, die der/die KL als nicht akzeptabel empfindet. Ohne dass an dieser Stelle angemessen auf dieses große Thema eingegangen werden kann, sollen doch einige Gedanken geäußert werden: Als KL wissen wir in der Regel wenig über die Schwierigkeiten, mit denen die TN zu kämpfen haben. Grundsätzlich angebracht ist daher immer eine Haltung von Wertschätzung und Empathie. Je wohler sich die TN fühlen, desto besser lernen sie. Auch wenn ihre Fortschritte klein erscheinen, ist es wichtig, ihr Selbstgefühl zu stärken und darauf bedacht zu sein, dass sich nicht das Gefühl einstellt zu versagen. Gleichermaßen gilt aber auch: Je wohler sich Kursleitende fühlen, desto lieber und besser arbeiten sie. Achten Sie deshalb darauf, dass Ihnen der Spaß am Unterrichten erhalten bleibt. Und holen Sie sich Hilfe, sprechen Sie mit Kollegen, wenn eine Situation trotz aller guten Absichten aus dem Ruder zu laufen droht.

## Unterrichtsphasen

Der Unterrichtsprozess lässt sich in Abschnitte bzw. Schritte, in die sogenannten Unterrichtsphasen, unterteilen. Es gibt für den Fremdsprachenunterricht unterschiedliche Phasierungsmodelle. Die Phasierung, der in den Unterrichtsvorschlägen zu *Berliner Platz NEU* gefolgt wird, orientiert sich an dem in der Lehrkräftequalifizierung derzeit gebräuchlichen Modell. (Sie sehen sie in den Unterrichtsvorschlägen, S. 12 ff., in der ersten Spalte farbig gekennzeichnet.)

- **Einstieg:** In der Einstiegs-, Vorbereitungs- oder Motivierungsphase geht es darum, das Interesse der Lernenden zu wecken, sie für das Folgende zu motivieren und ihr Vorwissen zum Thema zu sammeln. Der anschließend präsentierte Stoff wird in dieser Phase „vorentlastet", d. h. jetzt schon z. B. anhand von Schlüsselwörtern so vorbereitet, dass es für die Lernenden leichter ist, das neu Präsentierte zu verstehen.
- **Präsentation:** In der Präsentationsphase (die deshalb auch als Erarbeitungsphase bezeichnet wird) erarbeiten sich die TN das noch unbekannte Sprachmaterial. Hier wird meist ein Lese- oder Hörtext zu alltäglichen Situationen präsentiert, der auch neue Lerninhalte, d. h. Wortschatz, Redemittel und/oder Strukturen, enthält.
- **Verständnissicherung:** In dieser Phase wird, z. B. mithilfe von Fragen zum Text, sichergestellt, dass alle TN das zuvor Präsentierte verstanden haben. Der/Die KL räumt Unklarheiten und eventuelle Missverständnisse aus. Diese Phase wird auch als Semantisierungsphase bezeichnet, was den Fokus noch stärker auf die Bedeutungsklärung der unbekannten Wörter, Redemittel und Sätze legt.
- **Gespräch zum Text oder Diskussion:** Gerade nach der Präsentation eines interessanten oder kontroversen Textes wäre es schade, gleich zur Phase der Bewusstmachung überzugehen, wo doch die Aufmerksamkeit der TN noch von inhaltlichen Fragen gefangen genommen ist. Ein Gespräch zum Text, in der die persönliche Reaktion auf das Thema zur Sprache kommen kann, bietet sich an.
- **Bewusstmachung:** In der Phase der Bewusstmachung werden die neuen Strukturen herausgearbeitet. Hier sollten die TN nach Möglichkeit die Regeln selbst finden und erklären.
- **Systematisierung:** In der Systematisierungsphase werden sprachliche Phänomene strukturiert dargestellt und z. B. in einer Tabelle gesammelt.
- **Üben:** In den Übungsphasen werden die neuen Inhalte zunächst in stark gesteuerten, einfachen, dann mit immer freier und komplexer werdenden Übungen eingeschliffen und gefestigt.
- **Transfer:** In der anschließenden Transferphase werden die erworbenen Kenntnisse in einem neuen Kontext bzw. in einer anderen Kommunikationssituation angewandt.
- **Freie Anwendung:** Diese Phase bereitet auf die selbstständige Anwendung des Gelernten in realen Kommunikationssituationen vor. Hier werden deshalb offene, handlungsorientierte sowie spielerische Aufgaben eingesetzt (z. B. Rollenspiele, Diskussionen).

## Visualisierung

Visuelle Eindrücke sind für die meisten Lernenden von nicht zu unterschätzendem Wert für die Informationsaufnahme und -verarbeitung, da Sprach- und Bildverarbeitung im Gehirn so eng miteinander verknüpft sind. Sie sollten also visuelle Hilfsmittel benutzen, wo immer es ihnen möglich und machbar erscheint.

### Tafelbild

Das Tafelbild sollte klar strukturiert sein, denn es stellt für die TN einen ersten und wichtigen Bezugspunkt bei der Einführung neuer Information dar und sollte von ihnen auch in ihre Hefte übertragen werden. In der Unterrichtspraxis haben sich folgende Anhaltspunkte bei der Erstellung eines Tafelbilds als hilfreich erwiesen:

- Bei der Darstellung von Satzstrukturen sollten Sie auf eindeutige Positionen achten, vor allem beim Untereinanderschreiben mehrerer Beispiele.
- Gegenüberstellungen helfen, Unterschiede zu erkennen: bekannt ↔ neu, Regel ↔ Ausnahme.
- Farben unterstützen die Behaltensleistung. Dabei sollte von Anfang an jeder Farbe eine ihr eigene Funktion zukommen. Da die wenigsten Lehrenden unbegrenzt farbige Kreiden/Folienstifte zur Verfügung haben, können die Farben im Laufe der Zeit auch „umbesetzt" bzw. „mehrfach besetzt" werden, jedoch nicht innerhalb eines grammatischen Bereichs. Wenn in einem Kurs mehrere KL unterrichten, sollte die Farbbesetzung unbedingt untereinander abgesprochen werden.
- Unterschiedliche Umrandungs- und Unterstreichungsformen – oval, eckig, gezackt u. a. – helfen Satzstrukturen zu verdeutlichen.
- Weniger ist mehr: Sie sollten ein Tafelbild niemals überfrachten.

### Lernplakat

Komplexe Strukturen, schwierige Wörter oder systematische Darstellungen können durch die TN selbst mit dicken Filzstiften auf große Plakate (Rückseite von alten Plakaten, Tapetenrolle, Packpapier etc.) geschrieben werden. Dabei sollten Sie darauf achten, dass die Lernplakate nicht zu viele Informationen enthalten und dass die Strukturen klar und übersichtlich dargestellt sind. Die Plakate werden so im Kursraum aufgehängt, dass die TN jederzeit einen Blick darauf werfen können und nicht nachschlagen oder -fragen müssen.

## Wiederholung

Regelmäßige Wiederholungen sind ausgesprochen wichtig, damit das Gelernte den Weg vom Kurzzeit- ins Langzeitgedächtnis findet. Sie sollten Wortschatz und Strukturen zumindest in der ersten Zeit nach ihrer Einführung öfter wiederholen. Wann? Da gibt es verschiedene Möglichkeiten:

- Zu Beginn einer Unterrichtseinheit, wo gewissermaßen zum Aufwärmen das schon Bekannte noch einmal herbeigerufen wird, z. B. durch Wortfeldassoziationen: Sie nennen ein Wort und sammeln die Wörter, die den TN dazu einfallen.
- Im Unterrichtsablauf dann, wenn neuer Stoff an schon bekannten anknüpft. Dann sollte eine Wiederholung vorgeschaltet werden.
- Wenn sich die TN Textpassagen einprägen sollen, z. B. Dialoge, die im Alltag wichtig sind. Lassen Sie die betreffenden Texte einmal normal vorlesen. Die Texte werden dann einmal flüsternd, einmal hustend, einmal fröhlich laut, einmal gähnend, verliebt etc. wiederholt. Machen Sie das jeweils mit einem Satz vor; die TN machen in demselben Stil nach und wiederholen in dieser Weise weiter (bei Dialogen wechseln sie die Rollen).
- Zwischendurch als Pausenfüller oder als Abschluss der Unterrichtseinheit in spielerischer Form, z. B. indem Sie aus einer Anzahl von Wörtern, die zuvor eingeführt wurden, „Wortwolken" an die Tafel malen und von den TN entziffern lassen. Sie können die TN auffordern, selbst solche Wortwolken als Übungen für die anderen TN zu kreieren (▶ **Neue Medien**).

## Wortschatzarbeit

Die Kenntnis von Wortschatz ist eine Kernkomponente der Sprachbeherrschung und so ist auch die Wortschatzarbeit ein wichtiger Teilbereich beim Lernen einer neuen Sprache, der viel Aufmerksamkeit im Unterricht verdient. Dabei geht es nicht nur um das Lernen von Wörtern, sondern auch um Gesprächsroutinen, Floskeln, Redemittel – also kommunikativ wichtige Phrasen und Sätze. In *Berliner Platz NEU* finden Sie viele Redemittelkästen, die Bausteine für den Transfer und die freie Anwendung anbieten und so auf das alltagssprachliche Handeln vorbereiten (▶ **Sprechen**).

> An erster Stelle steht bei mir ...
> Für mich ist ... das Wichtigste.
> Sehr wichtig finde ich, dass ...

Bei der Wortschatzarbeit ist zu bedenken, dass

- Wörter auf kulturspezifische Inhalte verweisen (mit dem Wort *Sonntag* assoziieren Deutsche z. B. die Tatsache, dass die meisten Geschäfte geschlossen sind),
- Wörter mehrere Bedeutungen haben können,
- der Gebrauch der Wörter je nach Gesprächspartner/in, Region oder sozialer Situation unterschiedlich sein kann,
- der Wortschatz jedes Einzelnen unterschiedlich ist, je nach den Handlungszusammenhängen, in denen er gebraucht wird (z. B. im Beruf). Unter www.klett-langenscheidt.de/bpn4-wortschatz finden Sie Wortschatzlisten zu vielen Berufen und Unterrichtsvorschläge dazu.

### Semantisierung

Unter Semantisierungsformen werden Techniken verstanden, mit deren Hilfe den Lernenden die Bedeutung neuer Vokabeln vermittelt wird. Hier sind visuelle Mittel besonders hilfreich, da die Visualisierung bei der Informationsverarbeitung im Gehirn eine wichtige unterstützende Rolle spielt. Zu nennen sind z. B. Assoziogramme, Bilder und Realien sowie Gestik/Mimik oder Pantomimen. Aber auch auditive Hilfen können zur Bedeutungsklärung eingesetzt werden, wenn sich das anbietet (z. B. beim Wort *rufen*). Bei abstrakteren Begriffen allerdings (wie z. B. *behaupten* oder *Risiko*) muss man andere Methoden der Semantisierung einbeziehen, z. B. Übersetzungen, Umschreibungen, Beispiele, Synonyme und Antonyme, Graduierungen und Skalen, übergeordnete/untergeordnete Begriffe, Ableitungen aus dem Kontext etc.

Nicht nur die Lehrenden sollten verschiedene Semantisierungsmöglichkeiten kennen und dem Vokabular und den unterschiedlichen Lernenden entsprechend anwenden. Die Lernenden selbst sollten mit Techniken zur Erschließung unbekannter Wörter vertraut gemacht werden. Dazu gehört, dass sie lernen,

- Regeln der Wortbildung und Grammatik zu nutzen,
- international bekannte Begriffe zu Hilfe zu nehmen,
- mit dem Wörterbuch zu arbeiten,
- Wörter aus dem Kontext zu erschließen usw.